한국인 BC급 전범 이학래 회고록
전범이 된 조선 청년

이학래 지음　김종익 옮김

민족문제
연구소

한국인 BC급 전범 이학래 회고록

전범이 된 조선 청년

1판 1쇄 발행   2017년 12월 1일
1판 2쇄 발행   2019년 9월 20일

지은이   이학래
옮긴이   김종익

펴낸곳   민연
펴낸이   방학진
편 집   조한성 손기순
등록번호   제2018-000004호
주 소   서울시 용산구 청파로47다길 27(청파동2가 서현빌딩)
홈페이지   www.historybank.kr
전 화   02-969-0226
팩 스   02-965-8879
인 쇄   범아인쇄

정가 15,000원

ISBN 978-89-93741-22-3

이 책은 저작권법에 의해 보호받는 저작물이므로 무단 전재와 복제를 금합니다.
잘못된 책은 바꾸어 드립니다.

책을 펴내며

　민족문제연구소가 원폭피해자 곽귀훈 선생의 회고록 『나는 한국인 피폭자다』에 이어 두 번째로 강제동원 피해자 이학래 선생의 회고록 『전범이 된 조선청년』을 펴낸다. 연구소는 2014년 곽귀훈 선생의 회고록을 한국에서 출판한 후, 일본인 자원번역가의 도움으로 일본에서 번역 출간할 수 있었다. 그런데 이번에는 김종익 번역가가 일본에서 먼저 출판된 이학래 선생의 회고록을 들고 연구소를 찾았다. 자신이 무료로 번역을 맡을 테니 연구소가 출판해 주면 어떠냐는 제안이었다. 잘 팔릴 책 보다 의미 있는 책의 출판에 주력해온 우리로선 마다할 이유가 없었다. 이런 인연과 노력이 결실을 맺어 시대를 잘못 만난 숙명 때문에 인생이 바뀌어 버린 '역사의 희생자'가 겪은 기구한 삶이 또 한 권의 책으로 엮어지게 되었다.

　이학래 선생은 징병 1기생인 '묻지마라 갑자생'은 아니지만 해방이 조금만 늦었더라도 사지로 끌려 나갈 1925년생이었다. 그는 17살에 고향을 떠나 돌아오지 못했다. 일제 침략전쟁이 동남아 일대까지 확산되던 1942년, 식민지 조선의 청년들은 군속 신분의 포로감시원으로 동원되었다. 민간인 신분이었지만 그들은 군대식 훈련을 받고 열대 각 지역의 연합군 포로수용소에 배치되었다. 2차 세계대전이 끝난 후 이들은 조국의 독립과 귀국의 기쁨을 느끼기도 전에 '전범'으로 내몰렸다. 포로 학대가 죄목이었다. 그를 포함해 동료 148명이 전범으로 지목되어 재판을 받았다. 일본군에 고용된 말단 포로감시원이 왜 일본의 전쟁책임을 떠안아야 했을까.

'BC급 전범'이라는 존재를 처음 만난 것은 2000년대 초반으로 거슬러 올라간다. 연구소가 유족 단체인 '태평양전쟁피해자보상추진협의회'의 사무국을 맡아 강제동원 피해자들의 대일배상청구소송을 지원하던 때였다. 한국 사회에서 민주화의 바람이 불자 강제동원 피해자들은 일본 정부와 기업을 상대로 소송운동을 벌여 나갔다. 피해자들의 요구는 다양했다. 일제 침략전쟁에 끌려가 반세기가 지나도록 생사조차 모르는 가족을 찾아 달라, 사망했다면 어디서 어떻게 왜 사망했는지 알려 달라, 받지 못한 임금을 돌려 달라, 유골이라도 찾아 달라, 야스쿠니신사에 합사된 아버지의 이름을 빼 달라, 그리고 찢기고 상처 입은 내 몸을 변상하라! 노무동원, 군인·군속, 근로정신대, 군'위안부', 원폭피해자, 학살, 억류 등 피해유형도 다양했지만 그들이 한 목소리로 외친 주장은 '강제동원의 진상을 밝히고, 일본은 사죄하라'였다. 피해자들은 일본 재판정에서 일제 식민지배의 폭력성과 침략전쟁의 야만성을 낱낱이 폭로했다. 그들의 고발은 일본 사법부에 고스란히 재판기록으로 남았다. 대부분의 소송에서 원고인 강제동원 피해자들은 패소했다. 하지만 그들의 투쟁은 거기서 멈추지 않았다. 그리고 이러한 재판투쟁에 함께 나선 낯선 피해자, 한국인 'BC급 전범'들이 있었다.

강제동원 피해자들과 시민단체의 요구에 한국 정부는 늦었지만 국가차원의 강제동원 진상규명과 보상을 실시했다. 2005년 한일회담 문서 공개를 통해 일본군'위안부', 시베리아 억류자, 원폭피해자 등과 함께 BC급 전범 문제도 다루어지지 않았다는 사실도 밝혀졌다. 이어 2006년 11월 '일제강점하강제동원피해진상규명위원회'는 포로감시원이 강제동원 피해자임을 인정했다. 자발적으로 일제에 협력한 혐의가 짙은 일본군 장교나 헌병 복무자를 제외하고 BC급 전범으로 처벌받았던 이들은 '강제동원 피해자'로 인정받게 되었다. 그러나 이는 단지 국가적 조치일 뿐, 한국사회는 여전히 이들의 비극적이고 뒤틀린 삶을 제대로 이해하지 못하고 있다. 한국정부가 보낸 '강제동원 피해자'라는 결정문 하나가 부정당한 삶과 잃어버린 정체성을 회복시켜 줄 수 있을까. 그래서 연구소는 2013년 '전범이 된 조선청년들-한국인 포로감시원의 기록'이라는 특별전을 서울역사박물관에서 개최했다. 한국에서 처음 열린 전시회이자 사회를 향한 공식적인 문제제기였다.

일본 정부는 특별 입법에 따라 1987년 타이완 주민 전몰자 유족에게 위로금을 지급했다. 2010년에는 패전 후 시베리아에 억류되었던 일본인들에게 위로금도 지불했다. 한국인은 제외한 채 말이다. 연합군 포로들과 가족을 초대해 정중하게 응대하고 사죄도 하고 있다. 최근 아베 정권은 태평양전쟁 희생자 유골 조사를 대대적으로 벌이고 있지만 한국인 희생자 유골에 대해서는 말이 없다. 이런 일본 사회의 부조리를 향해 이학래 선생은 지금도 일본에 살면서 싸우고 있다.

하지만 그는 무조건 자신의 무고함만을 호소하고 있는 것은 아니다. 자의는 아니었지만 침략전쟁의 주범에게 자신의 한 손을 빌려주었다는 죄책감에 시달리며 반성과 각성의 한 평생을 보냈다. 이학래 선생은 먼저 죽어간, 일본 속에 내팽개쳐진 동료들과 함께 다른 한 손을 맞잡고 살아왔다. 그런데 자꾸 먼저 떠나는 동료들 때문에 나머지 한 손마저 허전한 그이다. 이 회고록을 한국에서 출판한다고 할 때 그는 많이 망설였다고 한다. 과연 한국의 독자들이 '전범'이라는 멍에를 쓴 자신을 받아 줄까하는 걱정 때문이었다. 그 간절한 마음은 저자 후기에도 담겨 있고, 우쓰미 아이코 교수와 이상의 교수의 긴 해설에도 녹아 있다. 한국인들에게 자신은 아직도 싸우고 있다고, 그래서 그저 '이해'해 주길 바란다며 그의 빈손을 한국 독자에게 내밀고 있다. 자, 이제 우리는 어떻게 할 것인가. 이 책의 마지막 장을 덮는 순간 책을 내기로 결심한 우리와 마찬가지로 나를 움직이는 무언가를 꼭 찾을 수 있기를 바란다.

편집부

한국 독자 여러분께

1925년 전라남도 보성에서 태어난 저는 올해 아흔두 살이 되었습니다. 아흔두 해의 인생 가운데 내 조국 한국에서 산 세월은 고작 17년에 지나지 않습니다. 17살에 자의반 타의반 일본군의 일원이 되어 '포로 감시원'으로 전쟁터에서 3년을 보냈고, 전쟁이 끝난 후 전범 추궁을 받은 끝에 교도소에서 11년이라는 세월을 보냈습니다. 그 후 일본 땅에서 가석방이 되었지만, 고향에 돌아가지 못한 채 61년이라는 세월이 흘렀습니다.

이 61년 동안 왜 한국인인 우리가 일본의 전쟁 책임을 추궁당해 죄를 짊어져야만 하는가, 일본 정부에 사죄와 보상을 요구하는 투쟁을 계속해 왔습니다. 일본이 일으킨 침략 전쟁 때문에 148명의 한국인(북한 출신 포함)이 전범이 되었고, 23명이 사형을 당해 세상을 하직했습니다.

저는 사형 판결을 받고 여덟 달을 사형수 감방에서 보냈지만, 무엇을 위해, 누구를 위해 죽어야 하는지 알 수 없는 부조리로 고통에 시달렸습니다. 동시에 해방의 기쁨이 넘치는 조국 재건에 아무런 도움도 되지 못한다는 부채감 같은 감정도 있었습니다.

이번에 자서전의 한국어 출판에 즈음해 든 생각도 조국에 대한 무거운 부채감이었습니다. 우리는 반강제적이었다고는 해도 일본군에 협력했지만, 동시대에 독립 투쟁을 하신 분들도 있었기 때문에, 부채감은 쉽사리 떨칠 수 없습니다.

한국 정부는 2006년 우리를 일본 강점기하 강제 동원 피해자로 인정해 명예를 회복시켜 주었습니다. 진심으로 감사하고 있습니다. 앞에서 말씀드린 '부채감' 때문에도 저는 한국 정부와 한국 국민에게 더 이상 바랄 게 없습니다.

다만 젊어서 조국을 떠나 일본의 전범이 된 한국인이 아직까지 그 부조리를 문제 삼으며 일본 정부에 계속 호소하고 있다는 사실, 또 한을 품은 채 처형된 동포도 있다는 사실을 알아주시는 것만으로도 감사할 따름입니다. 그리고 우리 한국인 전범들이 일본 정부에 요구하는 사죄와 보상의 실현을, 한국 쪽에서 지원해주시면 이보다 더 기쁜 일은 없을 것입니다. 감사합니다.

2017년 8월
이 학 래

차 례

03 책을 펴내며
07 한국 독자 여러분께
11 '죽음의 철로' 포로 감시원
33 포로 감시원이 되기까지
53 패전, 역전되는 입장
79 사형 판결과 '죽음을 각오한' 여덟 달
105 스가모 프리즌Sugamo Prison이라는 곳
139 택시 회사 설립과 유골 송환 운동
169 조리條理를 요구하는 재판 투쟁
201 일본 정부의 대응을 요구하는 입법 운동으로
236 한국어판 후기
243 끝나지 않은 질문, 누구를 위해, 무엇을 위해… - 우쓰미 아이코
267 오늘 하루, 이학래가 되어 보자 - 이상의
278 역자후기
284 특정 연합국 재판 피구금자 등에 대한 특별급부금 지급에 관한 법률안
290 이학래 연보
299 참고 문헌
301 이 책의 이해를 돕는 키워드

[일러두기]

- 이 책은 『韓國人 元BC級戰犯の訴え – 何のために, 誰のために 李鶴來』(梨の木舍, 2016)를 우리말로 옮긴 것이다.
- 이 책의 각주는 본문의 이해를 돕기 위해 모두 옮긴이가 달았다.
- 이 책에 표기된 연월일은 다른 설명이 없으면 모두 양력이다.
- 지명, 인명 등 외래어는 국립국어원의 외래어 표기법을 따라 옮겼다.
- 일본어의 한글 표기는 어두의 경우 'ㅋ→ㄱ, ㅌ→ㄷ, ㅊ→ㅈ'와 같이 표기하고, 어중, 어말은 그대로 표기했다.
- 일본어 장모음은 외래어 표기의 기본 원칙인 "외래어는 국어의 현용 24자모만으로 적는다"와 "외래어의 1음운은 원칙적으로 1기호로 적는다"에 따라 따로 표시하지 않았다.
  예 : とうきょう(東京) → 도쿄, おおさか(大阪) → 오사카
- 인명 등 동일한 한자의 한국식 표기와 일본식 표기가 다를 경우 한국식 한자로 표기했다. 일본인 인명의 경우 '고유명사'로서 '고유'의 의미가 있으나, 현재 한일 양국이 인명을 해당 국가의 한자로 표기하지 않고 자국의 한자로 표기하고 있어 한국식 한자로 표기했다.
  예 : 도조 히데키東條英機(한국식)/東条英機(일본식), 전진훈戰陣訓(한국식)/戦陣訓(일본식), 선단船團(한국식)/船団(일본식)
- 인명과 지명의 한자와 영어 표기는 최초의 인명과 지명에 부기하고 가능한 이후는 부기를 생략했다.
- 원문의 '북조선北朝鮮'은 '북한'으로 옮겼다.
- 원문의 "スガモ·プリズン"은 "스가모 프리즌"으로, "巢鴨刑務所"는 "스가모 형무소"로 옮겼다.
- 인용부호 가운데 큰따옴표(" ")는 글 가운데서 직접 대화를 표시하거나 남의 말이나 글(간판에 표기된 글 등 포함)을 직접 인용할 때 사용하고, 작은따옴표(' ')는 인용한 말 안에 있는 인용한 말을 나타낼 때 쓰거나 마음속으로 한 말을 적을 때 사용했다.
- 저자가 원문에서 강조를 위해 사용한 홑낫표(「 」)는 작은따옴표로 옮겼다.
- 원문의 책 제목이나 신문 이름 등은 겹낫표(『 』)로 표시했다.
- 원문의 노래와 책의 소제목, 법률, 규정 등은, 홑낫표(「 」)로 표시했다.
- 한글과 한자의 표기가 동일한 경우 ( )를 생략하고 바로 한문을 표기하고, 한글과 한자의 표기가 다른 경우 ( )로 표기했다.
  예 : 갑판甲板, 타이·미얀마 철도(泰緬鐵道), 홍백떡(紅白餅)

'죽음의 철로'
포로 감시원

열일곱 살짜리 포로 감시원

'죽음의 철로'로 불리는 타이·미얀마 철도(泰緬鐵道)를 아십니까? 타이의 방콕 서쪽에 위치한 논쁘라둑Non Pladuk에서 미얀마(당시 버마)의 탄비우자야트Thanbyuzayat까지 415㎞를 연결하는 철도입니다.

1941년 12월 8일, 진주만 공습으로 태평양 전쟁에 돌입한 일본군은 같은 날 말레이 반도에도 상륙을 감행해 영국, 프랑스, 네덜란드 등 유럽 국가들의 동남아시아 식민지를 점령하기 시작했습니다.

대對미얀마 작전에 수반한 보급로 개설을 위해 대량의 연합국 포로를 투입해 그들의 노동력으로 정글을 뚫고 나가는, 무모하다고 할 수밖에 없는 계획하에 1942년 7월에 착공해 다음 해인 1943년 10월에 준공이라는 번갯불에 콩 볶아 먹듯이 건설되었습니다.

이 철도 건설에는 약 55,000명의 포로가 투입되었고, 그 가운데 약 13,000명이 사망했다고 알려져 있어요. 바로 이 철도 건설을 소재로 만든 영화 『콰이강의 다리The Bridge on the River Kwai』(미·영 합작 영화, 1957)가 크게 인기를 끌기도 했지요. 영화 속에서 포로들이 휘파람으로 부는 「콰이강 행진The River Kwai March」이라는 곡을 들어 보신 분들도 계실 겁니다.

저는 바로 그 철도 건설 현장의 타이 쪽 기점인 논쁘라둑에서 미얀마 쪽으로 161㎞를 나아간 힌똑Hintok 현장에서 연합국 포로를 감시하는 포로 감시원으로 근무했습니다. 열일곱 살이었던 저는 일본 식민지였던 조선에서 태어나 처음으로 고향을 벗어나 남방南方으로 보내졌고, 그곳에서 '포로 감시원'이라는 일본군의 말단 군무원으로 배치되었어요.

타이·미얀마 철도 현장에서 함께 근무한 조선인 포로 감시원. 왼쪽 끝이 저자

제가 어떤 처지에 놓여 있었는지는 이른바 태평양 전쟁이 끝나고 이 전쟁에 대한 역사를 스스로 공부하면서 비로소 알게 되었어요.

저 같은 조선인 말단 군무원이 일본군의 작전과 전황을 알 수 있는 기회를 갖는다는 것은 상상할 수조차 없는 일이었어요. 그러니 제 입장에서는 어쨌든 눈앞의 사태에 대응하고, 상관의 명령이 절대적인 일본군 안에서 어떻게든 영리하게 처신하는 게 중요했어요. 젊고 성실했던 저는 오히려 임무에 충실하려고 필사적이었지요.

그러면 전쟁 중에 제가 일본군 군무원으로 어떤 일을 했었는지, 지금부터 이야기를 풀어가 보겠습니다.

포로와의 첫 만남

태평양 전쟁의 초기 전투에서 기대 이상의 승리를 거둔 일본군은 투항한 많은 연합국 포로를 수용하게 되었어요. 포로 관리에 고심하던 일본 측이 생각해 낸 방안이 일본이 식민지로 지배하는 조선과 타이완의 청년들을 포로 감시원으로 활용한다는 것이었어요.

조선에서는 약 3,000명의 포로 감시원이 모집되어 타이, 자바, 말레이의 포로수용소에 배속되었어요. 두 달 동안 혹독한 군사 훈련을 마친 3,000명은 1942년 8월 19일, 부산에서 아홉 척으로 꾸려진 선단船團에 올라 임지로 출발했습니다. 저는 항해하는 동안 뱃멀미를 심하게 했어요. 일본군은 우리를 화물칸의 다단식 침대 같은 곳에 몰아넣고, 갑판甲板에도 내보내 주지 않았어요. 식사는 거의 매일 호박국이 나와서 질려 버렸어요.

8월 30일, 마침내 사이공(현 호치민시) 항 연안의 세인트자크Saint Jacques[1])에 정박했지만 배에서 내릴 수는 없었어요. 조각배로 우리가 탄 배에 접근해 온 현지인에게 바나나 같은 것을 사서 처음으로 열대 과일을 맛보았어요.

자바, 말레이 등지로 좀 더 남하해야 하는 동료들과는 이곳에서 헤어지고, 타이 포로수용소에 배속된 약 800명가량의 동료와 함께 사이공에 상륙했어요. 스콜이 심해 엄지손가락만한 빗방울은 맞으면 아프기도 했어요. 열렬한 환영 분위기가 풍겨 나는 사이공 거리는 일장기로 뒤덮여 있었습니다. 그런 분위기 때문인지 처음으로 '일본이 세긴 세구나'라는 실감이 들었어요. 일본군 간호사가 인력거를 타고

---

1) 세인트자크는 베트남 바이어 붕타우성省의 성도省都로 베트남 원유 생산의 중심지이기도 하다. 세인트자크는 15세기부터 이 지역을 자주 항해했던 포르투갈 선원들이 붙인 이름으로, 프랑스 식민지 시절에 이 이름으로 불렸다. 그러나 프랑스로부터 해방된 후 다시 '붕타우'로 불리고 있다.

이동하는 모습도 매력적이었고요. 일본군에 대한 현지인들의 반발은 전혀 느낄 수 없었어요.

사이공에서는 닭장 같은 숙소에서 일주일인가 열흘가량 머무른 후 행선지도 모른 채 기차를 탔어요. 기차가 도착한 곳은 타이의 수도 방콕에서 서쪽으로 80㎞ 정도 떨어진 논쁘라둑역이었습니다.

9월 9일 무렵이었다고 기억하는데요, 여기서 우리는 연합국 포로를 처음 만났어요. 사로잡힌 지 얼마 안 된 포로들은 체격도 좋고, 우리 감시원들이 올려다 볼 만큼 키도 컸어요. 더구나 천 몇 백 명이나 되는 인원은, 수적인 면에서 감시원인 우리를 압도했어요.

지금은 여러분도 세계 여러 나라 사람들과 접할 기회가 많아서 아시겠지만, 그 당시도 서양 사람들의 체격은 아시아 사람들보다 뼈대가 굵고 컸어요. 더구나 견문이라고는 조선의 시골 마을밖에 없는 저는, 무리를 이룬 서양인 포로들에게서 공포감마저 느꼈어요.

무엇보다 그들은 우리의 명령을 잘 따르지 않았어요. 그리고 휘파람을 자주 불었는데, "그만해!"라고 제지해도 계속 불러 댔어요. 그들은 그들대로 우리를 '이런 똘마니 같은 놈들'이라고 여겼던 거지요. 휘파람도 기분 전환을 위해 불렀겠지만, 저에게는 혐오감만 불러일으켰어요.

그러는 사이에 '무시하면 가만있지 않겠다'고 내심 다짐을 하게 되었어요. 돌이켜 보면 포로를 '불쌍하다'고 여기는 인지상정보다는, 감시원으로서의 자긍심과 마음에 잠재해 있는 '전진훈戰陣訓'[2]에서 배운

---

2) 1941년 1월 8일 육군대신 도조 히데키東條英機가 시달한 훈령(육훈陸訓 1호)을 가리킨다. 군인으

군인 정신 같은 것에 비추어 보고 있었다는 생각을 지울 수 없습니다.

포로들을 이끌고 논쁘라둑에서 50㎞ 거리에 있는 깐짜나부리Kanchanaburi까지 화물차로 이동해, 거기서 배로 콰이강을 125㎞나 거슬러 올라간 지점에 있는 왕야이Wangyai에 상륙했을 때는 9월 중순 무렵이었어요. 제가 처음 배속된 곳은, 왕야이의 타이 포로수용소 제4분소 본부였어요.

왕야이 분소分所

타이 포로수용소는 대략 타이 쪽과 미얀마 쪽으로 나눌 수 있는데요, 타이 쪽은 '분소'가 다섯 개, 분소 아래 몇 개의 '분견소分遣所', 또 분견소 아래 '분주소分駐所'가 있었어요.

제가 소속된 제4분소에는 총 11,000명가량의 포로가 있었고요, 포로 관리는 일본인 하사관 17명, 조선인 포로 감시원 130명이 했어요.

분소장은 이시이 다미에石井民惠라는 중좌였고, 그 밑으로 위관 몇 명이 있었어요. 그들 가운데 한 명이 우스키 기시호臼杵喜司穗 중위였어요. 우스키 중위는 포로 감시원으로 모집된 우리가 부산 서면에 주둔하는 일본 육군 병영인 '노구치野口 부대'에서 군사 훈련을 받을 때, 그 부대에 근무했어요. 노구치 부대의 일본인 장교와 하사관 일부는

로서 취해야 할 행동 규범을 제시한 문서로, 그 내용 가운데 '살아서 포로가 되는 치욕을 당하지 않는다'라는 구절이 유명하며, 옥쇄와 자결 등 군인·민간인 사망의 한 원인이 되었다는 이유로 논란이 되고 있다.

숙소를 짓고 있는 포로감시원들(반폰)

우리와 함께 남방으로 전속되었어요.

스물네 살의 우스키 중위는 군인 정신이 왕성한 사람으로 총검술의 달인이기도 했어요. 군율軍律에 철저하고 자신에게도 엄격한 사람이었지만, 웬일인지 저를 아껴 주었어요. 수용소에는 이른바 '병사'가 없는 바람에, '군무원'이 장교의 당번병을 맡을 수밖에 없었어요. 저는 우스키 중위의 당번병을 한 적도 있어요.

왕야이의 분소 본부는 강가의 평지에 있었는데, 거기서 우리가 주로 한 일은 숙소 설치였어요. 한 동에 쉰 명가량이 들어가는 숙소를 짓는 일인 데요, 숙소라고 해 봤자 니파야자수 잎으로 지붕을 덮고 대나무로 침상을 깐 간단하기 그지없었어요.

경비는 본부 입구의 위병소와 수용소 안의 보초를 서는 것이었어요. 보초는 2교대로 섰어요. 보초의 임무는 수용소 안을 돌아다니며 포로를 감시하고, 동정을 파악해 도망을 예방하는 것이었어요.

그러나 임무는 감시만이 아니었어요. 철도 건설을 담당하는 일본군의 '철도대鐵道隊'가 포로와 현지 노무자[3]를 부리어 노반路盤을 구축하고 레일을 부설하는 공사를 진행하고 있었어요. 포로수용소 측은 포로를 관리하며 철도대가 요구하는 작업 인원을 확보해 넘겨줘야만 했어요. 결국 포로 감시원인 군무원들이 이 일에 관여하게 되었어요.

저는 우스키 중위의 명령으로 보초와 위병의 근무 상황을 관리하는 '위병 사령'을 한 적이 있어요. 저보다 뛰어난 사람도 있었지만, 우스키 중위 입장에서는 자신이 신뢰할 만한 인물에게 시키고 싶었던 거지요. 나이가 가장 적은 인물이 위병 사령 같은 직무를 수행하는 것에 처음에는 약간의 저항이 있었지만, 곧 익숙해졌어요.

힌똑으로 이동

1942년 12월, 저는 우스키 중위가 관할하는 제3분견소로 배속되어, 왕야이에서 미얀마 쪽으로 좀 더 나아간 꼰유Konyu로 이동했어요. 포로는 700~800명, 군무원은 30명 정도였다고 기억합니다. 꼰유 분견소는 강가의 경사지에 위치했는데, 그곳에는 철도대도 있었고, 숙

---

[3] 일본은 동남아 지역에서 동원한 노동자들을 포로가 아닌 '노무자'로 구별, 침략 전쟁이 아닌 대동아 해방 전쟁으로 규정하려고 했다.

소도 이미 마련되어 있었어요. 여기서는 포로들이 노동에 동원되지 않았기 때문에 우리는 주로 경비를 했어요.

해가 바뀌어 1943년 2월이 되자, 꼰유 분견소에서 미얀마 쪽으로 좀 더 나아간 힌똑에 분주소가 새로 설치되었어요. 저는 뜻하지 않게 이 힌똑 분주소에서 주력 인원이 오는 7월 무렵까지 업무 전반을 통할하는 역할을 맡게 되었어요.

포로 500명(반은 오스트레일리아인, 나머지 반은 영국인과 네덜란드인)을 데리고 힌똑으로 향했어요. 일본인 상관은 한 명도 없고, 포로를 관리하는 동행 인원은 조선인 군무원 여섯 명이 전부였어요.

정말 겁도 없었다는 생각이 듭니다. 타이·미얀마 철도의 기점인 논쁘라둑에서 161㎞ 지점에 위치한 힌똑은 정글 한복판에 있었어요. 직경이 10㎝ 이상이나 되는 대나무가 수십 그루씩 군생하고, 담쟁이덩굴 같은 것이 큰 나무를 휘감고 있는 산길을 더듬어 가고, 강에서는 통통배가 끌고 가는 거룻배에 포로와 함께 타고 이동했어요.

통통배는 타이 사람이 운전했는데, 그 통통배도 현지에서 징발한 것이 아닐까 합니다. 한 척에 마흔 명가량의 포로를 태우고, 감시원은 한 척에 한 명이 승선했기 때문에, 포로가 우리를 강으로 밀어 넣으려고 작정하면 간단히 해치울 수 있었겠다는 생각이 듭니다. 그러나 그렇게 하지 않았어요. 그렇게 하면 보복을 당한다는 것을 알았기 때문이죠.

지옥의 불고개(Hellfire Pass)

힌똑은 타이·미얀마 철도 공사 가운데에서 가장 난코스로 알려져 있었어요. 암석 지대이기 때문에 바위산을 우회하고, 깎아지른 듯한 낭떠러지에 딱 들러붙듯이 철길을 내야만 했어요. 그러나 아무리 해도 철길을 낼 수 없는 경우는 바위를 폭파하거나 끌로 절개해 뜯어내고 길을 낸 다음, 거기에 철로를 깔아야 했어요. 힌똑은 그 가혹함 때문에 포로들로부터 'Hellfire Pass'(지옥의 불고개)로 불렸어요.

저는 1943년 2월부터 타이·미얀마 철도가 완성되는 같은 해 10월까지 힌똑에서 포로 감시를 했는데요, 이 현장에서 일어난 일이 끝끝내 저를 '전범'으로 몰아갔어요. 힌똑에는 철도 제9연대 제4대대 소속의 십여 명이 먼저 와서 측량 같은 일을 시작하고 있었어요. 수용소 건설 장소는 낮에도 어두컴컴한 정글 옆으로, 강에서 조금 떨어진 곳이 지정되어 있었어요.

숙소를 지을 터를 닦는 데, 한 그루에서 수십 개의 줄기가 자란 대나무는 밑동을 자르는 정도로는 넘어뜨릴 수 없었어요. 로프를 걸고 대여섯 명이 잡아당겨야 겨우 넘어뜨릴 수 있었어요. 벌채한 대나무는 숙소를 짓는 자재로 사용했어요. 대나무는 가시가 빼족빼족 돋아 있고, 뿌리는 태워도 폭파해도 살아남는다는 질긴 놈입니다. 지붕을 잇는 니파야자수 잎을 숙소 근처에서는 구할 수 없어, 옮기기 편하게 두름을 엮듯이 차곡차곡 간편하게 정리한 야자 잎을 배로 실어 왔어요.

타이의 우기는 5월부터 9월까지입니다. 숙소를 짓기 시작한 2월은 아직 건기여서 그나마 작업은 순조로웠어요. 분주소 건물은 포로용 숙소 열 개동, 일본군 숙소, 취사장, 병동이 전부였어요.

병동이라고 해 봤자 약은 말라리아 예방약인 소량의 키니네뿐이어서 차라리 환자를 격리하는 숙소라고 하는 편이 적당하지 않았을까 해요. 일본인 의사는 물론 위생병도 없었어요. 포로 가운데 군의관이

최대의 험지로 '지옥의 불고개(hell fire pass)'로 불린 힌똑 ⓒ 우쓰미 아이코内海愛子

치료를 담당했지만, 약도 의료 기구도 없었어요.

식량은 충분하지는 않았지만 싸라기, 소금에 절인 말린 해물, 호박, 동과冬瓜, 자몽 같은 과일이 통통배로 보급되었어요. 건기의 쾌노이강Khwae Noi River은 수량이 줄어서 자그마한 통통배로 상당히 상류까지 올라올 수 있었어요. 우리 식량도 포로의 식량과 다를 바 없었지만, 그래도 질과 양에서 조금 나은 편이었어요.

분주소 책임자의 업무

처음 몇 주일은 포로들에게 숙소 설치 작업을 시켰고, 철도 공사에 내보낸 것은 그 이후였어요. 철도 공사에 일하러 갈 때는 일본군 철도대가 인수하러 옵니다. 수용소에서는 두 명가량의 군무원 감시원이 현장까지 따라가서 총검을 휴대하고, 조금 높은 지형을 이용해 감시했지만, 공사에는 관여하지 않았어요. 작업이 끝나면 감시원이 인원을 점검하고 인솔해서 분주소로 돌아옵니다.

처음 세 달 동안은 제가 분견소와의 업무 연락이나 명령 전달, 작업 배정표에 기초한 인원 배치, 식량 지급 등 사실상 책임자 역할을 맡아 했어요. 작업 현장에는 한 번 정도만 갔기 때문에, 거기서 무슨 일이 벌어졌는지는 까맣게 몰랐어요. 포로가 철도대에서 맞아 죽었다고 해도 저는 알 수 없었어요. 감시원이라고 해봐야 고작 여섯 명뿐이어서 밤에는 교대로 불침번을 서고, 낮에는 작업 현장에 감시하러 갔어요.

포로들은 작업을 나가기 전에 광장에 모여 아침 식사를 하고 점호를 받았어요. 작업 중에 먹는 점심은 수용소에서 만들어 가지고 가서 먹었던 걸로 기억해요. 식사는 부실했고, 당연히 영양도 부족했습니다. 포로들이 각자 서양식 반합을 가지고 있었던 것과 취사 당번을 정해 운영했던 일도 기억에 남아 있습니다.

취사 당번이 배식을 끝내면 남은 음식을 먹으려고 모두 개미 떼처럼 몰려왔어요. 저는 그런 꼴을 보다 못해 화를 낸 적이 있어요. 지금이라면, 한술이라도 더 먹으려는 그 심정을 헤아리고도 남지만, 당시는 그런 생각을 하지 못했어요. 작업은 오전 8시부터 시작되었습니다. 그래서 포로들은 이른 아침에 식사를 하기 때문에 점심때가 되면 허기에 시달렸을 겁니다.

포로에 대해 가장 인상이 안 좋았던 경우는 동료를 험담하러 올 때였어요. 포로의 대장이 사무실로 와서 "도저히 감당할 수 없으니 어떻게 좀 해 달라"고 한 적도 있었어요. 모두 젠틀맨일 수는 없었던 거지요. 그래서 포로들은 자체 영창을 만들어 동료를 처벌하기도 했어요. 상황이 이렇다 보니 규칙을 위반한 포로를 보면 감시원 입장에서는 못 본 척 지나치기가 어려웠어요.

'적당한' 방법은 역시 뺨 때리기였어요. 두세 번 뺨을 때리고, 반성하게 하는 겁니다. 뺨 때리기는 일본군의 교육 방법 가운데 하나로 일본군에서는 죄악으로 여기지 않았어요. 저도 그랬고요. 그런데 포로들은 이 뺨 때리기를 말할 수 없는 치욕으로 받아들였는데 저는 그런 사실을 전혀 깨닫지 못했어요.

숙소가 완성되면 정리하려고 생각한 천막을 어떤 포로가 깔개로 사용하는 것을 발견했을 때는, 저도 화가 난 나머지 뺨을 때렸던 일을 분명히 기억하고 있어요.

힌똑에서 포로 측 대표는 던롭Dunlop[4]이라는 중령으로, 오스트레

---

[4] Ernest Edward Dunlop 1907. 7~1993. 7. 오스트레일리아 출신의 외과 의사. 런던 성 바르톨로 의과대학St Bartholomew's Medical School 출신으로 영국 왕립외과대학 회원. 오스트레일리아 외과 의사로 제2차 세계대전에 참전해 중동의 의료 본부에 배속되어 그곳에서 이동식 수술 장치를 개발했다. 이후 인도네시아 자바로 전출되어 1942년 2월 중령으로 승진했다. 이해 일본군에 체포되어 전쟁 포로가 되었다. 그의 지도력을 인정한 일본군은 자바 포로수용소에 수용, 이후 창이 형무소로 이감, 1943년 1월 오스트레일리아 포로와 함께 타이·미얀마 철도 건설 현장에 배치했다. 열대성 질병이 만연한 가혹한 환경과 무리한 노동으로 죽어가는 연합군 포로들 가운데 던롭의 헌신으로 오스트레일리아 포로들은 생존율이 가장 높았다. 포로들은 던롭을 "광기와 고통의 세계에 존재하는 이성의 등대"라고 표현할 정도로 신뢰와 존경을 보냈다. 전후 던롭은 가해자를 용서하고 전쟁 상처를 치유하는 데 힘을 쏟았다. "고통 속에서 우리 모두는 평등하다"는 말을 하기도 했다. 포로와 그 가족의 건강과 복지, 오스트레일리아와 아시아의 관계 개선을 위해 노력했다. 1988년, 'Great Australians 200명' 가운데 한 명으로 선정되었다. 이 책에는 감시원과 포로로 만난 던롭과 이학래가 포로와 감시자, 고발자와 전범자의 관계를 거쳐 전후 재회와 화해의 과정이 기록되어 있다.

일리아군 포로의 고급 장교이자 군의관이었어요. 저는 작업 인원을 확보하기 위해 던롭 중령에게 협조를 요청했었는데, "히로무라는 늘 던롭과 언쟁했다"고 재판 자료에 기록되어 있었다고 들었어요. 시비조로 번지지는 않았지만 입씨름을 한 적은 있었어요. 저는 포로를 작업에 내보내고 싶어 하고, 상대는 동료를 감싸려고 했으니까요.

던롭 씨는 전후 오스트레일리아로 돌아가 국민적 영웅으로 추앙받는 유명 인사가 되었어요. 전쟁 중에 그가 쓴 일기는 책으로 정리되어(『The War Diaries of Weary Dunlop』), 일본에서도 『위어리 던롭의 전쟁 일기ウェアリ― ダンロップの戦争日記』(而立書房, 1997)로 번역되어 출판되었어요.

힌똑에서 쓴 1943년 3월 17일자 일기에는 저에 관해서 "진짜 꼴도 보기 싫은 놈이라고 생각하게 되었다"고 기록되어 있었어요. 솔직히 그 이상의 감정도 있었을 거라는 생각이 듭니다.

전쟁터로 향하는 조선인 병사

저는 업무 연락을 위해 힌똑 인근 거점인 꼰유로 출장을 간 적이 있어요. 이때 포로 세 명가량이 동행했어요. 정글 속에 난 길을 당일치기로 갔다 오는 데, 어디쯤에선가 길을 덮고 있는 나무에 원숭이가 매달려 있었어요. 제가 총을 휴대하고 있었는데, 포로들이 "반장! 저놈 쏴, 쏴"라고 소리쳤어요. 아마 원숭이를 잡아서 식용으로 쓰고 싶었겠지만, 저는 총알이 빗나가면 난처했기 때문에 쏘지 않았어요. 순간 쏘고 싶은 생각이 들기도 했지만요. 결국 저는 전쟁 중에 총을 쏜

적이 단 한 번도 없었어요.

경비로 불침번을 설 때 틈나는 대로 총검술 연습을 자발적으로 한 걸 보면 어쨌든 군인 정신이 왕성했던 것은 틀림없어요.

제가 미얀마를 향해 행군하는 일본군 부대를 만난 때는 1943년의 우기로 접어들기 전이었다고 기억해요. 행군하는 병사 가운데는 조선인 지원병도 있었어요. 이유는 알 수 없지만, 같은 민족끼리는 서로를 알아보게 돼요. 저는 어떤 친밀감에 이끌려 "수고하십니다"라고 인사를 건넸어요. 그런데 그 말밖에 하지 못했어요. 뭔가 다른 말을 더 할 수도 있었을 텐데 젊은 그 시절에는 생각나지 않았어요.

1943년에는 조선에도 징병제가 실시되었어요. 제가 아는 조선인 군무원 동료 가운데 일본군 병사로 징병된 사람이 셋이나 있었어요. 같은 분견소에서는 야스다 히토네安田仁根과 가네야 주지金谷忠次 두 명이 징병 검사를 받으러 갔다가 그대로 징병되기도 했어요. '다음은 내 차례구나'라며 가슴 졸인 일도 떠오릅니다.

군무원과 병사는 격이 달랐어요. 세 명은 모두 우수한 사람들로 가끔 만나면 인사도 군대식으로 하곤 했어요.

포로의 비참한 실상

1943년 4월 말쯤이라고 기억하는 데요, 다른 부대 소속인 센고쿠仙石 상병이 분주소 소장으로 부임했어요. 5월 말쯤에는 센고쿠 상병 후임으로 오쓰카大塚 부대의 사카타坂田 하사가 부임했고요. 그래서 제 책임은 얼마쯤 가벼워졌지만 하는 일은 크게 달라지지 않았어요.

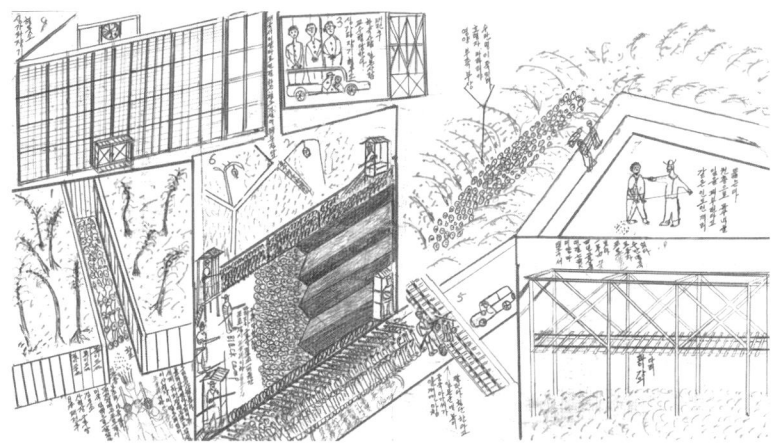
타이·미얀마 철도 건설에 동원된 포로를 감시했던 오행석 씨가 그린 스케치 ⓒ 민족문제연구소

오스트레일리아 포로들은 "이 철도는 어차피 우리 것이 된다"면서 열심히 일했어요. 그만큼 전쟁에서 승리를 자신하고 있었겠지만, 그렇게 생각하는 편이 비참한 현실을 견디는 데 긍정적으로 작용하지 않았을까 해요. 그래도 초반에는 휘파람을 자주 불었던 포로들도 후반에는 풀이 죽어 버렸어요. 그나마 행진곡은 심심찮게 불었지만요.

분주소 주변 정글은 타이에서도 유명한 병원균의 소굴이었어요. 말라리아, 아메바이질, 콜레라 같은 전염병 외에 열대성궤양tropical ulcer이라는 무서운 병도 있었어요. 5월부터 시작된 우기에는 세찬 비가 여러 날 그치지 않고 계속 쏟아져서 도로는 질척이는 진흙 구렁으로 변해 버려서 트럭 수송도 끊겨 버리고, 쾌노이강의 강물이 불어서 통통배로는 식량을 운반할 수 없게 되어 쌀을 비롯한 물자 부족이 발생했어요. 엉망이 된 보급 체계는 쉽게 회복이 안 되어 영양실조로 포로들이 죽어 갔어요. 힘든 노동으로 탈진한 포로들은 설사를 자주 했어요.

저는 힌똑에서 콜레라가 발생하지 않아서 다른 수용소보다 사망자가 적었다고 생각했었는데, 던롭 중령의 일기에 콜레라 관련 내용이 있는 것을 보면, 힌똑에서도 콜레라가 발생했던 모양입니다. 이질에 걸린 사람이 많았지만 약도 없고 몸조리를 할 수도 없었어요. 자료에는 500명의 포로 가운데 100명이 사망했다고 되어 있지만, 제 기억으로는 '그렇게 많았을까'라는 생각이 들기도 합니다. 작업에 나가는 포로가 늘 300명가량은 되었다고 기억하니까요.

지금 생각하면, 정말로 인정머리 없는 짓을 했다고 후회하고는 하지만, 당시의 일본군은 포로를 인간으로 취급한 적이 없었어요. 일본군에게 포로는 무시해도 좋은 존재였어요. 제네바 조약에 포로의 인도적 대우에 관한 규정이 있다는 사실은 교육조차 받은 적이 없었어요. 오히려 '전진훈戰陣訓'의 "살아서 포로가 되는 치욕을 당하지 말 것"이라는 표현처럼, 포로가 되는 일 자체를 부정적으로 인식하고, 그럴 바에는 차라리 죽음을 택하라고 철저히 가르쳤기 때문에, 적국의 포로를 인도적으로 대우할 리는 더더욱 없었어요.

제가 노트 같은 소모품을 받으러 상관에게 가면 "지난번에 준 건데 벌써 다 떨어졌다는 거야"라고 하면서도, 포로가 사망한 것에는 관심조차 보이지 않았어요. 제 상관 가운데 긴시훈장金鵄勳章[5]을 받은 인물이 있었는데요, 그는 입버릇처럼 "너희 같은 놈들은 한두 놈 죽여도 훈장만 반납하면 아무 문제가 없다"고 했어요. 군무원인 우리를

---

5) 구 일본군에 대해서 전시에 특별히 뛰어난 공적을 올린 군인·군무원에게 일본 정부가 수여한 훈장. 1890년에 제정되어 1947년 폐지되었다. '긴시金鵄'라는 명칭은, 일본 초대 '천황'인 진무 '천황'의 고사에서 따왔다.

상대로 이런 말을 거리낌 없이 할 정도이니, 적국 포로에 대해서는 말할 필요도 없겠지요.

포로의 숙소는 비가 줄줄 새고, 피복은 지급조차 되지 않아 그들이 소지하고 있던 것이 전부였어요. 후반기에 가서야 조금 지급될 정도였어요. 그것도 현지에서 압수한 것으로. 달랑 팬티 한 장만 걸친 포로도 있었어요. 포로들은 "신발이 없다"고 자주 불평했어요. 당시는 그다지 중요하게 생각하지 않았지만, 지금 생각해 보면 열대성궤양 같은 질병으로 피부 여기저기가 헐어서 상처가 나있는 몸으로 딱딱하고 울퉁불퉁 파인 거친 돌덩이 위에서 작업하는 포로의 불평은, 절박하기 짝이 없는 비명이었다는 것을 깨닫게 됩니다.

재촉받는 철로 작업

임팔 작전을 위해 철도 건설 공기를 1943년 10월까지 단축하라는 명령이 내려왔어요. 넓은 암석 지대에 철로를 깔거나 쾌노이강에 철교를 설치하는 공사도 있는 데 말이지요. 정상적이라면, 족히 육칠 년이 걸리는 공사였다고 하는 데 그 공기를 대폭 단축하라는 게 대본영의 명령이었어요. 그것도 공사 도중에 2개월을 앞당겨 완성하라는 명령이 다시 내려왔다는 겁니다.

총 415㎞의 공사 구간 가운데 75㎞를 담당하고 있던 철도 제9연대 제4대대는, 전체 공사 구간 가운데 가장 가파르고 험한 지형이 포함되어 있었어요. 공사는 곡괭이, 끌, 삽 같은 수동식 도구를 사용해 인해전술로 밀어붙이는 식으로 진행되었어요. 그런데도 빠짝빠짝 재촉을 받았어요. 사실은 철도가 완성될 무렵에는, 적의 전투기가 날아와서 철도를 포격했기 때문에, 대부분 쓸모없게 되고 말았어요. 일본군이 퇴각하는 데 도움이 됐을지는 모르지만요.

철도대 작업을 지휘했다가 전후 사형에 처해진 히로타 에이지弘田榮治 소위는, 청년 장교로 일본군의 시각에서 바라보면 군인의 귀감이 될 만한 인물이었어요. 물론 명령을 내리는 입장이었지만, 본인 자신도 솔선해 일했거든요. 밤낮을 가리지 않고, 휴식 시간도 아끼면서 혼자서 끌질을 했다고 해요. 군무원과는 신분 차이가 현격했지만, 정복 차림으로 두 번 정도 저를 찾아와서 "(작업에 나가는 포로의 인원수는) 어떻게 안 되겠나"라고 한 적도 있었어요. 육군 장교의 복장은 야단스러웠지만, 철도대의 평상복은 해군 비행 예과 연습생의 복장과 비슷했어요. 사형을 당한 뒤에 대위로 진급되었다고 들었어요.

공사를 강행하는 철도대에서는 매일매일 작업 인원 배정표를 보내왔지만, 환자가 속출하는 수용소에서는 요청하는 배정표의 인원을 채울 수 없었어요. 환자라도 증상이 가벼운 듯한 사람을 가려내 작업에 내보내야 하는 형편이어서, 철도대는 인원이 채워지지 않더라도 양해할 수밖에 없었어요.

포로들은 저를 "도마뱀"이라는 별명으로 부르고 있었다고 합니다. 저는 불결한 수용소 내부의 청결 유지를 위해 수용소 내부 이곳저곳을 자주 돌아다녔어요. 아마도 자주 돌아다닌다는 의미에서 그런 별명을 붙였겠지요. 돌아다니다 보면, 꾀를 부려 쉬고 있는 포로가 눈에 띄기도 하지요. 또 몰래 단파 수신기를 소지한 포로들도 있었다고 하니, 저를 껄끄럽게 여긴 것은 당연하다는 생각이 듭니다.

포로들은 툭하면 별명을 붙였어요. "미친개"라고 불린 감시원도 있었어요. '도마뱀'이라는 별명은 결코 좋은 별명은 아니지만, 적어도 흉악하지는 않다는 생각이 들어요. 당시는 그런 별명이 붙어 있다는 사실도 몰랐고요, 전범 기소장을 보고서야 내 별명이 '도마뱀'이었구나 했어요.

 1943년 8월에 꼰유의 공사가 완료되었어요. 제3분견소는 힌똑으로 이동하고, 분견소 소장인 우스키臼杵 중위도 분주소로 왔어요. 그때 강에서 떨어져 있던 힌똑 분주소를 강가로 옮겼어요. 강가가 화물을 인수하는 일도 그렇고 어쨌든 편리하다고 판단했기 때문이지요. 인원 운영에서도 다소 여유가 생겼어요.

 포로의 작업 배정 같은 일도 분견소에서 온 인력이 하게 되었고, 던롭 중령과의 교섭도 우스키 중위가 데리고 온 통역이 하게 되었어요. 꼰유로 연락하러 갈 일도 더 이상 없었고, 저는 경리 같은 사무적인 일을 하게 되어서 어쨌든 한시름 덜었어요.

포로 감시원이
되기까지

소작농의 장남

어느 시대라도 자신이 뜻한 바대로 살아가는 데는 여러 가지 우여곡절을 겪어야 하겠지만, 저는 전쟁만큼 인생을 돌이킬 수 없을 정도로 꼬이게 만드는 것은 없다고 생각해요. 이제부터 제가 왜 포로 감시원이 되었는지 그 사정부터 이야기해 보겠습니다.

저는 1925년 2월 9일(음력), 한국의 전라남도 보성군 산골 마을에서 태어났어요. 일본이 한국을 병합하고 나서 십오 년 후에 태어난 셈이지요. 일본에서는 '일한 병합日韓併合'이라고 하지만, 사실 저는 일본이 조국을 삼켰다, 다시 말해 '병탄併吞'이었다고 생각해요. 왜냐하면 일본이 지배하는 식민지에 사는 사람의 입장에서는 일본이라는 나라에 이런저런 협력을 하는 것이 의무화되었기 때문이에요.

제 부친의 성함은 이병균李秉均(별명은 태봉泰奉), 모친의 성함은 고삼숙高三淑입니다. 저는 부친이 스물두 살, 모친이 스무 살 때 낳은 맏이에요.

아버지는 소작농으로 학교는 다니지 못했지만 의지가 강하고 논리적인 분이셨어요. 행상을 한 경험이 있어 도회지의 분위기도 조금 아셨고요. 말수가 적은 편이었지만, 상대의 이야기가 사리에 맞지 않을 때는 가만있지 않았던 일도 기억하고 있습니다. 아버지를 생각할 때면 모내기와 김매기, 벼 베기, 보리 파종과 수확, 퇴비용 풀베기 등 늘 농사일에 몰두하고 계시는 모습이 먼저 떠오릅니다.

또 지친 나그네를 여러 번 집에 데리고 와서 쉬게 했는데 가난했지만 식사 대접도 했어요. 아버지가 나그네를 살림집과는 별도로 마루와 지붕을 갖춘 여름용 오두막으로 안내하면, 어머니는 보리밥에 시원한 우물물을 부어서 만 밥을 내왔어요.

어머니는 저를 '사랑스러운 아이'를 뜻하는 "미꾸르미"[6] 라고 부르며 늘 머리를 쓰다듬고는 했어요. 제 밑으로 세 살 어린 남동생과 여덟 살 어린 여동생이 태어났어요.

시골에서의 해산은 전문 산파도 없고, 연로한 시어머니가 해산바라지를 하는 원시적이라고 해야 할까요, 어쨌든 오랜 관습에 따라 시어머니가 해산 수발을 해요. 그래서 그럴까요, 갓난 아기의 사망률도 높고, 출생 신고는 생후 한두 해가 지나서야 하는 것이 보통이에요. 제 경우는 이 년 후에 출생 신고가 이루어져 호적상 출생 연도는 1927년입니다.

일본 식민지하의 소년

어린 시절에는 '서당書堂'에서 한문과 붓글씨를 배웠어요. 머리를 엉덩이까지 길게 길러서 땋고, 늘어진 머리끝에 빨간 댕기를 매고, 두루마기에 바지를 입고 다녔어요.

서당에는 소학교(현 초등학교)에 들어갈 나이가 안 된 아이들과 소학교를 졸업한 아이들이 다녔어요. 군郡의 유력자와 부잣집 아이들은 고등소학교[7]에 진학했지만, 마을에서는 소학교에 가는 아이도 몇이 안 되었어요. 저와 남동생은 소학교에 입학했는데, 여자아이들의

---

6) 원문은 'ミクルミ'이다. 이학래 선생의 기억에 따르면, 당시(1930년대) 보성 지방에서 '사랑스럽고 귀여운 어린아이'를 표현하는 조선어였다고 한다.
7) 일제 강점기 소학교(심상소학교)를 졸업한 아동에게 다시 2년의 보통 교육을 실시하던 학교.

취학률은 남자아이들보다 훨씬 낮았어요.

소학교는 산을 하나 넘어서 4㎞ 정도 떨어진 곳에 있었어요. 기르고 있던 머리는 소학교 입학 때 깎아서 저는 까까머리가 되어 버렸어요. 그 무렵 어느 날 갑자기 그때까지 틀고 있던 아버지의 상투 또한 없어져서, '이상하네'라고 생각했던 적이 있었어요. 당시 면面 공무원이 조선인이 입은 흰옷에 물총으로 먹물을 뿌려서 검은 얼룩을 만드는 해코지도 발생했는데, 그런 풍조 속에 아버지도 상투를 자르게 된 게 아닐까 합니다. 아버지도 흰옷을 더럽혀서 분개했지만, 맞설 수는 없었어요. 공무원은 조선인이었지만, 명령은 일본인이 내렸기 때문이지요. 주재소의 순사도 조선인이었지만, 소장은 일본인이고, 경찰은 절대 권한을 가지고 있었어요.

일본어는 소학교에서 처음 배웠어요. 조선 전역에 일본의 '황국 신민화 정책[8]'이 강행되고 있던 터라 어린 저로서는 별로 위화감을 느끼지 않았고, 일본어 공부를 꼭 해야 한다는 생각이 들었어요.

그 무렵 일본으로 도항했던 사람이 말쑥한 양복 차림으로 마을에 돌아와서, 꽤 동경의 대상이 된 적이 있었어요. 일본으로 가는 데는 신원 보증과 도항증명서가 필요해 아무나 갈 수 없었어요. 교실에는 일본 사관학교를 나와서 장교가 된 김석원金錫源[9]이라는 인물의 커

---

[8] 한민족의 역사와 문화 말살을 목적으로 한 정책. 한국인의 성과 이름을 일본식으로 바꿀 것을 강요하는 '창씨개명', 1937년 제정에 제정된 어린이용 '황국 신민 서사' 암송 강요. 전국 곳곳에 신사를 두고 참배를 강요하는 '신사 참배', 아침마다 일왕이 거처하는 도쿄를 향해 절을 하도록 강요하는 '궁성 요배', '황국 신민의 학교'라는 의미로 소학교를 '국민 학교'로 변경(1941)하는 등의 정책이 추진되었다.
[9] 김석원 1893. 9. 서울 출생. 일제 강점기에 일본군 대좌大佐를 지냈으며, 해방 후에는 육군 소장·원석학원 이사장·5대 국회의원 등으로 활동했다. 1978년 8월 6일 사망했다. 김석원은 친일파로 분류

다란 초상화가 붙어 있었는데, 분발하면 너희도 이런 훌륭한 인물이 될 수 있다는 선전용 모범 인물이었던 셈입니다.

1996년에 고향의 초등학교를 방문했을 때, 제 학적부가 남아 있는 걸 보고 깊은 감회에 젖은 적이 있어요. 그 학적부에는 '조선어' 과목이 있었지만, 조선어를 사용하면 벌을 받는데 정말 배웠는지 어쨌는지 기억조차 나지 않습니다. 조선 문자인 한글은 집에서 자연스럽게 배웠어요. 4학년부터 배우는 '국사'는 당연히 아마테라스 오미카미天照大神와 진무 '천황'神武天皇이 등장하는 일본 역사였어요.

학교에서 조선어로 말했다가 교실 뒤쪽에서 벌을 섰던 적도 있었는데요, 그때 저는 조선어로 말한 제가 잘못했다고 생각했었어요. 기미가요 제창, 궁성 요배, 신사 참배, 황국 신민의 서사誓詞 암송 등도 모두가 하기 때문에 하기는 했지만, 그게 뭘 의미하는지는 몰랐어요.

학적부에는 "정근상精勤賞" "품행방정상品行方正賞" "학력우수상學力優秀賞"이 기재되어 있었어요. 제가 제법 성실한 아동이었다는 의미겠지요.

아버지의 복잡한 심경

아버지가 일본인을 호의적으로 여기지 않는다는 것은 알고 있었어

되어 2009년 발간된 『친일인명사전』에 수록되었으며, 정부기구인 일제강점하반민족행위진상규명위원회에 의해서도 친일반민족행위자로 규정되었다.

요. 설날에 학교에서 홍백떡(紅白餠)[10]을 받아 왔더니, "일본인 냄새가 난다"며 싫은 기색을 보였던 일이 있었어요. 아버지만이 그런 것이 아니라 어른들은 모두 그랬어요. 할머니는 도요토미 히데요시의 조선 침략과 동학농민전쟁에 관한 이야기를 자주 들려주었어요.

일본인은 빈털터리로 조선에 들어왔어도, 몇 년이 지나면 고대광실을 마련했어요. 군청 소재지에 가면 그런 건물이 많았어요.

조선인은 아무리 일해도 가난하기만 했어요. 어른들은 산에서 채취한 도토리를 가루로 만들어 먹을 것을 만들거나, 메밀가루로 끼니를 때울 음식물을 만들기도 했어요. 그렇지만 일본인은 사치스러운 생활을 하며 옷차림부터 달랐어요. 우리가 고기를 먹을 수 있을 때는 일 년에 몇 번 종가인 큰집에 모여서 제사를 지내고 제사 음식을 먹을 때 정도였어요.

아버지는 700년 이상 된 옛날 고려 때부터 이어진 선조의 계보를 기록한 족보를 대단히 소중하게 여겼어요. 우리 일가의 '본관本貫'은 '광주廣州', 그러니까 지금의 경기도 광주로, '광주 이李씨'라고 했어요.

일본은 조선인에게 일본식 이름을 강제하는 '창씨개명'을 1940년에 실시했어요. 광주 이씨 원로들은 회의를 열고, 일본 이름으로 바뀌면 장래에는 결국 '본관'을 잊어버리게 된다며, 광주 이씨 일가의 성씨姓氏를 '히로무라廣村'로 결정했어요. 아버지는 소작농이었지만, 선조 중에는 벼슬을 한 인물도 많아서 집안에 대한 긍지를 가지고 있었지만, 일본식 성명으로 개명할 수밖에 없었어요.

---

10) 붉은 떡과 흰 떡으로 일본에서 경사에 사용한다.

이 무렵을 전후로 아버지의 지인이 일본 국책회사인 '동양척식회사東洋拓植會社'에 땅을 빼앗기고, '만주'의 무단장牧丹江 쪽으로 쫓겨나는 사건이 일어난 것을 기억하고 있어요. 저의 마을에서는 땅을 빼앗겼다는 소문은 없었지만, 담배를 소매하는 권리를 빼앗아서 전매로 돌리기도 하고, 공사 현장의 작업 감독은 일본인만 했어요.

시골에서는 농한기가 되면 도로 공사 같은 데 일하러 갑니다. 집 근처에 수력발전소 건설 현장이 있어서 아버지가 거기서 일할 때, 저는 어머니 손을 잡고 도시락을 전하러 가기도 했어요. 어머니가 도시락을 머리에 이고 걸어가면, 일본인 현장 감독이 '보란 듯이' 우리 쪽을 향해 오줌을 누었어요. 어린 마음에도 저런 몰상식한 짓을 잘도 한다고 화가 치밀어 올랐고, 이보다 더한 모욕은 없다는 생각을 했어요. 지금 생각해도 울화가 치밀어 올라요.

일본인 집 서생書生 생활

초등학교 졸업 후 일 년간 실습학교에라도 가서 역무원이라든가 관공서 사무원이 되고 싶었지만, 우리 집은 그럴 만한 경제적 여유가 없었어요. 그 당시는 군郡의 실업학교를 나오면, 농업 지도원도 될 수 있었어요. 저는 집을 떠나서 일하고 싶다는 생각을 아버지께 말씀드리고 허락을 받았어요.

시골에서는 맏아들이 가업을 이어 농사일에 종사하는 것을 당연하게 여겼지만, 어렵사리 6년이나 학교에 다녔기 때문에 아버지도 허락했던 거지요. 먼 친척의 연줄로 항구 도시 여수로 나갔어요. 보성역에서 기차로 몇 시간이나 걸렸던 걸로 기억합니다.

처음 소개받은 곳이 조선소여서 항구로 갔는데, 생선에 파리 떼가 새까맣게 들끓고 있었어요. 파리 떼는 사람이 다가가면 윙하는 날개 소리와 함께 날아올랐다가, 사람이 멀어지면 다시 몰려들어 들끓었어요. 저는 산골에서 자랐기 때문에, 그런 지저분한 환경과 생선 썩는 냄새를 참을 수 없었어요.

다음은 제재製材 공장에 갔는데 거기서는 한두 달가량 일했던 걸로 기억하고 있어요. 무거운 목재를 메는 일을 소년의 체력으로 감당하기에는 무리였어요. 그 후 일본인 선주 집의 서생書生[11]을 해 보지 않겠냐는 제의가 있었어요. 저는 일본어를 좀 더 공부할 수 있겠다는 기대도 있어서 거기로 가기로 했어요.

주인은 어선 세 척을 소유한 선주였어요. 그는 밤에 어로 작업을 하고 해 뜰 무렵 귀항해 어획물을 어시장의 경매에 내놓았어요. 이때 생선을 지키는 역할을 제가 맡게 되었어요. 낮에는 일본식 가옥의 복도나 변소 청소 같은 잡다한 일을 하는 사환 역할도 하면서요.

그 집에는 당시 관청에서나 볼 수 있는 전화도 있었고, 살림살이는 비교적 부유한 편이었어요. 일본인 학교의 교사를 하는 아들과 여학생인 딸도 있었어요. 부인은 상냥한 편이었지만, 저를 "학鶴 씨"라고 이름을 불렀는데 저는 그게 싫었어요. '이李'라든가 '히로무라廣村'라고 성씨로 부르면 오히려 괜찮았을 텐데, 이름을 불러서 꼬마 취급을 한다는 생각이 들었거든요.

---

11) 남의 집에서 일을 해 주면서 공부하는 사람

급료는 월급으로 직접 받았고, 숙박은 주변의 사환들이 모이는 여관에서 하며 출퇴근을 했어요. 공부에 대한 욕구를 누를 길 없어서 「와세다 강의록早稻田講義錄」을 주문한 것도 이 무렵이에요. 아마 수학과 영어도 있었다고 기억하는 데 일본어 문장이 워낙 어려워 이해할 수 없는 바람에 오래 계속하지는 못했어요.

여관은 식사를 제공하지 않아서 끼니는 스스로 해결하고 여럿이 뒤섞여 잤어요. 꼬마 취급을 하며 이 일 저 일에 마구 부려 먹는 데 대한 반감도 생겨서 날이 갈수록 사환 일이 싫어졌어요. 반년 정도 일하고, 설 휴가차 집으로 돌아왔을 때는 무슨 수를 써서라도 돌아가고 싶지 않았어요. "좋지 않은 방법"이라는 말을 아버지로부터 들었지만, 결국 말없이 그만두고 말았어요.

우체국 도난 사건

1941년 정초가 지나고 집안일을 도우며 지내고 있는데, 이번에는 같은 마을 출신으로 전에 우체국에 근무했던 사람이 다리를 놓아 우체국에 근무해 보지 않겠느냐는 제의가 들어왔어요.

우체국은 군청 소재지마다 있었는데 집에서 40㎞가량 떨어져 있어서 하숙을 하며 근무하게 되었어요. 아버지 입장에서는 관공서에 속하는 우체국에 넣어 한시름 놓은 기분이었겠지요.

우체국에는 여러 가지 직종이 있었는데, 제가 처음한 일은 우편물을 분류하는 일이었어요. 하루에 취급하는 우편물은 기껏해야 100통 남짓했어요. 나이 많은 집배원 네댓 명이 분류된 우편물을 배달하는

데, 군을 지역별로 나누어 담당했어요. 가까운 시내는 자전거 배달이 가능했지만, 산과 고개를 넘어가야 하는 곳은 걸어서 배달했어요.

사무직은 따로 우편계·전신계電信係·서무계가 있었고, 나중에 전화 교환원으로 들어온 여성이 두 명가량 있었어요. 국장은 당연히 일본인이고, 과장급은 조선인이었어요.

몇 달인가 지나서 서무 과장이 우편계의 등기 우편 일을 해보지 않겠냐고 제의했어요. 계원이 그만두어서 대신이라면서요. 등기 우편은 하루 스무 통 남짓 취급했는데, 현금 등기 우편에는 홋카이도北海道 탄광으로 돈벌이 간 사람들이 송금하는 현금도 들어 있었어요. 40엔, 50엔이라는 큰돈이었어요. 제가 하는 일은 도착한 등기 우편의 내용과 도착 일시, 배달 일시 등을 적고 점검하는 것이었어요. 우편물을 넣은 자루를 기차 시간에 맞춰 역까지 운반하거나, 역에서 인수해 오는 일을 거들기도 했어요.

인생은 언제 어디서 역경을 만날 지 알 수 없는 법이었어요. 우체국에 들어가 일 년 정도 지난 1942년 2월 무렵 서무 과장이 호출했어요.

"현금 등기 우편 한 통이 없어졌는데 어떻게 된 거야?"

저는 매일 장부를 정확하게 적고 배달 절차도 확인했었기 때문에, 어떻게 없어진 것인지 전혀 알 수 없었어요. 지금도 의문이 풀리지 않습니다.

"이 상태로는 경찰이 개입하게 된다"는 말을 서무 과장에게 듣고 놀라서 당황했어요. 당시 경찰은 정말이지 공포의 대상이었거든요. 제가 책임을 질 필요는 없다고 생각했지만, 아무래도 젊으니까 어쨌든 뭔가 해야만 한다고 애를 태울 뿐이었어요.

변상하려고 해도 할 돈이 없었어요. 집으로 돌아가 부모님께 의논을 드렸더니, 두 분도 매우 놀라서 걱정했어요. 시골에서는 뽕나무를 재배해 누에를 치고 집에서 직접 명주를 짜기도 하는 데, 결국 장롱 깊숙이 넣어 두었던 어머니의 땀의 결정인 명주를 몇 필이나 팔아서 돈을 마련해 변상했어요.

우체국에 돌아가면 또 똑같은 일이 일어날지도 모른다고 겁을 먹고 겨우 얻은 직장을 그만두고 말았어요.

깊어지는 전시 분위기

영문도 모르는 사건으로 우체국을 그만둔 뒤에 일어난 일이 바로 제 인생을 크게 바꿔 버린 '포로 감시원'을 지원한 일입니다.

"면사무소에서 남방南方에서 포로를 감시하는 일을 할 사람을 모집하고 있대. 월급 50엔에 2년 계약이래. 나도 갈 생각인데 너도 가지 않을란가?"라고 두 살 위의 선배가 권유했어요. 1942년 5월의 일입니다. 그때 저는 열일곱 살이었어요. 이미 청년단과 소방단에 호출되었으니 어차피 어딘가로 가지 않으면 안 될 것이라는 생각은 하고 있었어요. 시절이 시절인 만큼 집에서 한가하게 있을 수 있는 분위기가 아니었어요.

소방단은 단순히 '불끄기'만 하는 것이 아니라 '자경단自警團' 비슷한 단체로, 일정 나이가 되면 자동적으로 가입하게 됩니다. 청년단과 소방단은 예전부터 조선에 있었던 조직이 아니라 전시 체제로 돌입한 뒤에 만들어졌다고 기억해요. 정기적인 모임은 아니었지만, 때때로 호출도 하고, 나가지 않으면 왜 나오지 않았냐고 추궁했어요. 집합 장소인 학교나 면사무소 광장에서는 호출된 열 명 정도의 인원이 모여서 경찰서장으로부터 시국에 관한 이야기를 듣고는 했어요. 그런 경우 군가는 으레 따르기 마련이었고요.

세상은 전시 분위기 일색으로 놋그릇과 놋수저 같은 쇠붙이는 모두 공출되었어요. 제가 포로 감시원의 일을 제의받은 시기와 거의 같은 무렵에, 조선에서 징병제를 시행하는 것이 결정되었어요. 저는 호적상 나이가 미달되었지만, 대략 다음 해쯤에는 징병되지 않을까 예상하고 있었어요.

또한 몇 년 전 일인데, 제가 열다섯 살 무렵에 이웃집 동급생이 강제 연행을 당해 홋카이도 탄광으로 가는 일이 벌어졌어요. 그런데 어찌 된 일인지 그 집 사람들은 본디는 저를 연행하러 왔는데, 제가 없어서 자기 식구가 대신 연행되었다고 원망했어요. 그래서 우리 집과 그 집은 서로 반목했던 시절도 있었어요. 사건의 진위는 알 수 없었어요. 당시 탄광으로 돈벌이 갈 때는 이웃도 모르게 조용히 갔어요. 만주의 무단장牧丹江과 홋카이도 탄광에 대한 인상은 별로 안 좋아서 저는 벌이가 된다 해도 가고 싶다는 생각은 하지 않았어요.

온 마을이 일본군에 지원한 학교 선배를 환대하는 분위기였어요. 그뿐 아니라 경찰서 순사도, 초등학교 교장도 '지원병'을 존경하는 태도로 대했어요. 지원병에 지원하는 사람들은 상당히 우수한 사람들이었기 때문에, 그런 모습을 보면서 저도 마음이 끌린 적이 있었어요. 지원병은 국내 여기저기를 돌아다니며 훈련을 받고 있었는데, 마을에 돌아오면 언덕 위에서 나팔을 불고는 했어요.

이제 와 생각해 보면, 마을 사람들은 어쩌면 진심으로 환대한 것이 아니라, 단지 당국의 정책이니까 어쩔 수 없이 그랬을 거라는 생각이 들어요. 동원 명령을 받고 따르지 않으면 의심을 받았어요. 조선이 일본 식민지가 되고 이미 삼십 년이 지났기 때문에, 그런 일은 당연하다고 생각하는 사람도 있었을 거예요. 사람들은 가능하면 좀 더 나은 생활을 하고 싶다는 생각에 시세에 따르는 게 예사였으니까요.

포로 감시원으로

일본은 1941년 12월 8일, 말레이 반도 상륙을 계기로 동남아시아 일대에서 연합국 포로를 대량으로 떠안게 되고, 그 대응에 고심하고 있었어요. 마침내 그 대응책으로 조선 전역에서 약 3,000명의 '부로俘虜 감시원'을 모집했어요. 일본군이 관리하는 포로의 일본식 정식 명칭은 "부로俘虜"였어요.[12] 저는 그 당시는 감시원을 모집하는 배경은 전혀 몰랐어요. 이제부터는 현재 일반적으로 쓰이는 '포로'라는 단어를 사용하겠습니다. 당시 저는 포로 감시원은 도로 공사를 감독하는 감독원과 비슷하지 않을까 상상했어요.

모집 요강에는 스무 살에서 서른다섯 살까지라는 연령 제한이 있었어요. 저는 아직 열일곱 살밖에 안 되었지만, 면사무소에서 시험을 보라고 권했어요. 군郡·면面마다 인원이 할당되어 있었기 때문이 아니

---

12) '포로捕虜'와 '부로俘虜'는 국제법상으로 차이는 없으며, '부로'가 전전戰前·전중戰中 시기의 일본의 공식 용어라고 설명된다. 포로는 적에게 사로잡힌 것을 의미하고 '부로'는 적을 사로잡는 것을 표현하는 말이며, '포로'는 사로잡힌 시점의 호칭이고 '부로'는 수용된 후의 호칭이라고 설명되기도 한다.

조선에서 포로 감시원 모집을 보도한 신문(매일신보每日新報, 1942년 5월 23일)

었을까 해요. 당시는 관공서에서 말하면 거절하기가 매우 어려운 형편이었어요. 사실은 강제 징용인 셈이지요.

아버지께 말씀을 드렸더니, 썩 내켜하시지는 않았지만, 결국 "2년 계약이고, 병역도 면제된다면, 어차피 어딘가는 가야 하니까 어쩔 수 없지"라고 하셨어요. 모집에 응하면 후대한다는 말에, 저는 공부할 시간도 있지 않을까 했어요.

군청에서 70~80명이 시험을 치렀는데 양복 차림을 한 사람이 많아서 놀랐던 일이 기억납니다. 간단한 필기시험과 구술시험을 치르고 대략 서른 명이 합격했어요. 저는 합격하리라고는 예상하지 않았기 때문에, 막상 합격하고 보니 기분이 나쁘지는 않았어요.

우리 면에서 합격한 사람은 두 명이었어요. 다른 합격자는 남방에서 근무지가 달랐기 때문에 소식을 몰랐어요. 전후 고향으로 돌아왔다는 소문을 나중에 들었어요.

가족과의 이별

합격자 3,000명은 부산에 있는 '노구치 부대野口部隊'에서 훈련을 받았어요. '부산 서면 임시 교육대'의 대장이 노구치 유즈루野口讓 중좌여서 그렇게 불렀어요. 입대를 위해 정작 가족과 이별할 때가 되어서도, 저는 나이가 어려서 그랬는지 '잠시 다녀올까' 정도의 가벼운 기분이었어요.

할머니는 제 손을 꼭 잡고 "이제 다시 만날 수 없을지도 모르는데"라며 슬피 우시면서 배웅하셨어요. 어머니는 "부디 몸조심하라"고 하셨고요. 제가 좀 더 나이가 들었더라면, 그 이별에 내재된 심각성을 이해했겠지요.

아버지는 군청까지 배웅하러 오셔서 함께 여관에서 하룻밤을 보냈어요. 본디 말수가 적은 분이어서 이때도 딱히 특별한 말씀은 없었어요. 다만 아버지 입장에서 보자면, 형세에 떠밀려 선택했다고는 해도, 아들을 일본군으로 보내야만 하는 일로 심경이 복잡했을 거라는 생각이 들어요. 포로 감시원은 '군무원'이라는 신분으로, 가장 말단이기는 해도 일본군의 일원으로 편입되어 있었어요.

노구치 부대 입대

군소재지에서는 환호하는 지역민과 펄럭이는 일장기의 배웅을 받았습니다. 마침내 1942년 6월 15일 노구치 부대에 입대했어요. 총독부 다나카 다케오田中武雄 정무총감이 열병식에 나와서 "당당한 국민으로 싸우고 오라"는 내용의 훈시를 했고, 우리는 "상관의 명령에 절대 복종한다"는 선서를 했어요. 정확히 3,224명이 입대했다고 했습니다.

보성군에서는 서른 명가량이 왔고, 그 가운데는 안면이 있는 선배도 있었지만, 말을 건다거나 하는 행동은 도저히 할 수 없는 분위기였어요. 다양한 계층과 직업을 가진 사람들로 구성된 성숙한, 쟁쟁한 면면 속에서 저는 만 열일곱 살의 최연소 입대자였어요.

열병식 후, 각 소대가 편성되었어요. 소대장은 대위나 중위가, 분대장은 군조(軍曹 : 중사)와 조장(曹長 : 상사)이, 교관은 예비역 장교나 하사관들이 맡았어요. 이들 장교와 하사관은 모두 일본인이었어요. 한 소대는 한 분대가 삼십 명 단위로 이루어진 세 개 분대로 편성되고, 각 분대에는 분대장 한 명, 조교인 상등병 세 명이 배치되었어요. 매일 「전진훈戰陣訓」 「군인칙유軍人勅諭」 「군무원독법讀法」을 암송시

1943년 7월 무렵 노구치부대의 훈련생들

키며 철저하게 군인 정신을 주입시켰고, 나중에는 야전 훈련만 했어요. 수행해야 할 업무는 포로 감시라고 하면서 포로와 관련된 풍속·습관 같은 것은 전혀 가르치지 않고 군사 훈련만 시켜서 놀랐어요.

「전진훈」은 1941년에 도조 히데키東條英機 육군 장관이 시달한 군인이 준수해야 할 행동 규범 및 전투 규범입니다. 그 가운데 유명한 구절로 "살아서 포로가 되는 치욕을 당하지 말고, 포로가 되는 오명을 남기기 전에 죽을지어다"라는 게 있었어요. 일본군은 포로가 되는 것을 부끄러워해야 할 일로 여겼고, 포로가 될 상황이면 자결하라고 가르쳤어요. 따라서 일본군은 포로가 된 적의 처우 따위를 생각할 필요도 없고, 이쪽의 형편에 따라 관리하면 된다는 방침이었어요. 당연한 말이지만, 포로의 인도적 처우를 정한 '제네바 조약'의 존재 따위는 전혀 배우지 못했어요.

「군인칙유」와 「전진훈」은 빨리 외우라고 닦달을 받았어요. 저는 서당 시절부터 암기에는 익숙했기 때문에, 외우는 일은 별로 힘들지 않았어요. 빨리 외우면 외울수록 점수도 올라갔고, 군사 훈련 평가에 따라 승급에도 차이가 났어요.

그러나 구타당하지 않는 날이 없었어요. "소리가 작다", "자세가 나쁘다"는 핑계를 내세워 뺨을 때리고, "군화의 손질 상태가 불량하다", "총의 손질 상태가 불량하다"고 지적하면서 뺨을 때리고, 그리고 "당당한 일본인으로 만들어 주겠다"는 이유를 대면서 또 뺨을 때렸어요.

가장 끔찍했던 것이 '마주 보고 뺨 때리기'였어요. 서로 마주서서 뺨 때리기 경쟁을 시키는 거예요. 서로 간에 증오 따위가 있을 리 만무하기에, 누구도 상대를 진심으로 때리고 싶어 하지 않았어요. 그러나 옆에서 상등병이 지켜보고 있다가 "그런 식으로 때리는 게 아니야"

라며 온 힘을 다해 때리는 시범을 보이는 겁니다. 그러면 어쩔 수 없이 무슨 미움 따위가 있을 리 없건만 뺨이 부어오를 정도로 서로 때리게 됩니다. 정말 싫었어요.

오랜 시간 '받들어총' 자세를 취하게 하거나, 신발을 핥게 하기도 했어요. '상관의 명령은 절대적이다'라는 걸 뼈저리게 느끼게 하고, 선악 따위는 꿈도 꾸지 말라는 거였지요. '말 안 듣는 놈', '이 밉살스러운 조선 놈'이라는 기세로 온 힘을 다해 뺨을 때렸어요. 군대에서는 전서구를 소중하게 여겼는데, 우리는 전서구만도 못한 존재라고 자조했어요.

동료 사이에서는 "전방에 가면 두고 보자, 뒤에서 쏘아 죽여 버리고 말테니"라는 말이 나올 정도였어요. 최전방에 가면 사정도 달라서 상관이라도 부하를 너무 심하게는 다룰 수 없었기 때문이지요. 개중에는 고통을 견딜 수 없어 정신 이상을 일으킨 사람도 있고, 탈주를 도모했다는 이야기를 들은 적도 있었어요. 그런데 탈주하면 가족이 큰일 납니다. 저는 달아나고 싶다는 생각보다는 '어차피 들어온 바에는 끝까지 해내자'라는 심정이었어요. 좋은 의미에서든 나쁜 의미에서든 착실했던 거지요.

군대 생활 속에서

노구치 부대에서는 결국 두 달 동안 군사 훈련을 받았어요. 주로 야전 사격술과 제식 훈련 같은 걸 받았고 실탄을 사용한 사격 훈련은 받지 않았어요. 총검술 훈련은 목총으로 했지만, 현지에서는 물론 진짜 총검을 착용했어요.

수용소로 적이 공격해 올 경우를 상정하고 훈련했어요. 때로는 시가행진도 했고요. 행진은 군복으로 정장한 3개 중대가 했어요. 지금 돌이켜 보면, 훈련만이 아니라 거리의 사람들을 상대로 전시 효과를 노린 의미도 있었다는 생각이 들어요. 「이기고 올 거야 용감하게」 같은 군가를 부르면서 행진했어요. 「애국행진곡」도 불렀고요. 조선 국내에도 남방에서 끌려온 백인 포로수용소가 있다고 들었는데, 교육 기간 중에 그곳으로 데리고 간 적은 없었어요.

입대할 무렵에는 다른 사람들이 모두 저보다 나이가 많아서 훌륭해 보였지만, 훈련 생활을 하면서 「전진훈」 암기 같은 것을 평가받은 후에는 나이 차이를 느끼지 않게 되었어요. 일본군은 계급이 엄연해 나이는 문제되지 않았어요. '선임자'는 성적이 우수한 사람을 의미했고, 그것이 승진에도 직무를 맡을 때에도 따라다녔어요. 물론 상관에게도 높은 평가를 받았고요. 어떤 의미에서 노구치 부대의 교육은 성공적이었다고 할 수 있어요. 저에게 배어 있던 조선의 풍습과 사고방식이 군대에서 어느 정도 변했으니까요.

저는 불안과 열정이 뒤섞인 상태로 포로 감시원으로 전쟁의 시대를 살아가고자 첫발을 내디뎠습니다.

패전,
역전되는 입장

타이·미얀마 철도 완성 후

타이·미얀마 철도는 포로와 현지 노무자를 합해 4만 5천 명이라고 알려진 사망자의 희생을 바탕으로 1943년 10월 17일 준공되어, 10월 25일 타이의 콘쿠이타Konkuita에서 개통식이 거행되었습니다.

준공 시점의 제3분견소 소속 포로는 7~8백 명가량이었다고 던롭 중령의 일기에 기록되어 있었어요.

제 기억으로는 5백 명가량이라고 생각되는데, 나중에 꼰유 분견소의 포로가 합류하는 바람에 인원이 그 정도까지 늘어났을 수도 있겠다는 생각이 들어요.

공사가 끝나자 우리는 잠시 철도 보수 작업을 하러 다녔어요. 해가 바뀐 후 논쁘라두둑에서 39㎞ 거리에 위치한 타이무앙Thai Muang 분견소 본부로 이동했어요. 물론 포로도 함께 이동했어요.

저는 임팔 작전이 실패한 전쟁 상황에 대해서는 전혀 모르고 있었어요. 철도가 폭격당하기도 하여 왠지 모르게 불리한 상황이라는 느낌이 들기는 했지만, 일본이 패한다는 따위의 생각은 해 본 적도 없었거든요.

타이무앙으로 이동했을 때는 적기가 날아와서 머리 위에서 기총소사를 했어요. 무시무시한 소리에 비해 적중률은 낮았어요. 타이무앙에서는 전선 보수 같은 일을 하러 다니기도 했어요.

타이무앙은 정글이 아니라 도회지여서 도로에 전신주가 있었어요. 자전거를 타고 전선에 걸린 나뭇가지 같은 것을 제거하거나 이런저런 보수를 하며 다녔어요. 시가지에는 위안소도 있었어요.

정글 속의 위안소

경편輕便 철도[13]가 논쁘라둑 사이를 왕래하게 되자, 힌똑에서 가까운 낀사욕Kinsayok 수용소 부근에도 위안소가 개설되었어요. 현지 여성과 일본인 여성을 구분한 두 종류의 위안소가 있었는데, 일본인 여성이 있는 위안소는 장교용이었어요. 낮에는 식당 종업원으로 일하고, 밤에는 일본군의 성욕 상대가 되는 여성들이 있었어요. 이들은 감시를 받고 있어서 달아나지도 못하고, 부대 후방에 딸려서 함께 이동하는 듯했어요.

일본군과 일본 정부는 일본군 '위안부'가 매춘을 생업으로 삼았던 사람이라고 하는 데 그렇지 않습니다. 제 친구는 위안소에서 조선인 아가씨를 만나서 신상 이야기를 듣고서 함께 울다가 돌아왔다고 했어요. 제가 고향에 있을 때 그런 이야기를 들은 적은 없었지만, 강제로 끌려온 여성들이 아닐까 상상했어요.

군인들이 위안소에 가는 데는, 내일은 어디에서 죽을지도 모른다는 절박한 심정도 한몫하지 않았을까요. 저도 우스키 중위와 함께한 출장길에 "다녀오라"고 해서 간 적이 있어요. 저로서는 첫 경험이었는데, 상대는 현지 여성이었어요. 비번 때는 보통 "공용외출"이라는 완장을 차고 외출했습니다. 포로 감시원은 군인보다 봉급이 많아서 제법 폼을 잡기도 했어요. 고국의 집으로 송금되는 금액을 공제하고 10~20엔가량이 수중에 남았다고 기억합니다. 송금액은 군에서 알아서 결

---

[13] 경편 철도는 기관차와 차량이 작고 궤도가 좁은, 규모가 작고 간단한 철도를 말한다.

정했기 때문에, 실제 송금 금액이 얼마인지도 몰랐어요. 나중에 아버지께 여쭈었더니 몇 번인가 송금이 오기는 했었다고 하셨어요.

군무원 반란과 험악한 분위기

1944년 6월도 지나고, 당초 계약한 2년 기한이 지났지만 귀환이 이루어지지 않는 바람에 조선인 군무원 사이에는 불만이 고조되고 있었어요. 1944년 7월, 사이판 함락으로 전황은 한층 불리해졌고, 귀환이 절망적이라는 사실이 알려지자 여기저기에서 사건이 터졌어요.

타이 어딘가에서 포로와 도망한 조선인 군무원이 나왔다는 소문도 돌았어요. 타이무앙에 있을 때, 1945년 1월 자바에서 발생한 고려독립청년당 사건을 듣고 놀랐어요. 조선인 군무원들이 일본군 상관에 맞서 반란을 일으키고, 서로 총격을 가했다는 겁니다.

그런 사건이 있어서 조선인을 신뢰할 수 없게 되었다는 소문이 퍼졌어요. 각 부대에 헌병대가 배치되고, 우리 군무원이 소지한 총도 회수했어요. 수용소 안을 순회하는 위병도 그때까지는 우리 군무원이 하고 있었는데, 다른 부대의 일본인을 불러서 하게 했어요. 우리 군무원은 한자리에 서서 감시하는 보초 근무만 서게 했어요.

일본인 상관과도 왠지 뜨악하게 되었고, 툭하면 "조선인 군무원 주제에"라며 모멸하고는 했어요. 포로와 뭔가 이야기하는 모습이라도 발견되면 질책당하고 의심받았어요. 그런 이유도 있어서, 외출 중인 일본군과 조선인 군무원 사이에도 항상 트러블이 있었어요. 술이 들어가면 평소의 불만이 폭발하는 거지요.

타이무앙 다음으로 잠깐 머물렀던 방콕 근처의 사라부리Saraburi는 우유처럼 뽀얗게 흐린 물이 기억에 남아 있어요. 그곳은 산악 지대로 일본군의 고사포 진지가 있어서, 무슨 일이 있으면 입막음을 하기 위해 포로와 함께 우리 조선인 군무원을 몰살시킬 것이라는 소문이 떠돌았어요. 타이무앙까지 함께했던 포로들 가운데 일부가 사라부리에서 다른 곳으로 갈라졌어요.

방콕에서 맞은 일본 패전

1945년 4월 무렵, 저는 타이 포로수용소 본소가 있는 방콕으로 파견되어 그때까지 함께했던 동료들과 헤어졌어요. 방콕 본소에서 '고원雇員'이 되었어요. 일본군은 조선인 군무원의 불만을 어떻게든 달래려고, 고원 제도를 마련해 소수의 군무원을 고원으로 승격시켰어요. 고원 제도는 군무원 고용인 가운데 '근무 성적이 뛰어난 자'를 최하급 관리인 판임관判任官 대우의 고원으로 승격시키는 제도입니다. 제가 고원이 된 정확한 이유는 알 수 없지만, 지나치게 착실해서 신뢰할 수 있다고 비쳤기 때문이 아닐까 합니다.

고원 승격은 1, 2차로 나뉘어 이루어졌는데, 저는 2차에 승격했어요. 1차에 여섯 명, 2차에는 그 배 정도의 인원이었던 걸로 기억하고 있어요. 그래 봤자 군대에서 가장 말단 계급인 것은 변함없었어요.

그래도 고원이 되었다는 사실은 그렇게 나쁘지 않았고 오히려 조금 기분이 좋았어요. 붉은 별이 새겨진 완장 외에 유성이 그려진 가슴표(胸章)도 달았어요. 방콕의 숙소는 철근 콘크리트 건물로 방도 칸

막이가 된 독방이었어요.

　본소에는 열 명 정도의 고원이 있었는데, 소내 경비와 각 분소와의 연락 업무를 담당했어요. 본소에는 본디부터 포로는 없었어요. 방콕에 있는 동안에는 공습도 없었어요.

　일본의 패전은 방콕에서 패전 다음 날 알았어요. 그때까지는 고원끼리 전황에 대해 이야기한 적도 없어서 패전 소식을 들었을 때 깜짝 놀랐어요. 고원이 된 사람은 자기 입으로 말하기는 좀 뭣하지만, 어떤 부류인가 하면 생각에 융통성이 없고 충성심이 왕성한 사람들뿐이라 모두가 알고 있는 일도 의외로 몰랐을 수도 있었어요. 본부에 근무하는 사람들은 더욱 그런 성향이 강하지 않았을까 합니다.

　저는 '이렇게 빨리 패하다니 뭐야?' 이런 느낌이었어요. 아쉽다는 감정과는 사뭇 다르지만, 아무튼 감정이 복잡했어요. 다만 일본의 패배는 내 조국의 독립을 의미했기에 기쁘기도 했어요. 조국이 식민지에서 해방된다는 생각에 하루라도 빨리 고향으로 돌아가고 싶었어요. 돌아가서 부모님께 효도하고 싶다는 생각이 새삼 간절해졌어요. 어느덧 고향을 떠난 지 3년 2개월이라는 세월이 흘러가고 있었습니다. 저의 귀국을 애타게 기다릴 부모님, 남동생과 여동생의 얼굴을 몇 번이나 마음속으로 그려보곤 했어요.

조국 해방의 기쁨

　일본의 패전으로 일본군에서 제대하는 정식 절차 같은 것은 없었어요. 방콕 본소에서 일본인 장교로부터 일본이 패했다는 사실을 틀림없이 들었을 텐데, 무슨 말을 들었는지 전혀 기억이 나지 않습니다. 십중팔구는 "여러분은 자유 제대다" 뭐 이런 말이 아니었을까 해요. 어디로든 적당히 사라지라는 말은 아니었을까요. 본소에는 본디 병사는 없고 하사관과 장교들만 있었는데 이들은 기운이 빠져 멍한 상태였어요.

그 후 일주일 정도 본소에 있는 동안, 다른 분견소의 조선인 군무원들이 모여들어서 이십여 명이 되었어요. 하루라도 빨리 일본군에서 벗어나고 싶었지만, 갈 곳도 없었어요. 동료들과 앞으로 어떻게 해야 할지 의논했어요.

저는 당시 스무 살로 동료들 가운데 여전히 막내였어요. 간사 역할은 나이 많은 동료가 맡았어요. 동료 가운데 십여 명은 방콕의 사찰 경내를 이용해도 좋다는 허락을 받았고, 나머지 동료들은 야구장 관중석 같은 곳에 삼삼오오 기거하며 귀국할 날을 기다렸어요.

당시 동남아시아 각지에서 조선인 군무원들이 집결해 캠프를 조직한 걸로 알고 있어요. 방콕에서도 '고려인회高麗人會'라는 캠프가 만들어졌고 우리도 곧 합류할 예정이었어요. 타이에서는 방콕 이외의 지역에서도 출신 지역별로 조선인 군무원들이 집결해 있었던 걸로 알고 있어요.

우리는 사찰 경내에 있는 건물의 지붕 밑에서 잠을 자며 끼니는 우리끼리 만들어 해결했어요. 또 화교들이 많이 도와주었어요. "중국과 고려는 옛날부터 형제의 나라다"라며 악수를 청한 적도 있었고요. 일면식도 없는 사람이 야채를 트럭에 실어서 가져다주기도 했어요. 정말 그때의 은혜와 의리는 잊을 수 없습니다.

동료들은 거리를 나돌아 다니기도 했지만, 저는 별로 밖에 나가지 않았어요. 금방 돌아갈 수 있다는 생각에 가족에게 편지를 쓴다는 건 생각조차 안 했어요. 그때는 일본인이 밉다든가 일본군이 밉다든가 하는 생각도 없었고, 어쨌든 빨리 귀국하고 싶다는 생각뿐이었어요. 조국 해방을 맞은 당시 심정을 서툰 솜씨로 쓴 시가 오래된 자료 사이에서 나왔어요.

「해방解放의 기쁨」
 엄동嚴冬에 잠든 나무
 난춘暖春을 마저오니
 지지枝枝에 피는 꽃은
 향기香氣가 만일滿溢하여
 봉접蜂蝶을 불러들이고
 행인行人을 멈추더라

마침내 내 조국이 해방되었다는 실감이 이런 시를 낳은 거지요.

전前 포로와 조선인 군무원

1945년 7월에 포츠담 선언이 발표된 사실은 몰랐지만, "연합군 포로를 학대한 자는 엄벌에 처한다"는 방침은 연합군 라디오 방송에서 들었어요. 그러나 포로 감시원이었던 동료들과 저는 우리가 '학대했다'는 인식이 없었기 때문에, 마치 남의 일처럼 흘려버리고 걱정하지 않았어요.

패전 때 포로수용소 소장 명의로 "포로를 학대한 기억이 있는 사람은 빨리 몸을 숨겨라"라는 명령이 내려졌다고 하는 데, 우리 군무원들에게는 통지되지 않았어요.

연합국 출신 전 포로들은 감금 생활에서 해방되어 방콕의 거리에서 마음 내키는 대로 행동하고 있었어요. 술을 마시고 거리를 누비며 다녔고, 군인이 아닌 일반 일본인을 폭행하는 것은 물론, 무전취식을 하거나 현지 주민인 부녀자를 욕보이는 일도 있었어요. 또 우리와 우연히 마주치면 이런저런 트집을 잡아서 폭행하거나 옷을 빼앗기도 했는데, 팬티 한 장만 걸치고 돌아온 친구도 있었어요. 그래서 연합국 포로에 대한 타이 사람들의 반감은 강한 데 반해, 일본인에게는 동정적이었던 걸로 기억합니다.

절에서 생활한 지 한 달 반 정도 지났을 무렵, "9월 28일 저녁때까지 고려인회에 집합할 것. 집합하지 않는 자는 처벌한다"는 연합군 명령이 전달되었어요. 조선 출신자의 모임인 고려인회에서 각지로 연락을 했어요. 간사에게 이동한다고 들었을 때도 별로 불안하지 않았었는데, 고려인회에 도착해 보니 주위에 자동소총을 겨눈 연합군 위병이 있는 등 삼엄한 경계 태세에 깜짝 놀랐어요.

다음 날, 전범자 "대면 지목"을 한다는 말을 듣고 다소 긴장했어요. 전쟁 재판을 위해 전前 포로들에게 용의자를 찾아내게 하는 거였지요.

그런데도 저는 그다지 걱정하지 않았어요. 배를 기다리는 동안 동료로부터 제1차 대전 때 독일 전범도 두세 달가량 구금되었다, 기껏해야 대여섯 달 정도라는 설명을 듣기도 해서, 당당하게 벌을 받는 편이 좋겠다는 정도로 생각했어요.

체포, 그리고 형무소로

다음 날 아침이 되자, 영국·오스트레일리아·네덜란드의 전 포로가 서른 명가량 왔고 영국, 오스트레일리아, 네덜란드 순으로 여섯 군데에 '대면 지목 장소'가 설치되었어요. 대면 지목은 엄중한 경계 속에 우리가 일렬종대로 나아가는 형태로 진행되었어요. 이 여섯 군데를 무사히 빠져나가야만 했어요. 한 군데에 네댓 명씩 배치된 전 포로들은 "이 새끼! 쌤통이다"라고 야유하며 으스대는 태도를 보였어요.

그날은 약 쉰 명이 지목되었는데 저도 그 속에 포함되고 말았어요. 우리는 소지품을 가지고 친구들에게 이야기할 겨를도 없이 내쫓겨 트럭에 분승했어요. 스물 몇 명이 탄 차 위에서는 두 명의 영국 감시병에게 협박당해 지갑과 시계는 물론이고 만년필까지 소지품의 대부분을 빼앗기고 말았어요. 그러나 우리를 총살시키기 위해 어딘가로 연행하는 것은 아닐까, 이런 불안감에 사로잡혀 있었기 때문에, 물건을 빼앗기는 일 따위에는 신경 쓸 겨를이 없었어요.

길 양편에 야자수가 무성하게 늘어선 도로를 약 한 시간가량 달려서 도착한 곳은 방콕 교외에 소재한 '반얀Banyan 형무소'였습니다.

초유의 교도소살이

반얀 형무소의 시설은 열악하기만 했는데, 변기에서 나는 심한 악취가 코를 찔렀어요. 식사는 1일 2식으로 양은 매우 적었어요. 모두 배가 고파서 비실거렸지만, 매일 군대식 강제 체조로 팔굽혀펴기 같은 것을 시킨 후 제초 작업을 시켰어요.

이따금 우리를 동정했던 인도인 병사가 몰래 먹을 것을 넣어준 적도 있었어요. 가끔씩 취사용 땔나무를 하러 형무소 밖의 정글로 나가기도 했는데, 이때 감시가 느슨한 편이어서 도망하려고 마음먹으면 간단히 도망칠 수 있었어요.

그러나 제 자신이 취조를 받은 것도 아니고, 취조를 받고 돌아온 사람의 이야기도 매우 낙관적이었기 때문에, 도망해 숨기보다는 참고 견디어 자유의 몸이 되는 편이 좋다는 생각이었습니다.

해가 바뀌어 1946년 설날에는 보초에게 신년 하례를 한다고 양해를 구하고, 형무소 건물 입구 쪽에서 조선인 동료들과 함께 「애국가」를 불렀어요. 조국이 해방되어 독립했다는 패기에 불타고 있었어요. 저는 「애국가」를 군대에 들어올 때까지는 몰랐어요. 타이로 오고 나서 동료가 가만히 읊조리는 것을 듣고 배웠어요. 노래를 하면서 눈시울이 뜨거워지고 기분이 숙연해졌어요. 왜냐하면 전쟁이 끝나고 나서야 마침내 다함께 떳떳이 노래할 수 있게 되었으니까요.

창이 형무소, 그 지옥으로

3월 초순부터 시시때때로 몇 사람씩 모아서 항공편으로 싱가포르로 이송시켰어요. 저는 4월 하순 이백 명가량과 함께 배편으로 싱가포르로 이송되어 창이 형무소에 수용되었어요. 형무소는 10m는 족히 될 듯한 높은 담벼락으로 둘러싸여 있었어요. 입구는 육중한 철문으로 되어 있어 뭐라 말로 표현할 수 없는 압박감을 느꼈어요. 그

철문을 지나자 3층짜리 콘크리트 건물의 멋진 그러나 위압적인 형무소의 외관이 나타났어요. 그 순간 포로를 감시하는 입장에서 자신이 갇히는 신세로 전락했다는 것, 입장이 역전되었다는 것에 왠지 가슴이 섬뜩해졌어요. 그때부터의 체험은 저에게는 '지상의 지옥'이나 다를 바 없었어요.

맨 먼저 엄격한 사물 검사가 실시되어 값나가는 물건은 모두 압수당했어요. 그 다음 등에 번호를 붙인 죄수복을 착용했어요. 당시 경비병은 전 포로인 네덜란드 병사였어요. 전 포로 가운데 건강한 사람이 선발된 것인지, 아니면 '되갚아 주겠다'는 심정에서 자원해서 온 것인지는 알 수 없었어요.

네덜란드 경비병 다음이 흰 밴드를 두른 영국 경비병의 '흰 밴드 시절', 그 다음이 빨간 베레모를 쓴 낙하산 부대 출신 영국 경비병의 '빨간 모자 시절'로 이어졌어요.

식사는 아침 7시에 비스킷 세 개와 3분의 1 조각(때로는 2개와 5분의 1 조각)을 주었어요. 그리고 색깔만 그럴듯한 차 한 잔. 오후 2시에 모두가 "흙투성이"라고 불렀던 옥수수 가루(찻숟가락으로 세 숟가락 정도)나 타피오카[14] 가루를 묽게 푼 물 같은 것을 주었는데 양은 두 컵 정도였어요. 칼로리를 계산해 죽지 않을 정도만 주었다는 생각이 들어요. 영국은 비스킷 양을 조금씩 늘렸다가 줄이는 식으로 늘 허기에 시달리도록 관리했어요. 우리는 수채에 떨어진 잔반과 차 찌꺼기

---

[14] 녹말의 하나. 열대 지방에서 나는 카사바cassava의 뿌리를 가늘게 자르고 압착하여 액즙을 뺀 뒤에 남은 섬유질을 갈아서 만든다. 소화가 잘되어 포도당·죽·수프 따위의 원료로 쓰며, 직물용織物用 풀로도 사용한다.

까지 건져 먹었어요. 모두들 배불리 먹을 수만 있다면 죽어도 좋다는 심정이어서 앞날에 관한 일 따위는 생각조차 할 수 없는 상태였어요.

어떤 경비병은 "목마르지?"라고 묻고 "마르다"고 하면, 수도꼭지를 물고 개구리 배처럼 배가 불룩해질 때까지 물을 마시게 했고, "싫다"고 하면 구타하기도 했어요. 또 어떤 경비병은 "배고프지?"라고 묻고 "고프다"고 하면 '진흙 덩어리'를 잔뜩 가지고 와서 먹였고, "싫다"고 하면 그걸 트집삼아 또 구타했어요.

저는 단체 처벌을 제외하면, 집합에 늦었다고 경비병의 감시하에 양동이 하나를 오전 내내 닦는 일만 겪었어요. 포로 감시원을 한 사실이 그들에게 알려지지 않았던 것은 정말 행운이었어요. 운 나쁘게 그들에게 발각된 사람은 경비병이 그 사실을 퍼뜨려서 매일같이 폭행당했어요. 그런 학대 속에서도 자나 깨나 먹는 것에 관한 이야기뿐이었어요. 그러나 점차 이야기할 힘조차 없어서 그 이야기도 오래 계

저자가 사형수로 수감되었던 싱가포르 창이 형무소 ⓒ 스즈키 쇼鈴木晶

속하지 못했어요. 이런 학대는 '흰 밴드'에서 '빨간 모자' 시절로 접어들면서 더욱 심해졌어요.

전범 재판의 시작

1946년 1월부터 영국 관할 재판이 시작되었던 걸로 기억하고 있어요. 주민 대책의 일환으로 재판과 처형 상황을 현지 신문에 게재하기도 하고, 현지인에게 교수형 장면을 공개하기도 했다고 합니다. 대부분의 수용소 관련 재판은 시내에 설치된 열 군데의, 방청객도 거의 없는 법정에서 진행되었어요. 9월 무렵이 되자 재판도 궤도에 올랐어요. 재판을 위해 서로 접촉하지 못하게 독방에 감금되는 동료가 늘어나기 시작했어요. 독방으로 옮겨진 동료에 대한 경비병의 폭행은 점점 심해졌어요.

이런 환경 속에서 우리는 취조를 받고, 자신의 증언과는 상당히 다른 내용의 서류에 서명하라는 요구를 받기도 했어요. 어떤 사람은 백지에 서명하라는 요구를 받기도 했고요. 서명을 강요받는 동안 이래도 좋고 저래도 좋으니까 빨리 결말을 내려 달라는 염세주의적 심정에서 서명해 버린 사람이 많이 있었다고 합니다.

우리에게는 법정에서의 유일한 자기 변론마저도 허용되지 않았고, 또한 기소 사실에 대한 반증마저 거의 허용되지 않았어요. 영어로 진행된 재판이라 애당초 언어라는 면에서 불리했기 때문에 항변하고 싶어도 할 수 없었어요. 재판은 그야말로 졸속 재판으로 1심이 곧 최종심인 군사 재판이었어요. 상고심이 없는 바람에 사형 판결 일주일 후나 길어도 세 달가량 지나면 사형 집행이 이루어졌어요. 재판에 회부되면 누구든지 사형을 각오해야만 했어요.

거기에 더해 합동 재판에서 옛 상관과 벌이는 법정 투쟁은 하급자를 고뇌 속에 빠뜨렸어요. 상관이 하급자에게 책임을 전가하는 일이 있었는데, 우리 조선인의 경우 특히 심했어요. 고생을 모르는 옛 상관들은 식사 때나, 재판받을 때나 추태를 부려서 정말 비참했어요. 역경에 처했을 때야말로 그 인간의 진면목을 가장 잘 파악할 수 있다는 말은 사실이었어요. 저런 사람들이 용케도 부하를 지휘했구나, 라는 생각이 들 정도였어요. 거기에 더해 우리는 변호사의 민족적 편견과 군대 계급에 따른 선입관에도 맞닥뜨려 이중삼중으로 불리한 조건을 안고 있었어요.

취조와 기소

저는 단 한 번 취조를 받았어요.

조사관 : 포로 가운데 환자가 많이 사망했다고 하는 데 그 사실을 알고 있었는가?
이학래 : 몰랐다.
조사관 : 철도대 병사가 포로를 구타해서 포로가 사망한 일을 알고 있었는가?
이학래 : 그런 일은 없다.
조사관 : 우스키 중위와는 어떤 관계인가?

이학래 : 분견소 소장이며 내 상관이었다.

이것이 취조의 전부이자 끝이었어요. 이런 간단한 취조 후, 저는 특별 감시를 받는 독방으로 옮겨졌어요. 기소되기도 전에 독방에 갇혔던 겁니다. 저는 독방은 처음이라 지독한 고독감을 맛보았어요. 완전히 고립된 감금 생활 속에서 타인과 접촉할 수 있는 곳은 독방에 갇힌 사람들이 사용하는 운동장뿐이었어요.

열 평가량의 좁은 장소로 사람은 바뀌었지만 항상 네댓 명이 모여서 이야기를 나눌 수 있었어요. 차양도 비가림막도 없는 곳에, 햇볕이 내리쬐어도 비가 쏟아져도 그 상태 그대로, 시간이 되지 않으면 안으로 들여보내 주지 않았어요. 낮에 감방 밖으로 내보내는 것은 형무소 규칙이 아니었을까 합니다.

취조 후 일주일가량이 지난 9월 25일, 오스트레일리아의 연락 장교가 기소장을 가지고 왔어요. 기소장에는 오스트레일리아 포로 네 명의 서명이 차례로 있었는데, 저로서는 모르는 이름들이었어요. 기소 내용은 다음의 세 가지였습니다.

1. 히라무라ヒラムラ는 힌똑 수용소 소장으로 캠프 관리 장교였다. 소내 시설은 제대로 갖추어져 있지 않았고, 급여·피복·의약은 부족했다.
2. 부하를 통제하는 데 미숙했고, 부하의 폭행을 저지하지 않았다.
3. 환자를 노동에 종사하게 했다.

모두 1943년 3월부터 8월까지 힌똑 분주소에서 일어난 일이 대상이

었어요. 히라무라ヒラムラ는, 저의 일본식 이름인 히로무라ヒロムラ를 잘못 발음한 것을 적은 거지요. '관리 장교'는, 상대의 명백한 오해였어요. 병사와 군무원은 분간할 수 없었다고 해도, 장교와 군무원은 휘장부터 달랐어요. 저는 "나는 군무원이다. 장교가 아닐 뿐더러 그런 권한도 없었다"고 기소 내용을 부인했습니다.

연락 장교는 그날은 기소장을 가지고 돌아갔지만 3일 후 동일한 기소장을 가지고 다시 찾아왔어요. 그리고 "당신이 이 기소장을 받든 말든 이 기소장에 따라 재판한다"고 했습니다.

우스키 중위의 전언傳言

기소장을 받고 난 후의 감금 생활은 그야말로 괴롭기 짝이 없었어요. 재판은 언제 시작될지 알 수 없는 상황이었고, 일본인 변호사와도 단 한 번 만났을 뿐 달리 어떤 상의도 할 수 없었어요. 버림받았다는 불안과 고독감을 견디기 힘들었어요.

경비병은 매일 밤 독방에 와서 사물 검사를 하곤 했어요. 바로 취침 시간을 방해하려는 심술이었지요. 경비병은 자신들도 잠이 오니까 졸음을 쫓기 위해 이런 짓을 하는 거였어요. 그들의 기분 여하에 따라서 얻어맞기도 합니다. 게다가 몰래 소지하고 있던 기소장의 내용이 새어 나가면 "이 자식, 내 동료에게 이런 짓을 했네"라며 두들겨 패고, 극단적인 경우 "재판 전에 죽여 버려"라고 하는 일도 벌어졌어요. 그래서 모두 기소장을 받으면 필사적으로 감추든가 없애 버리기도 했어요.

기소장은 영어로 작성되었기 때문에 거기에 무슨 내용이 적혀 있는지 파악할 수 없었어요. 나중에 일본인 가운데 영어를 할 수 있는 사람에게 보여 주고서야 내용을 파악했습니다. 형무소에서 성서는 비교적 마음 놓고 소지할 수 있었기 때문에, 저는 기소장 내용을 성서 여백에 적어 두었어요.

이 무렵 전범 용의자로 같은 창이 형무소에 수감되어 있던 우스키 중위가 제가 기소되었다는 소식을 듣고 자진해서 저의 증인으로 나섰다는 것을 일본인 식사 당번으로부터 전해 들었어요.

"히로무라에게는 아무런 책임이 없다. 책임은 나에게 있다. 걱정하지 말고 끝까지 희망을 잃지 마라."

일본인 식사 당번으로부터 우스키 중위가 전한 말을 듣고, 나는 눈물이 날 정도로 감격했어요. 불안에 떨던 심정도 다소나마 안정되었고요. 보통은 자신에게 상황이 불리한 일은 피하고 싶은 게 인지상정인데, 자신의 처지는 도외시하고 저를 위해 증언해 준다는 것이었으니까요.

이때 우스키 중위는 아직 형이 확정되지 않은 상태였어요. 저는 우스키 씨에게 아무것도 해 드리지 못한 후회가 가슴에 맺혀 있어요. 그때는 제 자신의 일에 정신이 팔려서, 나중에 그가 사형수가 되었을 때 면회도 가지 못했어요. 조금 시간이 걸렸겠지만, 면회 신청을 하면 면회는 할 수 있었을 겁니다. 제가 창이 형무소에 있는 동안에 그는 사형수용 P홀에 몇 달간 있었어요.

창이 형무소에서도 일본인과 조선인은 서로 다른 건물에 분리 수용되었지만, 알고 있는 일본인을 가끔 만난 적은 있었어요. 그럴 때는 서로 고생한다는 생각은 했어도, "저 일본 놈들 때문에"라는 식으로 생각하지는 않았어요. 조선인 군무원 동료와 일본인 사이에 다소 트러블이 있었던 것은 사실이지만, 전쟁이 막 끝났기 때문에 무리도 아니었어요. 한 사람 한 사람에게 원한을 풀어봤자 소용없다는 생각에 저는 관여하지 않았어요.

기소장은 왜 각하되었을까?

하루 두 끼라는, 게다가 부실하기 짝이 없는 식사로 늘 허기에 시달렸어요. 학대도 끊이지 않았지만, 모두들 학대에도 재판에도 어지간히 익숙해지기 시작했어요. 도시락을 가지고 재판에 나간 사람들은 재판이야 어떻게 되든 도시락을 먹는 것이 즐거웠다고 했어요. 사형수와 장기수의 숫자는 날이 갈수록 늘어갔어요.

저는 10월 24일에 호출되었어요. 변호사가 온 것일까, 아니면 한 달이나 지났으니까 내일부터 재판을 시작할지도 모른다는 생각을 하며 사무실에 갔어요. 그런데 뜻밖에도 "기소장이 각하되었다"는 전달을 받았어요. 그날부터 독방 감금이 해제되었어요.

그러나 기소장이 각하되었어도 하나도 기쁘지 않았어요. 왜 그 따위 기소장을 제출해 놓고 한 달이나 지나서 각하시켰을까? 이런 의문과 함께 미래에 대한 불안에 시달렸어요. 기소장이 각하되는 일은 흔치 않은 아주 예외적인 경우였어요.

독방에서 잡거 감방으로 옮겼지만, 동료들로부터 "잘 됐네!"라는 말은 듣지 못했어요. 부러울 수도 있었겠지만, 재판 순서를 기다리며 그런 말을 할 경황이 없었던 거지요.

한순간의 꿈

불안에 떨면서 오로지 석방되는 날만을 일일여삼추로 애타게 기다렸어요. 가까스로 1946년 12월 24일에 석방되었어요.

"이제야 제대하게 됐구나!"

저는 차를 타고 귀환선을 기다리는 주롱Jurong 캠프로 향했어요. 주롱 캠프는 싱가포르섬 서쪽 끝의 조그마한 산 같은 곳에 있었어요. 그 무렵 일본인의 귀향은 거의 끝나서, 캠프에는 창이 형무소에서 석방된 사람들과 말레이 반도와 자바 등지에서 이동해 온 일본인들이 모여 있었어요. 얼마 전까지는 다른 장소에 조선인 캠프가 있었지만, 제가 석방되었을 때는 이미 없어진 상태였어요.

이곳의 설비도 열악하기는 마찬가지여서 열대용 천막을 치고 일고여덟 명이 동거했어요. 식사도 형편없었지만, 형무소에서 나온 사람들에게만 특별히 이따금 대추 양갱을 나누어 주었어요.

형무소에서 나왔다는 사실만으로 기분 전환이 된 것은 처음 이삼 일뿐이었어요. 전범 용의자를 데리러 매일같이 형무소에서 지프가 왔기 때문에, 저도 다시 체포되는 것은 아닐까 걱정되어 어찌할 바를 몰랐어요. 항상 영국 병사가 저를 미행하고 있는 듯한 기분이 들었어요. 게다가 승선일은 계속 연기되었어요. 가까스로 해가 바뀐 1947년 1월 7일로 승선일이 확정되었어요.

하루를 천 년처럼 여기며 기다리고 기다렸던 바로 그날, 귀환하는 배에 올라타고서야 안도의 한숨을 내쉬고서야 마침내 돌아간다는 실감이 났어요. 배는 석탄 운반선을 약간 개조한 것이어서 내부는 좁고 통풍도 잘 안 되었어요. 그 배에 사람들이 콩나물처럼 빽빽하게 들어찼어요. 배 안에서는 하루 세 끼 식사가 주어졌지만 겨우 공복을 면하는 정도였고, 차도 변변히 마실 수 없었어요. 이런 상황에서도 '눈알이 파란 놈'이 없다는 것과 집으로 돌아갈 수 있다는 기쁨에 들떠서 모두 불만도 드러내지 않고, 서로 이야기도 스스럼없이 나누었어요. 좁아서 불편한 와중에도 마작이나 바둑, 트럼프에 열중하는 사람들도 있었습니다.

사이공 외해外海인 세인트자크 곶을 지나자 서늘한 냉기가 느껴지기 시작했어요. 1월 19일 배는 석탄과 물을 적재하기 위해 홍콩에 기항했습니다. 배 위에서 바라보는 홍콩은 산기슭에서 산꼭대기까지 성냥갑을 엎어놓은 듯한 정경이었어요. 눈길이 닿는 곳마다 도로가 연결되어 언뜻 보면 별장지대를 연상케 했어요. 홍콩의 야경은 정말 아름다웠어요.

홍콩에서 다시 체포되다

홍콩에 기항한 다음다음 날 점심을 끝내고 식기를 닦아서 돌아오자, 영국 장교가 소환장을 가지고 세 명의 일본인을 데리러 왔다는 이야기가 돌았어요. 그 세 명 가운데 조선인 감시원인 "히라무라"라는 이름이 있다는 겁니다.

연락계가 찾아와서 정말 딱하다는 듯이 "지휘관(제대자 가운데서 선출)은 '히라무라라는 이름을 가진 사람은 이 배에는 타지 않았다'고 버티었지만, 영국군 장교는 '그러면 그 이름과 가장 비슷한 이름을 가진 사람을 내놔라. 만약 다른 사람이면 이 배가 출항하기 전에 돌려보내겠다'며 버티고 있다"고 했어요. 두 번 다시 보고 싶지 않는 저 지옥으로 다시 가야만 하는 걸까, 참 운도 없는 놈이라고 자신의 운명을 저주하며 차라리 투신자살을 해 버릴까, 이런 생각이 얼핏 머리를 스쳤어요.

그러나 '기다려'라고 마음속에서 말리는 뭔가가 있어서 실행할 수 없었어요. 제가 갈 곳은 창이 형무소밖에 없었고, 틀림없이 그 각하된 기소장이 다시 온 거라고 체념했어요.

바로 싱가포르로 보내진다고 생각했기 때문에, 갈아입을 군복을 친구들에게 나누어주고, 간단한 차림으로 사무실로 발길을 재촉했어요. 호출된 세 명을 태운 수상선은 홍콩 시가를 향해 해상을 활주하기 시작했어요. 친구들과 귀향하는 배 위의 사람들은 언제까지나 손을 흔들며 우리를 배웅해 주었습니다. 홍콩 시가지는 아름답다는 인상을 주었지만, 부두는 너무나 지저분했어요. 부두에 상륙하자마자 대기하던 세 명의 영국 병사가 재촉하는 가운데 트럭에 올랐어요. 오랜만에 산꼭대기까지 이어진 구불구불한 도로 양쪽에 늘어선 키 작은 소나무를 보며, 추위에 떨면서 약 30분가량 트럭을 타고 갔어요. 산 뒤쪽에 스탠리 형무소가 있었습니다.

뒤쪽은 기암괴석으로 둘러싸였고, 앞쪽은 고요하고 검푸른 바다에 면해 있는 경치가 뛰어난 곳이었어요. 산을 깎아 낸 자리에 육중한 철제 정문과 높이 10m가량의 콘크리트 담장이 형무소를 에워싸고 있었어요. 담 위에는 자잘한 유리 파편이 꽂혀 있었고, 담장 안쪽에는 철조망과 울타리가 이중으로 둘러쳐져 있었습니다. 담장 네 귀퉁이에는 기관총 받침대와 탐조등을 장치한 망루도 있었고요. 정문을 들어서자 널따란 부지에 철근 골조에 벽돌을 붙인 삼 층짜리 건물들이 늘어서 있었어요. 당시 이 형무소는 민정民政 관할의 일반 형무소였지만, 한 구역을 일본인 전범용으로 전용해 '흰 밴드'가 경계를 담당하고 있었어요. 전범 용의자인 일본인은 약 백 명(그 가운데 기결수가 일고여덟 명, 사형수가 한 명)가량 있었어요.

망향과 절망

제가 수감된 독방은 대략 한 평 반 정도 크기의 콘크리트 감방으로, 안에는 침대 대용의 널빤지와 변기, 모포 한 장이 있었습니다. 널빤지는 딱딱해서 불편하기 짝이 없었고, 설상가상으로 달랑 여름옷 한 벌뿐인 저는 매일 밤 추위에 떨면서 불면으로 지새웠어요. 날씨가 나쁘면 형무소는 대낮에도 짙은 안개에 잠기고 밤에는 몹시 추웠어요. 오전과 오후에 한 번씩 약 30분간 산보와 강제 체조를 시켰어요. 그리고 질과 양 모두 부실하기 짝이 없는 식사…. 이층 독방의 철망이 쳐진 높은 창 너머로 앞바다를 항해하는 배가 보였습니다. 그 배를 보며 저는 '그때 그 배를 타고 갔으면 지금쯤은 고향에 돌아가 있을 텐데'라는 생각을 하지 않을 수 없었어요. 고향을 그리는 향수와 비애에 젖어서 의기소침이라고 해야 할까, 아무튼 삶에 대한 희망을 거의 상실한 상태였어요. 아픈 것은 아니었지만 얼마간 회복되었던 체중도 빠져서 갈비뼈가 튀어 나오고 눈도 퀭해졌어요.

무엇보다 정신적으로 충격이 컸습니다. 간신히 홍콩까지 와서 '이제는 됐다'고 생각하던 참에 체포된 만큼 충격이 컸습니다. 풀려났다가 다시 체포된 제 경우는 전범 동료들이 겪은 경험 중에서도 최악이 아니었을까 합니다. 체포되어 기소장을 받고, 기소장이 각하되어 귀환하는 배를 타고 홍콩까지 오고, 다시 체포되어 창이 형무소로 끌려가고, 그 후 겪은 최악의 시련….

  저는 약 3주 후인 1947년 2월 18일, 영국 군함에 실려 창이 형무소로 되돌아갔습니다. 그 콘크리트 담을 다시 쳐다보며 전보다 훨씬 심한 중압감에 짓눌려 숨이 막힐 듯했어요.

사형 판결과 '죽음을 각오한' 여덟 달

두 번째 기소장

아와지섬淡路島[15] 만한 크기의 싱가포르섬 동쪽 끝에 있는 창이 형무소는 동양 최고의 교도소로 회자되고 있었습니다. 동서 약 200m, 남북 약 300m에 걸친 부지 내에 위치한 3층짜리 옥사 네 개 동은, 동쪽에서부터 차례로 A, B, C, D홀로 불렸어요. 그리고 부지 중앙 부근에는 교수대가 부설된 P홀이 있었어요.

창이 형무소에는 미결수와 기결수를 합해 약 300명의 재소자가 있었어요. 대부분의 동료들은 저의 재소환에 놀라서 위로해 주었어요. 그리고 뭔가 뉴스는 없느냐고 물었지만, 그들의 기대에 부응할 만한 소식은 저도 몰랐어요. 그래서 석방되고 나서 재소환까지의 경과를 들려주는 데 그쳤어요.

제가 수감된 D홀의 독방은 한 평 남짓 되어 보였고, 콘크리트 침대와 베개는 붙박이로 되어 있었어요. 출입문은 철문으로 밖에서 감방 안을 관찰하는 작은 창이 나 있었어요. 다시 수감되었을 때는, 위병이 영국 병사에서 인도인 영국 병사로 교체되어 학대는 얼마간 완화된 듯했지만, 식사는 이전과 다름없었어요. 1947년 3월 10일, 취조도 없이 독방에 감금된 상태에서 두 번째 기소장을 받았습니다.

기소장 내용은 지난번과 거의 동일했어요. 달라진 내용은 환자에게 힘든 육체노동을 시켰기 때문에 많은 사람이 사망했다, 그리고 고소인이 네 명에서 아홉 명으로 늘어났다는 두 가지뿐이었어

---

[15] 아와지 섬은 일본 효고 현에 있는 섬이다. 면적은 592.55 km²로 일본에서 7번째로 넓은 섬이다.

요. 그런데 고소인 가운데 던롭 중령의 이름이 끼어 있어 저는 놀랐어요. 그는 말하자면 포로수용소의 포로 측 지휘관 격인 인물(camp commander)이었기 때문에, 그의 이름이 들어 있느냐 아니냐의 차이는 비중 자체가 달랐어요. 그래서 저는 긴장하지 않을 수 없었습니다.

저를 위해 증언해 주기로 했던 우스키 기시호臼杵喜司穗 중위는 이미 1946년 11월 22일에 사형이 집행된 상태였어요. 망연자실 넋을 놓고 있을 수 없어, 제 변호사(일본에서 온 국선 변호인)인 스기마쓰 후지오杉松富士雄 씨를 통해, 10년 형을 선고받고 말레이 반도 남쪽에 소재한 조호르바루Johor Bahru 형무소에서 복역 중인 분견소에서 함께 근무했던 오카다 세이치岡田清一 위생 조장을 증인으로 신청했어요.

스기마쓰 변호사는 정말 오카다 조장을 찾아보기는 한 건지 알 수 없지만 "오카다라는 사람은 없다"고 회답했어요. 그래서 어쩔 수 없이 증인이 한 명도 없는 것보다는 낫다는 생각에 저의 인격과 직분에 관한 증언을 위해 이시이 다미에石井民惠 대좌를 증인으로 신청했어요. 이시에 대좌는 제가 소속된 제4분소의 초대 소장으로 직접 만난 적은 있지만, 말을 나누거나 할 기회도 없었던 상관입니다. 이시이 대좌는 당시 사형수로 P홀에 수감되어 있었어요.

변호사에 대한 불신감

저는 스기마쓰 변호사에게 협의를 위해 이시이 대좌와의 면회를 의뢰했지만, 스기마쓰 변호사 혼자서 만나는 바람에 저는 만날 기회조차 얻지 못했어요. 진의 여부는 알 수 없지만, 오카다 상사의 증인 신청도 좌절되고 이시이 대좌와 협의도 할 수 없어서 저는 절망적인 심정이었어요.

또 스기마쓰 변호사에게 포로수용소의 조직과 명령 계통을 설명하려고 해도, 사건에 직접 관계가 없다면서 말을 가로막아 버렸어요. 제가 "인원人員"이라고 말했는데 변호사는 "임금賃金"이라고 들었던지, "자네의 일본어는 너무 형편없다"고 언짢은 표정을 지었어요.[16]

일본어는 제 모국어가 아니니까 표현이 서툴러서 듣는 쪽에서 잘못 알아들을 수도 있는 거지요. 그러나 그 이상으로 스기마쓰 변호사에게는 민족적 편견과 군대의 계급에 따른 선입관이 있는 것처럼 느껴졌어요. 스기마쓰 변호사에 대한 저의 불신감은 팽배해져 갔어요.

법정 상황

1947년 3월 18일, 형무소 안의 소규모 부속 건물에 가설된 법정에서 공판이 개시되었어요. 판사 1명, 배석 판사 2명, 검사 1명은 모두 오스트레일리아 사람이었다고 기억해요. 그 외에는 스기마쓰 변호사와 일본인 통역 2명, 그리고 저뿐이었습니다.

먼저 성서를 주고서 "내가 이 법정에서 진술하는 것은 모두 진실이

---

[16] 일본어 '人員'은 '진인じんいん', '賃金'은 '친긴ちんぎん'으로 발음되는데, 발음이 불분명할 경우 착각할 수 있다.

다"라고 선서하게 했어요. 재판장의 인정 신문 후, 피고에 대한 검사의 심문이 시작되었어요. 다음의 내용은 1952년 무렵 제가 기록으로 남긴 『나의 수기』에서 인용했습니다.

검　　사 : 힌똑 분주소에는 이질 환자와 설사 환자가 많았다는 데 모르는가?
이학래 : 모릅니다.
검사 :　본 적은 없는가?
이학래 : 본 적도 없습니다.
검　　사 : 작업 인원 산출은 누가 하는가?
이학래 : 소장이 포로 측 노무계와 협의한 후에 합니다. 저는 그 배당표에 따라 인원을 할당합니다.
검　　사 : 만약 400명이 배당되었는데 380명밖에 없는 경우는 어떻게 하는가?
이학래 : 과부족은 없었습니다.
검　　사 : 만약 있었다면 어떻게 하는가?
이학래 : 상관에게 보고합니다.
검　　사 : 작업 인원은 철도대의 요구에 따른 것인가, 수용소의 통고에 따른 것인가?
이학래 : 수용소의 통고에 따릅니다.
검　　사 : 철도대 병사가 포로를 때려서 두 명이 사망했다고 하는데 알고 있는가?
이학래 : 그런 일은 없었습니다.
검　　사 : 철도대와의 거리가 얼마나 되었는가?

이학래 : 약 400~500m 거리였습니다.

검　사 : 일본군이 몇 명이나 있었는가?

이학래 : 철도대 병사가 다섯 명, 군무원이 열 몇 명 있었습니다.

재판관 : 병사와 군무원의 복장은 달랐는가?

이학래 : 제가 현재 입고 있는 복장으로, 병사도 군무원과 같았습니다. 다만 계급장만 달랐습니다.

검　사 : 포로가 많이 사망했다고 하는 데 몰랐는가?

이학래 : 몰랐습니다.

약 40분간의 최초 심문이 끝나고, 다음다음 날은 이시이 다미에 대좌의 증언으로 시작되었습니다.

검사 : 피고를 알고 있는가?

증인 : 제 부하로 매우 성실하게 근무했습니다.

검사 : 이질과 설사 환자가 많았다는 데 알고 있는가?

증인 : 네, 알고 있었습니다.

검사 : 대본영大本營으로부터 "이 공사는 시급을 요하니까 서두르라"는 명령을 전달받은 적은 없는가?

증인 : 다른 소장은 받았는지 모르지만, 저는 받지 않았습니다.

검사 : 포로의 진찰은 누가하는가?

증인 : 포로 가운데 군의관이 합니다.

검사 : 작업 인원 배당표는 누가 확정하는가?

증인 : 일본군이 확정합니다.

검사 : 그러면 진찰은 포로인 군의관이 하고, 배당표는 일본군이

확정하는 것은 이상하지 않는가?

증인 : 그래도 일본군이 확정합니다.

검사 : 작업 인원은 철도대의 요구에 따른 것인가, 수용소의 통고에 따른 것인가?

증인 : 철도대의 요구에 따릅니다.

검사 : 요구 인원보다 인원이 부족할 경우에는 어떻게 하는가?

증인 : 그만큼 임시 보충을 합니다…(더 이상 대답하지 못했다).

검사 : 120여 명이나 사망했다고 하는 데 그 원인이 어디에 있다고 생각하는가?

증인 : 노동이 혹독했기 때문이라고 생각합니다.

이시이 대좌의 증언은 약 30분 만에 끝났습니다.

간단히 내려진 결론

제 재판의 핵심은 "환자를 강제적으로 작업에 내보냈기 때문에 많은 사람이 사망했고, 그 책임은 히라무라에 있다"는 것이었는데, 저의 주장과 증인의 증언은 엇갈리고 말았습니다. 피고와 증인으로 사전 협의를 하지 않았기 때문이지요.

'작업 인원 결정'에 대해서 저는 "수용소의 통고"라고 했고, 이시이 대령은 "철도대의 요구에 따라서"라고 했어요. 저는 철도대의 요구에 따른 것은 맞지만, 내놓을 인원이 없으면 최종적으로 수용소가 말하는 대로 받아들일 수밖에 없었다는 점을 전달하고 싶었습니다.

또 많은 포로가 죽은 것이 "노동이 혹독했기 때문이다"라고 말한 것은 환자를 강제 노동에 내보낸 것을 인정한 셈이었어요. 노동은 철도대의 책임이지만, 포로를 작업에 내보내는 등 관리를 하는 곳은 수용소이니까요.

지금 시점에서 들으면 많은 포로가 죽었는데 하나도 없다고 말하는 쪽이 이상하지요. 확실히 작업에 내보내는 인원수를 채우는 데는 무리가 있었어요. 그러나 철도 건설을 서두르는 철도대의 명령이라는 부득이한 상황이 있었기 때문이었습니다.

이시이 대좌의 "대본영이 서두르라는 명령을 자신은 받지 않았다"라는 발언은 책임 회피일 뿐이지요. 소장이 대본영 명령을 모를 리가 없어요. 왜 "수용소에 관한 문제는 내 책임이며, 군무원에게 책임이 없다"는 한마디를 해 주지 않았을까, 증언을 서 준 것은 고마웠지만 납득할 수 없었어요(이시이 대좌도 그 후 처형되어 돌아가셨어요).

제 재판은 고소인은 단 한 명도 법정에 나오지 않은 서류상의 재판이었습니다. 그래서 저는 기소 사실에 반론도 할 수 없었습니다. 스기마쓰 변호사는 피고는 가장 말단인 군무원으로 권한이 없었다, 중형을 부과해서는 안 된다며 정상 참작을 요구하는 변론을 했어요. 한편, 오스트레일리아 측 검사의 논고는 낱낱이 통역되는 것도 아니어서, 무슨 내용인지 제대로 알지도 못한 상태에서 끝났어요. 또 저는 증언이 엇갈린 것에 낙담해서, 애당초 재판정에서 오가는 말이 그다지 귀에 들어오지도 않았습니다.

재판관은 기소장을 그대로 인정하는 것 같았어요. 휴정하고 옆에 딸린 별실에 들어갔다 몇 분 후에 나와서 판결 이유는 달지 않고 "death by hanging!(교수형)"이라고 선고했어요. 그 순간 제 머리 속은 새하얘졌고, 멍한 상태로 뭐가 뭔지 이해할 수 없어 도무지 정신을 차릴 수 없었습니다. 손목에 수갑이 채워지고 나서야 그 섬뜩한 느낌에 퍼뜩 정신이 들었어요.

사형수가 되어서

저는 그대로 P홀로 끌려갔습니다. 예전에 징벌 감방Punishment Hall으로 사용되었던 P홀은 사형수 감방으로 전용되고 있었는데, 다른 감방들과 조금 떨어져 콘크리트 담으로 둘러싸여 있었습니다. 동서 12m, 남북 24m 크기의 안뜰을 에워싼 24개의 독방이 있고, 안뜰에 면한 쪽은 쇠창살과 파이프가 둘러쳐져 있었어요. 안뜰은 잔디밭으로 한가운데에 화단이 있었어요. 화단 주위는 폭 1m 정도의 콘크리트 회랑이 설치되어 있었는데 돔 모양의 차양 위로 하늘이 보였어요.

사형수가 착용하는 죄수복은 밤색 반소매 상의와 반바지였어요. 상의 등 쪽에 "C·D"라는 글자(Condemned to Death, 사형을 선고받은 자)와 수인 번호가 있었는데, 제 번호는 317번이었어요. 당시 P홀에는 20명 가까운 죄수가 '도마 위'의 생활을 보내고 있었습니다. '도마에 놓인 생선' — 자신으로서는 더 이상 어떻게 해 볼 수 없는 생활이었지요.

아침 6시에 일어나 안뜰로 내보내지면 낮에는 체조를 하거나, 바둑을 두거나, 벽에 기대앉아 있기도 하고, 저녁 6시 30분이 되면 독방으로 돌아오는 생활이었어요. 뜰 한쪽 구석에 샤워 시설이 있었어요. 식사는 일본인 유기수有期囚가 가지고 오면 알루미늄 식기에 담아 먹었어요. 미결수 때는 없었던 점심도 나왔고 양도 많았어요.

사형수 감방에 수감된 초기에는 저 스스로도 의외일 정도로 평정을 유지했어요. 이제 이 이상 나쁜 일은 없다, 올 데까지 왔다는 일종의 안도감이었겠지요. 나머지는 운명에 맡길 뿐이라는 체념이었을지도 모르지만, 뭔가 어깨의 무거운 짐을 내려놓은 듯한 홀가분함을 느꼈어요.

하지만 그런 상태는 잠시잠깐이고, 날이 갈수록 이런저런 생각이 북받쳐 올라 밤낮없이 저를 괴롭혔어요. 특히 지금은 해방된 조국에서 이 흉보를 접할 부모형제의 신상이 걱정되었어요. 비탄에 잠긴 끝에, 또는 주위의 백안시로 가족에게 뭔가 불행한 일이 일어나지 않기를 간절히 빌었어요.

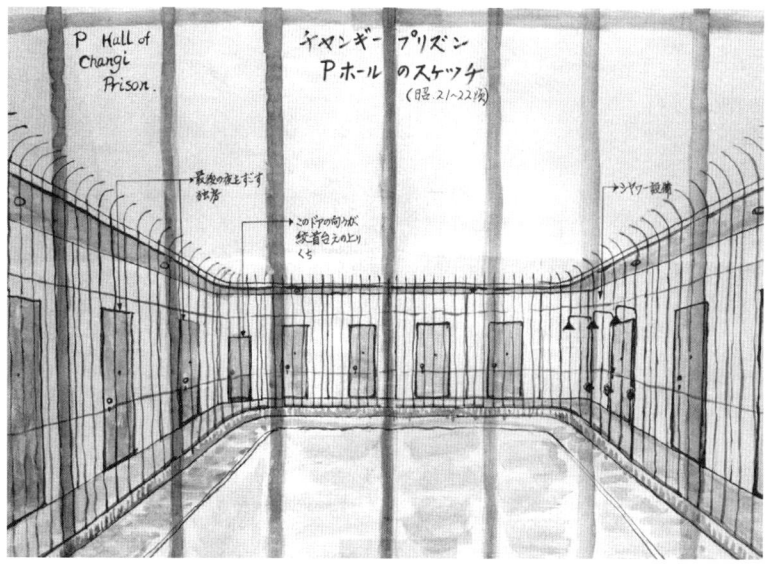

저자가 수감되었던 사형수용 P홀. 철도 제5연대 소대장 아베 히로시阿部宏 씨의 스케치

그리고 또 하나, 일본의 침략 전쟁이건만 왜 조선인인 제가 전범이 되어 죽어야만 하나, 이런 의문이 일었어요. 일본인 사형수는 아무튼 조국을 위해 죽는다고 자위라도 할 수 있겠지만, 조선인 전범은 죽는다는 사실을 자신에게 납득시킬 수 없었어요. 이것은 저만이 아니라 처형된 동포들의 가장 큰 고민거리였을 거라고 생각해요.

이런저런 형태로 조국의 독립을 축하하는 모습이 전해지는 데 우리는 기뻐할 처지가 못 되었습니다. 하루라도 빨리 돌아가서 조국을 위해 일해야만 하는 데, 사형수가 되어 버린 신세로는 조국에 부담만 줄 뿐이라는 자책 때문에. 죽임을 당할 거라는데 누구 하나 이의를 제기하는 사람도 없었어요. 버림받은 백성이라고 해야 할까요, 조국이라는 뒷배를 갖지 못한 자의 쓰라린 상실과 비애는 이루 말할 수 없었습니다.

눈앞에 다가온 죽음

P홀에는 수감자들이 "죽음의 사자"라고 부르는 인도인 대위가 사형 집행을 통고하러 왔어요. 그 대위가 나타나면 P홀 전체가 긴장하고, 머지않아 죽는다고 알고 있었지만 모두 얼굴빛이 변했어요.

언젠가 저는 처형될 때 당황하지 않도록 친숙해진 인도인 위병에게 '처형대'를 보여 달라고 부탁한 적이 있어요. 녹색 문을 계속 지나는 복도 끝에 이른바 '13계단'이 있고, 교수대 세 개가 나란히 있었습니다. 아주 간단한 장치였어요. '이런 데서 처형되는구나' 했습니다. 스스로도 조금 조롱하고 싶은 마음이 있었던 걸까요. 진지하게 생각했다면 그곳을 볼 엄두조차 낼 수 없었을 테니까요.

사형 통고는 처형 전날 하는데, 죄수복을 벗기고 작업복 같은 것으로 갈아입히고 반드시 체중을 잽니다. 체중이 가벼운 사람은 무거운 모래주머니를 허리에 매달아야 하기 때문이지요.

사형 통고를 받으면, 대개는 그날 해 질 녘부터 P홀의 큰 방에서 만찬회가 열리고, 일본 음식을 먹습니다. 예를 들면 단팥죽, 생선, 튀김, 초무침 요리, 된장국 등등. 이 음식들은 외부 작업대가 차입한 것으로, 일본인만이 아니라 조선인에게도 제공되었어요. 담배도 각자 스무 개비가량 주어지고요. 사형수들은 노래를 부르기도 하고, 춤을 추기도 하고, 떠들썩하게 웃기도 하는데, 도저히 내일 죽으러 간다고는 생각할 수 없을 정도의 분위기였어요.

저는 독방에서 그 정경을 상상하며, 그 왁자한 소리를 들으면서 이런저런 상념에 잠기고는 했습니다. 만찬회는 대략 8시 무렵에 끝나고, 그들은 지금까지 수감되었던 감방이 아닌 처형장에서 가장 가까운 감방에 수감됩니다.

교수형의 상황은 볼 수 없어도 소리로 진행 상황을 알 수 있습니다. 「기미가요」, 「바다에 가면」을 부르고, '고향 요배遙拜'를 해요. 일본인의 경우 '황궁 요배遙拜'였을지 모르지만, 조선인인 저는 멀리 떨어진 고향을 향한 망배望拜[17]라고 받아들였어요.

---

17) 본문에는 '멀리 바라보고 하는 절'이라는 의미에서 '요배遙拜'로 되어 있으나 요배에는 "멀리 떨어진 곳에서 일본 왕을 향하여 절을 하다"라는 뜻도 있으므로 망배望拜로 옮겼다. 망배에는 "멀리 떨어져 있는 조상, 부모, 형제 따위를 그리워하며 그러한 대상이 있는 쪽을 바라보고 절을 하다"는 의미가 있다.

P홀의 각 독방에서 남은 자들도 따라서 합창해요. 기회를 보아 위병에게 방을 열어 달라고 해 마지막 악수로 작별을 고하면, 그들은 "마지막까지 힘을 내라"고 격려해요. 악수가 끝나면 남은 자는 다시 수감되고, 그들도 잠시 후 다시 수감됩니다. 높은 담벼락으로 구분되어 있는 옆의 미결·기결수 홀에서도 「바다에 가면」을 합창하는 소리가 들려옵니다.

이제 밖에는 아무도 없고, 시각은 시시각각 다가와서 마침내 문이 달그락거리며 열리는 소리가 납니다. "여러분 몸성히!"라는 게 그들의 마지막 말입니다. 우리도 지체 없이 "잘 가게!"라고 대답하지요. 그들이 "천황 폐하 만세!" 또는 "대한 독립 만세!"를 절규하는 사이에 그 기분 나쁜 "덜커덩" 소리가 나고, 그 "덜커덩" 이후의 정적…. 저는 무릎을 꿇고 다만 그들의 명복을 빌었습니다.

칸나 꽃

보통은 사형 집행이 끝나고 약 한 시간가량 지나면 우리를 안뜰로 내보내 줬어요. 우리는 모두 멍하니 맥 빠진 모습으로 앉아 있을 뿐이었어요. 안뜰에는 누가 정한 것은 아니지만, 각자 앉는 자리가 정해져 있었어요. 어제까지 누군가 앉아 있던 자리가 텅 비어 있는 것을 보면 형언할 수 없는 쓸쓸함이 엄습해 옵니다. 화단의 꽃은 변함없이 피어 있고, 안뜰에서 우러러보는 푸른 하늘에는 여전히 제비가 넘나들며 날고 있습니다. 자연은 변함이 없는 데 그들이 앉았던 자리는 텅 비어 있습니다. 그 슬픔은 뭐라 형언할 수 없어요.

칸나 꽃이 어쩜 저리 고울까라는 생각이 들어서 그랬을까요. 분홍색이 약간 섞인 붉은 칸나 꽃이 꽃망울을 맺고 꽃잎이 터지는 것을 일주일가량 지켜 본 적도 있어요. 새록새록 꽃망울이 늘어나는 데 저 꽃망울들의 꽃잎이 터질 때까지 살아남아서 고운 그 꽃을 볼 수 있을까 싶어 보고 또 보는 겁니다. 화단은 당번으로 와 있는 기결수가 정성들여 가꿔 놓은 것이지만, 꽃이 아니더라도 콘크리트가 갈라진 틈에서 돋아나는 잡초의 생명력에 깊이 매료되어 마음을 쏟은 적도 있습니다.

최후의 시간

이 '도마에 놓인 생선' 같은 생활은 외부 사람들이 생각하는 만큼 음울하고 참혹하지만은 않았어요. 우리는 웃고 이야기하는가 하면, 마작을 하고, 바둑도 두었고, 시와 와가和歌(일본 고유 형식의 5·7·5·7·7의 5구 31음의 단시)를 짓기도 했어요. 그밖에 공부를 하거나 글을 쓰기도 하며, 짧은 여생이지만 상당히 바쁘게 보냈어요.

전례로 보아 판결 후 세 달 정도 지나면 사형 집행 통고가 있었기 때문에, 저도 다른 사형수들처럼 죽음의 여로에 오를 준비를 했어요. 시를 짓고, 글을 쓰며…. 종이와 연필 같은 것은 온갖 방법을 동원해 몰래 마련했어요.

유서인 양 쓴 한시도 있어요.

조상기組上記
囚窓夢覺夜愁愁　교도소에서 꿈을 깨면 밤의 어둠은 여전히 깊어

欲爲心思起依壁	마음을 달래려고 일어나 벽에 기대 상념에 잠기네
家門汚名生覺時	가문에 닥칠 오명에 생각이 이르면
常時双淚感中催	언제나 눈물이 주체할 수 없이 흐르네
一出一沒人常事	태어나 죽는 것은 인세의 상리이려니
一身滅亡不惜毛	일신의 멸망은 아쉬울 게 없네
在家省審十八年	이제 와 생각하니 부모슬하 십팔 년이요
戰犯洛花二十三	전범으로 세상을 하직하는 내 나이 스물세 살이라네 (1947년 3월)

'도마에 놓인 생활'은 고뇌의 나날이었습니다.

교화사敎化師인 다나카田中 화상和尙은 종교에 구애되지 않고 사형수들을 보살펴 주었어요. 모두 "다나카 화상"이라고 부르며 존경했는데, 본명이 '다나카 혼류田中本隆'인 스님이었어요. 나중에 '다나카 니치준田中日淳'이라는 이름으로 도쿄의 이케가미혼몬지池上本門寺의 주지도 맡게 되지만, 당시는 전쟁에 소집되어 싱가포르에서 종전을 맞은 후, 바로 귀국하지 않고 창이 형무소의 교화사를 하고 계셨어요.

다나카 선생은 필요한 물건을 몰래 넣어 주거나, '유서'와 '유품'을 밖으로 빼돌리기도 했어요. 처형에 직면해 집필이 허용되고서야 이른바 '정식 유서'를 쓸 수 있었습니다. 그러나 황망 중에 진심을 담아 쓸 수 없었기 때문에, 미리 진심을 담은 '진짜 유서'를 다나카 화상이 위험을 무릅쓰고 빼돌렸던 겁니다. 다나카 화상은 설교하는 것이 아니라 격려해 주었고, 만찬회 때도 입회해 주었을 뿐만 아니라, 감방에서 처형 직전의 사형수를 독경으로 위로해 주었어요.

P홀에는 싱가포르 화교 숙청 사건[18] 책임자인 가와무라 사부로河村參郎 중장과 그 사건의 관련자들도 있었어요. 언젠가 가와무라 중장이 "너희까지 죽음에 동행시켜 미안하다"고 부하들에게 말하는 것을 듣고 훌륭한 태도라고 생각했어요.

신사인 체하는 영국인 남녀 그룹이 P홀의 사형수를 구경하러 오는 일도 있었습니다. 그때까지 다양한 그룹이 와서는 쇠창살로 에워싸인 안뜰에 있는 우리 수인들을 우리 속의 동물인 양 구경하고 갔어요. 가와무라 중장과 관련자들의 사형 집행(1947년 6월 26일) 사진이 신문에 커다랗게 실린 사실도 나중에 알았어요.

동료의 처형

이 '도마에 놓인 생활'을 하면서 저는 죽음의 여로에 오르는 많은 사람을 전송했지만, 그들 가운데 저와 같은 조선인 군무원 동료는 임영준林永俊 씨 한 사람뿐이었어요. 그는 7월 17일 마지막 이별의 순간에, "히로무라 씨가 감형되기를 기원합니다. 그리고 감형이 되어서 나가면, 하야시林[19]라는 인간이 그렇게 나쁜 인간이 아니었다는 것을 알려 주십시오"라고 부탁했어요. 그 말을 듣는 저도 조만간 죽어갈 사형수 신세였는데 말이죠. 저는 아무 말도 못하고 악수만 했어요.

---

18) 1942년 2~3월에 걸쳐서 일본군이 점령 통치하던 싱가포르에서 일본군(제25군)이 중국계 주민 다수를 소토掃討 작전에 의해 살해한 사건을 말한다.
19) '하야시はやし'는 한자 '林'에 대한 일본어 훈독이다.

당시 사형수는 단 세 명만 남아 있었어요. 임 씨는 홀로 죽음의 여로에 올랐지만, 남겨진 저와 나가토모 요시타다永友吉忠 씨가 일직 하사관의 허가를 얻어서 다행히 만찬회에 참석할 수 있었어요. 특별히 다나카 화상도 들여보내서 네 명의 만찬회가 되었습니다.

임 씨는 식사고 뭐고 아무것도 하지 않았어요. 본디 과묵한 그는 그저 묵묵히 만찬회가 끝나기를 기다리고 있는 듯했어요. 다른 만찬회와는 전혀 다른, 노래도 웃음도 없는, 내일 아침 죽음의 여로에 오르는 사람에게 어울리는 만찬회였다는 생각이 들었어요. 임 씨와 이미 처형된 조선인 동포들은 일본인들보다도 한층 심경이 복잡하고 심각했을 테니까요.

임 씨의 사형이 집행되고 마침내 둘만 남게 되자, 두 사람이 안뜰을 독차지한 꼴이 되었어요. 이렇게 되자 더욱 더 여러 가지 생각에 휩싸이게 되었어요. 저들 손에 죽느니 자결해야 한다는 생각이 떠오른 적도 있었어요. 하루라도 오래 살고 싶다는 생에 대한 욕망과, 한편으로는 빨리 죽는 편이 낫다는 모순된 생각이 내면에서 충돌했어요.

도대체 사람들이 말하는 지옥·극락·영혼 불멸·신이라는 것이 있기는 있는 걸까? 이런 문제는 이전보다 한층 절박하게 다가왔어요. 보통 죽음을 앞두면 많은 사람이 종교에 귀의하게 됩니다. 이런 점에서 저는 전혀 반대였어요. 존재불명의 신을 믿지 않아도 인간은 각자의 양심에 따라 행동하면 된다, 모든 생물은 "태어나면 반드시 죽는다"는 자연의 철칙에 따르는 존재라고, 저는 믿고 싶었어요. 어느 날 아침 일어나서 보니, 콘크리트 바닥 위에 커다란 바퀴벌레가 엎드려 있어서 건드려 보았지만 아무 반응도 없었어요. 죽은 거지요. 인간도 바퀴벌레와 다를 바 없다는 생각이 들었어요.

뜻밖의 감형

형무소 관리가 군정에서 민정으로 바뀌었습니다. 간수가 교체되고 직원 수도 줄어서 감시는 간수 한 명이 하게 되었어요. 그래서 식사 시간 약 30분, 목욕 약 20분 이외의 나머지 시간은 독방에 넣은 채 안뜰에도 내보내 주지 않았습니다. 허가된 책만 하루 종일 읽고 있을 수도 없어서 정말 힘이 들었지만, 이것도 몇 주 지나자 익숙해졌어요.

나가토모 요시타다 씨는 1947년 9월 16일에 처형되었어요. 결국 저는 홀로 남겨졌어요. 나가토모 씨는 타이 포로수용소 제3분소 소장을 지낸 사람으로 저와는 상당한 나이 차이가 있었어요. 지금 자료를 보니 당시 마흔여덟 살이었네요. 계급이 중좌였지만 차츰 계급을 붙이지 않고 서로 '씨'로 부르는 사이로 발전했어요.

나가토모 씨가 처형되고 얼마 후, 말레이시아의 조호르바루에서 미조에溝江라는 일본인이 옮겨와서 다시 두 사람이 되었어요.

11월 7일, 저녁 식사 후, 드디어 저는 직원에게 호출되었어요.

아아! 드디어 오고 말았는가, 내 인생도 내일 아침까지란 말인가, 이런 생각을 하면서 사무실에 갔더니 연락 장교가 서툰 일본말로 뜻밖에도 "20년으로 감형되었다"고 통고했어요. 그 순간은 기쁨이고 뭐고 아무것도 느끼지 못하고 그저 어안이 벙벙할 따름이었어요. 정말로 사형을 면했다고 실감한 것은 언제쯤이었을까요. 어쨌든 몇 년이 지난 뒤였어요.

위병이 허락해 주지 않아서 저는 홀로 남은 미조에 씨에게 인사도 못한 채 기결수 수감동인 D홀로 옮겼어요.

제가 감형 이유를 알게 된 것은 그로부터 44년이 지난 1991년에 일본 정부를 상대로 국가 보상 청구 재판을 제기해 요청한 오스트레일리아에서 재판 자료를 받아 보고, 또 감형에 결정적 영향을 미친 던롭 씨를 만난 뒤였어요.

던롭 중령은 저를 기소하기 위한 선서 진술서에 사인을 하지 않았습니다. 전범처리위원회는 사인을 재촉했던 듯한데 그는 끝까지 서명하지 않았어요. 던롭 씨의 이름이 저의 고소인 가운데 포함되어 있었던 것은 본인이 바랐던 바는 아닌 것 같습니다. 1991년 재회했을 때, 그는 제가 사형되는 것까지는 바라지 않았다고 했어요. 그것이 커다란 요인으로 작용해 저는 감형이 되어 목숨을 건지게 되었어요. 또 오스트레일리아 관할 군사 재판 부장이 "한 번 석방된 사람을 다시 고소해 사형 선고를 하는 것은 문제가 있다, 장기 징역형으로 감형할 것을 강력하게 요구한다"고 권고한 사실도 알게 되었어요.

더욱이 제가 불신감을 품고 있었던 스기마쓰 변호사도 판결 파기를 요구하는 탄원서를 판결 열흘 후(1947년 4월 1일)에 제출해 주었다고 했어요. 우쓰미 아이코內海愛子 선생이 확인한 재판 기록에 따르면, 스기마쓰 변호사는 신원 확인 절차가 불비不備한 점, 조선인이며 권한이 없었던 점, 기소 내용에 제가 던롭 씨를 구타했다는 것은 구타한 사람이 명백히 "다른 사람"인 점 등, 제출된 "증거"의 문제점을 법리적 관점에서 분명히 제기했다고 했습니다(우쓰미 아이코 선생의 『김은 왜 재판을 받았을까?キムはなぜ裁かれたのか』에 구체적으로 나와 있습니다).

게다가 포로수용소 동료들(한국인·일본인)도 구명 탄원서를 제출해 주었는데 너무 고마웠어요. 제 어머니도 제가 조국을 떠난 이후, 매일같이 어둠이 가시지 않은 이른 새벽에 일어나 정화수를 길어 놓고 무사하기를 기원했다고 했어요. 시골은 길이 험해서 우물에 물을 길러 가는 것도 예삿일이 아닌데, 부모님의 정성이 통했다고 생각한 적도 있었습니다.

오트럼 일반 형무소로

창이 형무소에 수감되어 있던 전범 전원은 1948년 10월 오트럼 형무소로 이송되었어요. 전범은 200명 안팎으로 그 가운데 조선인은 2~30명 정도였던 것으로 기억합니다. 타이완인도 두 명 있었고요. 그들은 일본식 성명 따위는 별로 쓰지 않고 본명인 경우가 많았기 때문에, 이야기를 나눈 적은 없어도 이름만으로 타이완인이라고 알고 있었어요.

오트럼 형무소는 창이 형무소에서 차로 15분 정도 걸리는 시내 한쪽 귀퉁이에 있었어요. 일본 점령 시절에는 일본군이 육군 형무소로 사용했다고 알려져 있었어요. 제가 수감되었던 독방은 역시 한 평 남짓한 크기에 침대는 없었고, 콘크리트 맨바닥에 깔개를 펴고 잤어요.

간수는 영국인과 인도인이었어요. 식사와 간수의 대응은 다소 나아지기는 했지만 그들의 속내는 그렇지 않았어요. 저는 맞은 적은 없었지만 많은 동료가 두들겨 맞았어요.

기결수 생활

재소자의 작업은 세탁(죄수복만이 아닌, 외부서 반입된 빨래의 세

탁), 대장일(수도관 같은 것을 수리하는 데 필요한 도구 제작), 야자열매의 껍질을 두드려서 만든 섬유로 새끼를 꼬는 일 따위였어요. 저는 '야자열매 두드리기'라는 열악한 일을 계속했습니다.

수도 보수는 그다지 기술을 필요로 하는 일은 아니었지만, 도구를 허리에 차고 이곳저곳 수리하러 돌아다녔어요. 가까이에 현지 여성 재소자 감방이 있었는데, 보수 요원 가운데 일하는 짬짬이 그곳을 곁눈질하고 오는 사람이 있었어요. 돌아와서 "야! 오늘은 예쁜 여자가 있더라"라며 모두에게 들려주었어요. 사역으로 밖에 나갈 수 있는 일과 취사장 일도 있었는데, 이 경우는 희망자가 앞을 다투어 쇄도했어요. 모두 잽싸게 요리조리 요령 있게 움직였어요. 그러면 짜릿한 일이나 예상치 못한 소득도 있었거든요. 그런 면에서 저는 정말 생활 능력이 없다고 해야 할까요, 요령이 없었다는 생각이 듭니다.

작업의 대가로 급료를 받으면 모두 단것을 사 먹기도 했어요. 저는 급료로 옥스퍼드 사전을 샀어요. 형무소 당국이 주문을 받아서 구입해 주었지만, 현실적으로 공부하면서 영영사전을 능숙하게 사용할 정도의 수준은 아니었어요. 원서 소장이라고나 할까, 일종의 기념품 같은 것이었지요.

제가 가입한 영어 스터디 그룹은 타이 반완Baanwan 형무소 시절에 만들어졌는데, 오트럼 시절에는 멤버가 네댓 명이었어요. 선생은 일본인, 학생은 조선인이 많았어요. 아침 식사 후나 아침결에 안뜰에서 공부했어요.

공부는 주로 독서와 문법만 하고 회화는 하지 못했어요. 리더스 다이제스트Reader's Digest를 교본으로 삼아 열심히 공부했지만 어려웠어요. 형무소에서는 리더스 다이제스트와 성서만은 자유롭게 보도록 허용했어요.

가족 소식과 한국전쟁

형무소에 있을 때, 딱 한 번 동생이 보낸 편지를 받은 적이 있어요. 부모님은 건강하시고, 자신은 공무원인 주사보主事補 시험을 준비하고 있다는 내용으로 기억해요. 동생도 쓸데없는 걱정을 하게 만들고 싶지 않아서 자세한 내용은 쓰지 않았다고 생각합니다. 저도 답장은 했지만, 역시 그다지 자세하게 쓸 수 없어 안부 정도를 전하고, 동생에게는 "철저하게 준비해서 시험에 합격해 다오"라는 말을 쓴 기억이 납니다.

동생은 고등 교육을 받지 않았는데도 독학으로 시험까지 치른다고 하니 기쁘기 한량없었어요. 저의 소재는 먼저 귀국한 친우가 고향으로 찾아가서 가족에게 전해 준 모양입니다.

오트럼 형무소로 이송되고 1년 8개월. 1950년 6월 25일, 한국전쟁이 발발했다는 뉴스가 날아들었어요. 통역 관련 일을 하고 있던 영어를 할 줄 아는 일본인 전범이 사무실 책상 위에 놓여 있던 신문을 보고 와서 알려주었어요. '어째서 또'라는 안타까운 심사를 견디기 어려웠어요.

그때 모국어로 쓴 시가 지금도 남아 있습니다.

동란의 비극

추우나 더우나

물 주고 붓도다
화단에 핀 꽃을
무심한 아이들아
싸우며 꺾지 마라
주인 속 쓰려 하노니　（1950년 6월）

저 자신은 일본의 전쟁 책임을 뒤집어쓰고 전쟁이 끝난 지 5년이 지났지만 교도소 신세를 지고 있었어요. 이제 전쟁만은 사절이라고 생각하고 있었는데, 하필이면 내 나라에서, 그것도 동족 간에 전쟁이 시작되고 있었어요. 슬퍼하는 건 '주인', 바로 한반도의 민중이라고 생각했습니다.

자세한 상황을 알 수 없는 초조한 나날이 계속 흘러갔어요. 초조해하는 것 외에는 아무것도 할 수 없는 자신에게 또 짜증이 나고, 그것이 원인이었을까, 위통이 발생해서 이주일이나 입원까지 해야 했어요. 7월 10일에는 휴전 회담이 개최되는 듯했지만, 전투는 계속되었고 가족의 안부도 파악할 수 없었어요.

일본 송환

1951년, 오트럼 형무소에 수감되고 세 번째 설날을 맞이했어요. 그 사이 이제 곧 일본으로 돌아갈 것이라는 소문은 몇 번이나 돌았습니다. 이십 년이라는 제 형기도 꼬박 이십 년이 아니라, 언제 어디선가 감형되겠지 생각하고 있었어요. 조금이라도 고향 가까이 가고 싶다,

어쨌든 일본으로 '돌아가고 싶다'고 저도 바라고 있었습니다.

1951년 3월 27일, 오트럼 형무소의 베일리 소장은 수감 중인 전범에게 "오늘 군軍에서 '가까운 시일에 일본인 전범을 송환해야 하니까 준비하라'는 지시가 있었다. 승선일이 확정되는 대로 추후 통지하겠다"고 알렸어요. 그 후에도 몇 번인가 똑같은 이야기가 있었지만, 좀처럼 귀환은 실현되지 않았어요.

마침내 7월 초에 이송이 발표되고, 말레이 반도의 모든 전범을 오트럼 형무소로 집결시켰어요. 8월 14일, 드디어 타이레아호에 승선했어요. 이백삼십일 명의 BC급 전범 가운데 조선인이 스물일곱 명, 타이완인이 일곱 명이었어요. 저를 포함한 그들 대다수에게 일본 땅은 처음이었어요.

오트럼 형무소에서 스가모 프리즌으로 이송되기 직전의 전범들. 화살표가 저자(1951년 8월)

사형 판결과 '죽음을 각오한' 여덟 달   103

일본 상륙

1951년 8월 27일, 요코하마에 상륙했어요. 요코하마 항구에는 일본인 전범 가족과 친지가 많이 나와서 현수막 따위를 내걸고 큰소리로 이름을 부르며 영접했어요. 귀국한다는 사실이 사전에 가족에게 통지되었던 모양입니다. 전범이라고는 하나 목숨을 잃지 않고 돌아온 덕에 범죄자가 아니라 나라를 위해 일하다 그렇게 되었다는 식으로 인식되고 있는 듯했어요. 모두 환희에 넘쳐 있었어요.

그러나 우리 조선인을 마중하러 나온 사람은 아무도 없었어요. 설령 조국의 우리 가족에게 통지했어도 마중하러 올 수야 없었겠지만, 통지조차 하지 않았어요. 그런 일에 영향을 받고, 또 그날은 하늘이 찌푸려 있기도 해서, 저에게 요코하마 항구의 첫인상은 음산하다는 느낌뿐이었어요. 예상하지 못한 현실에 맞닥뜨렸다는 점도 있었을 테고요. 거기에서 트럭으로 도쿄 스가모 프리즌Sugamo Prison으로 실려 가서, DDT(이를 죽이는 살충제) 분무 소독이라는 영접을 받았어요.

타이에서 대면 지목으로 체포된 이후, 만 육 년이 지나 저는 어느새 스물여섯 살이 되어 있었어요. 한국전쟁의 특수 경기로 전후 부흥이 궤도에 오르기 시작한 일본 땅에, 저는 '일본인 전범' 가운데 한 명으로 첫발을 내딛었습니다.

스가모
프리즌

형무소 같지 않은 형무소

오늘날 도쿄의 이케부쿠로池袋역 주변은 빌딩이 늘어선 번화한 거리이지요. 이케부쿠로역 동쪽 출구에 광대한 규모의 형무소가 있었던 사실을 아는 사람도 이제는 얼마 안 되겠지요. 현재 선샤인시티가 들어서 있는 부지에는 예전에 도쿄 구치소가 있었고, 전후 점령군이 접수해 전범자용 '스가모 프리즌Sugamo Prison'으로 사용했습니다.

1948년 12월 23일, 도조 히데키東條英機 이하 A급 전범 일곱 명이 이곳에서 처형된 사실은 비교적 널리 알려져 있지요. 이들 외에 BC급 전범을 포함해 모두 예순세 명이 이곳 스가모 프리즌의 교수대에서 생을 마감했다고 알려져 있어요.

저는 1951년 8월 27일 스가모 프리즌으로 이송되었어요. 3층짜리 건물 6개동으로 이루어진 건물 안에 감방이 있었어요. 제가 수감된 곳은 대략 여섯 평 크기의 잡거 감방으로, 감방 안에 화장실이 있었고, 한 방에는 대여섯 명이 수감되었어요. 일본인 전범은 다다미 감촉에 감격했지만, 저는 이게 다다미구나, 라는 신기한 느낌이 먼저 들었어요.

죄수복을 지급받고 식사는 분배된 음식물이 복도에 놓이면 감방 안으로 가져와서 먹었어요. 싱가포르 형무소의 식사보다 월등히 좋았어요.

전범 사형은 1950년 4월에 마지막으로 집행되었고, 바로 그해 6월 한국전쟁이 일어난 후에는 사형수에 대한 감형이 이루어졌고, 미군 간수가 한국 전선으로 떠나게 되어 일본인 교도관으로 교체되었습니다. 그래서 제가 입소한 1951년 8월경에는 스가모 프리즌에서 미군 간수를 볼 수 없었어요.

각층에는 라디오가 설치된 방이 따로 있어 거기서 라디오를 청취할 수 있었어요. 직접 다이얼을 돌려 방송국 선택도 가능했고요. 신문도 읽을 수 있었고 교도소 안에 도서관도 있었어요. 교도소 안의 생활은 한국전쟁 이후에 대폭적인 자유화가 이루어졌다고 합니다.

복역수는 반나절은 작업을 하고 나머지 반나절은 1949년에 만든 전범자가 운영하는 스가모 학원 강좌에 출석도 허용되었어요. 저는 수학과 영어를 수강했어요. 다른 과목은 부기簿記·전기電氣·이용理容·민법民法 같은 과목이 있었어요. 언젠가 출소하면 그때의 생활에 대비한 직업 교육과 기술 습득에 중점을 두고 있어서 저는 운전면허도 취득했습니다. 형무소 마당이 운전교습소로 거기서 운전 연습을 했어요.

저는 입소 초기인 미군 관리 시대에는 지게차로 물건을 나를 때 사용하는 팔레트pallet 제작 작업을 했어요. 나중에 팔레트를 한국전쟁에서 사용한다는 말을 듣고서 불쾌한 기분이 들었던 기억이 납니다. 그 밖에는 미군용 채소를 가꾸는 외부 수경水耕 농장의 작업도 있었어요. 사람에 따라서는 차를 타고 밖에 나갈 수 있는 수경 농장의 일을 하고 싶어 했지만, 작업 그룹별로 일이 정해져 있었어요.

바깥 사회에 관한 정보는 신문과 라디오 외에 면회 온 사람을 통해 전해 들었어요. 면회는 원칙적으로 한 달에 세 번, 서신은 봉함 편지로 한 주에 두 통이 가능했어요. 엽서는 네 매가 국비로 지급되었어요. 다만, 일본인에게는 가족과 친지가 면회하러 왔지만, 우리 조선인에게는 면회하러 올 사람이 거의 없었기 때문에 그런 면에서 적막했습니다.

스가모 프리즌에서. 왼쪽에서부터 김창식金昌植 씨, 저자, 윤동현尹東鉉 씨, 김용金鏞 씨

민주적인 '스가모 운영위원회'

창이 형무소에서는 일본인과 조선인을 나누어 수용했지만, 스가모 프리즌에서는 구분하지 않고 함께 수용했어요. 간수가 조선인을 차별하는 일도 없었고, 국적이 달라서 같은 전범끼리 특별히 마찰이 일어난 일은 없었다고 기억합니다.

미군이 간수를 하던 시절은 규칙이 엄격해 총을 들고 작업을 감시했다고 하는데, 제가 있었던 1950년대 전반에는 교도관도 우리에게 반말을 하지 않고 정중하게 대했습니다.

교도소 내의 운영을 상의하는, 복역자로 꾸려진 '스가모 운영위원회'라는 것도 있었어요. 각층의 리더와 조수는 두세 달마다 무기명 투표로 선출되었고, 이들은 당국과의 절충을 담당했어요. 오락도 운영위원회가 기획해 운동회와 영화 감상회도 개최했어요.

교도소 내에는 1948년 6월에 창간된 『스가모신문』이라는 내부 신문도 있었어요. 매주 토요일에 발행되는 등사판 신문입니다. 미군이 검열하는 바람에 당국에 대한 비판이나 사형수에 관한 일 등 쓸 수 없는 부분이 있기는 했지만, 교도소 내에 '신문사'를 설치하고 만화와 삽화를 넣은 나름 충실한 지면을 만들어 냈어요.

스가모 프리즌의 일본인 전범들은 출신 현에 따라 각각의 현인회縣人會를 만들었어요. 조선인들도 1950년 1월에 '향수회鄕愁會'를 만들었어요. 한발 앞서 일본으로 송환된 자바 등지의 네덜란드 관할 재판에서 전범이 된 조선인들이 만든 겁니다. 실무 대표는 고재윤高在潤 씨가 맡고 있었어요. 물론 나중에 들어온 우리도 향수회에 가입했지요.

그리고 저는 뒤에서 얘기하는 '평화 그룹'에서 공부하게 되면서부터 구역 회의에도 자진해서 출석했어요. 구역 회의란 한 동을 하나의 구역으로 삼아 구역 내의 관리·운영을 논의하는 자리였어요. 1950년 중반에 이르면 모두 외출하는 일이 많아져서 복도 청소 같은 일을 하는 사람이 없었어요. 저는 자진해서 그런 일을 떠맡아 했습니다. 그렇게 하면 제가 뭔가를 시도했을 때 제 이야기에 귀를 기울일 것이라고 생각했기 때문입니다.

'스가모 위문 붐' 속에서

제가 들어온 직후인 1951년 9월, 샌프란시스코 평화 조약(강화 조약)과 미일 안보 조약이 체결되었어요. 이른바 단독 강화입니다.

그와 동시에 일본의 재군비再軍備 움직임이 표면화되기 시작했어요. 기시 노부스케岸信介, 고다마 요시오兒玉譽士夫, 사사카와 료이치笹川良一 등 A급 전범 용의자들은 이미 1948년 12월에 석방되었고, 1951년에는 군인 출신 등에 대한 추방 해제가 대량으로 이루어졌어요. 스가모 프리즌 안에는 동별 간사가 중심이 된 '전체 동棟위원회'가 결성되어 석방 운동을 전개했어요. 1951년 3월에는 법무위원회가 결성되어 『전범 재판의 실상』이라는 책을 내기도 했고요.

그때까지는 가족과 친지가 드문드문 면회하러 오는 정도였지만, 평화 조약 체결 이후, 나아가 다음 해 4월 조약 발효 후에는 각종 위문단이 몰려왔어요. 관리가 미군에서 일본으로 이관되었고, 명칭도 '스가모 프리즌Sugamo Prison'에서 '스가모 형무소巢鴨刑務所'로 바뀌었습니다. 미군이 관리할 때는 눈치를 보고 있었을 테니까 일본 입장에서는 모종의 굴욕감도 있었을 거라는 생각이 들기도 합니다. 이 무렵부터 전범을 엄격하게 대했던 언론도 전범을 전쟁의 희생자로 다루기 시작했어요.

"스가모에 위문을 가지 않은 놈은 일본인이 아니다"라고 말이 회자될 정도로 스가모 형무소 위문이 일종의 붐을 이루었고, 형무소 내의 '극장'에서는 만담가 야나기야 긴고로柳家金語樓, 가수 미소라 히바리美空ひばり, 인기 아역 배우 마쓰시마 도모코松島とも子 등 인기 스타의 위문공연이 열렸어요. 운동장에서 스모 대회나 야구를 관전한 적도 있었어요. 스모 챔피언 후타바야마 사다지双葉山定次와 요미우리 자이언트 야구팀의 타격 귀재 가와카미 데쓰하루川上哲治도 왔어요.

각 현의 현인회, 정치가, 공무원들의 방문도 이어졌지만, 우리 조선인을 방문하는 일은 없었습니다. 일본 국내법으로는 전과자가 아닌 일본인 전범은 선거권을 가지고 있기 때문에 정치가들의 방문은 선거용 방문이라는 사람도 있었어요. 그러나 우리 조선인들의 참정권은 1945년 12월에 박탈되어 관심조차 없었던 겁니다.

전범을 영웅시하는 풍조도 있었고, 전범 재판을 보복 재판이었다고 하는 사람도 있었어요. 보복 재판은 분명한 사실이지만, 가해자라는 측면도 분명히 있어서 보복 감정을 가질 수밖에 없었던 경위를 이해할 필요가 있는 데도 말입니다. 저는 황민화 교육 영향으로 연합국 포로들이 얄밉다는 느낌은 가지고 있었지만, 스가모 형무소에서 다양한 공부를 하는 가운데 자신의 행위를 반성하게 되었고, 제가 처했던 입장을 점차 객관적으로 바라보고 자각하기 시작했습니다. 그래서 일본의 재군비와 전범을 영웅시하는 풍조에는 염려와 두려움을 느꼈습니다.

위문하러 온 재일 한국인들과 조선인 전범 동료들 ⓒ 동진회

인신보호법人身保護法에 입각한 석방 청구 재판

1952년 4월 28일, 샌프란시스코 평화 조약 발효와 함께 '일본인'에서 벗어난 우리 조선인 전범은 당연히 석방을 기대했습니다.

샌프란시스코 평화 조약 제11조는 "일본국은 … 연합국 전쟁 범죄 법정의 재판을 수락하고, 일본국에 구금되어 있는 일본 국민에게 이들 법정이 부과한 형을 집행한다"고, 미군 점령에서 해방되어 독립하더라도 일본이 전범에 대한 형 집행을 계속할 것을 적시했어요.

제11조의 실행을 뒷받침하는 법률은 평화 조약 발효 전해인 1951년 11월의 국회에서 논의되었습니다. 이때 제11조의 "일본국에 구금되어 있는 일본 국민"의 범위에 조선인·타이완인을 포함할 것인지의 여부가 거론되었어요. 여기에 대해 당시의 오하시 다케오大橋武夫 국무 장관과 니시무라 구마오西村熊雄 외무성 조약 국장이 "일본 정부가 형 집행의 의무를 지는 자는 일본인인 전범 동포 여러분"이다, 다시 말해 일본 국적이 아닌 자는 제11조와 관계없다고 답변했습니다.

그러나 발효 직전인 4월 12일의 정부 답변에서는 일본인으로서 일본의 전쟁에 관여하고 재판 당시도 일본인이었던 자, 말하자면 식민지 통치하에서 '일본인'이 된 우리 조선인도 포함된다는 걸로 바뀌어 있었습니다. 일본군에 편입되어 일본을 위해 봉사한 우리가 바로 그 일본에 의해 계속 처벌받는 꼴인 셈입니다. 게다가 군인 연금을 부활시키고, 「전상병자전몰자유족등원호법戰傷病者戰沒者遺族等援護法」을 제정하면서 적용 대상자를 일본 국적자 이외의 자는 배제하는 규정, 이른바 국적 조항을 만들었습니다. 형刑은 일본인이어서 계속 살아야 하고, 원호와 보상은 일본인이 아니어서 배제되어야 한다니, 이치에도 맞지 않고 도리에도 어긋나는 이 기막힌 처사를 어떻게 받아들일 수 있겠습니까?

당시 스가모 형무소에는 927명이 수용되어 있었어요. 그 가운데 조선인은 29명, 타이완인은 1명이었어요. 5월에 일본변호사연합회에서 연락이 와서 조선인·타이완인 전범들은 집단으로 가토 다카히사加藤隆久 변호사와 면회했습니다. 그 자리에서 인신보호법에 입각해 석방 청구 재판을 제기하자는 이야기가 나왔어요.

그 무렵, 석방된 동료를 보살피던 보호관찰관에 모토무라 요조元村容三라는 재일 조선인 동포가 있었는데, 그 사람 입에서 나온 이야기일 수도 있고, 평화 그룹 지지자였던 조선인 전범 홍기성洪起聖 씨가 주동하지 않았을까 해요. 결국 수감 중인 조선인과 타이완인 전범 전원이 원고가 되어 석방 청구를 하게 되었어요. 막상 석방 청구를 하기는 했지만 우리는 법률 지식도, 돈도 없었기 때문에, 석방 청구와 관련한 일체를 일본변호사연합회에 일임했습니다.

1952년 6월 14일, 우리는 도쿄 지방법원에 제소했어요. 샌프란시스코 평화 조약 제11조를 일본 국적을 이탈한 우리에게 적용하는 것은 논리에 맞지 않는다, 조약에 참가하지 않은 조선[20]·중화민국(타이완)의 국민을 구속할 수는 없다, 따라서 즉각 석방하라고 재판부에 요구했어요.

그 후 심문 기일을 6월 28일로 지정한 소환장이 도착했는데, 6월

---

20) 샌프란시스코 조약에 따라 당시 일본에 거주하던 모든 한반도 출신자의 국적은 '조선'으로 일괄 변경되었다.

25일에 갑자기 최고법원에서 도쿄 지방법원의 심문을 취소하고 사건을 최고법원으로 송치하라는 명령을 내렸어요.

1차 신문 기일인 7월 9일, 우리는 최고법원 법정에 출두했어요. 저는 넓고 큰 법정, 높다란 재판관 좌석에 놀랐어요. 재판관은 모두 열다섯 명이었습니다. 그들 앞에서 전범 전원이 인정 신문을 받았고, 우리를 대표해 홍기성, 고재윤, 김용 씨 세 명이 자신들이 현재 처한 상황과 전범이 된 경과, 가정 사정, 심경 등에 관해 진술했습니다.

2차 심문 기일은 7월 14일이었어요. 이날 가토 다카히사 변호사와 마쓰시타 마사토시松下正壽 변호사가 평화 조약 조문 해석을 왜곡해서는 안 된다고 변론했어요. 그러나 7월 30일 개정된 세 번째 법정에서 다나카 고타로田中耕太郎 재판장은 단 3분 만에 청구 기각 판결을 선고해 버렸어요.

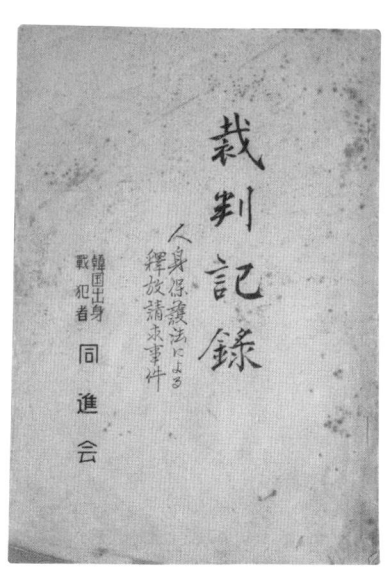

인신보호법에 의한 석방 청구 재판 기록
(재일한인역사자료관 소장)

판결은 일본국이 위임받은 형 집행 규정으로 판단할 때, 형이 부과될 당시 일본 국민이었던 점, 평화 조약 발효 직전까지 구금 상태에 있는 일본 국민이었다는 점, 이 두 가지 요건을 갖추고 있기 때문에 법률상 청구 기각에 해당한다는 것이었어요. 전범자는 패전국 국민에 한하지 않는다는 강한 의향이 GHQ에서 전달되었다고는 하지만, 전범 재판 자체가 부당하기 짝이 없었고, 우리를 동원했던 일본국에 의해 우리가 구금되는 일을 도저히 납득할 수 없었어요. 그러나 법적 구제의 길은 막혀 버리고 말았습니다. 부조리의 극치였어요.

'평화 그룹'

석방 청구 재판을 벌이고 있던 1952년 무렵의 일이라고 생각되는데요, 저는 조선인 전범 동료로부터 좋은 공부 모임이 있다는 권유를 받고 어떤 그룹에 참가했어요. 그 그룹은 일반적으로 '평화 그룹'이라고 불렸지만, 정식으로 그런 명칭을 가지고 있었던 것은 아니었어요.

막상 가서 보니, 사회학이라든가 경제학이라든가 이제까지 들어 본 적이 없는 이야기가 재미있어서 저도 참가하게 되었어요. 그 이전에 스가모 학원에서 하던 영어와 수학 공부는 그 후 그만두고 말았습니다.

'평화 그룹' 멤버는 열 몇 명으로 조선인 동료는 저를 포함 세 명이었어요. 일본인은 노기 하루미치禾晴道 씨, 이이다 스스무飯田進 씨, 마쓰우라 이사지松浦猪佐次 씨 등이 중심이었어요. 이들은 우리 조선인 전범 문제도 깊이 이해하고 있었으며, 특히 이이다 씨와 마쓰우라 씨는 우리가 일본 정부를 상대로 벌이는 운동에 적극 협력해 주었어요.

학습회 장소는 형무소 내 벽돌 건물이었어요. 여기서 한 공부는 저에게 매우 큰 도움이 되었습니다. 어렸을 때는 공부의 결과로 나쁜 짓을 하지 않으면 좋은 정도로 이해했는데, 공부를 하면서 점차 타인이 곤경에 처했을 때 돕는 행위는 결국 자신을 위한 것이라는 생각을 하게 되었어요. 사회 과학을 공부해 가는 동안에 그런 생각을 하게 된 것 같습니다. 평화 그룹은 특히 언론 활동에 주력하고 있어서, 저도 정보 수집과 평화 운동 관련 서명 운동을 자주 벌였어요.

그때까지 저는 빨리 조국에 돌아가고 싶다고 생각하고 있었지만, 평화 그룹에 참여한 후 생각이 바뀌었어요. 다양한 공부를 하고 싶다는 열망도 있었고, 또 그 무렵 한국이 반공 국가였다는 점도 영향을 끼쳤어요.

저는 반공이 맹위를 떨치는 한국의 사정을 인식하지 못하고, "일본 정부는 괘씸하다"는 둥, 정치 정세를 비판하는 편지를 써서 고향집에 보냈어요. 편지는 검열을 당하고, "일본에 있는 아들은 빨갱이가 되었다"고 아버지가 취조를 받았다고 했어요. 저에게는 집에 편지를 부치는 것도 문서 활동 가운데 하나라는 의식이 있었기 때문에, 제 편지를 검열하고 "무슨 일을 저지를지 모르는 위험한 놈이 있다"고 하게 되었던 거지요. 반공이 기승을 부리는 한국에서는 일본에서 원만하게 넘어갈 편지의 내용도 문제가 되었어요.

다양한 정보를 통해 그런 것을 써서는 안 된다고 이해하고, 그 후의 편지에는 불필요한 내용은 쓰지 않았습니다. 이래 가지고는 한국에 돌아가더라도 살기 어렵다는 생각에, 석방되면 바로 조국에 돌아간다는 마음마저 흔들리고 말았어요. 설령 석방되어 돌아가려고 해도, 가석방일 터이고 돈도 없어서 돌아갈 수 없었겠지만 말이에요.

만약 석방되어 한국에 바로 돌아갈 수 있었다면 효도는 했을지는 몰라도, 침략 전쟁에 참가해 전범이 된 경위 같은 내막은 완전히 무지한 상태였을지도 모릅니다. 내 조국에 돌아가서도 분발하려는 생각은 했을지도 모르지만 말입니다. 인생은 정말 사소한 일을 계기로 행로가 바뀌는 것 같습니다.

'평화 그룹'이 공부 모임을 가진 스가모 프리즌 안의 건물

평화 그룹에서 공부하고 있을 때의 저를 돌이켜 보면, 전 인생을 통해 가장 열심히 공부했고, 보람도 느끼고 있었다는 생각이 듭니다. 공부할 수 있다는 기대를 품고 포로 감시원이 되었던 저는 생사의 갈림길로까지 내몰리고 나서야 점차 사회를 알아 가는 희열에 빠져들었어요. '창이 대학'도 졸업하고, '스가모 대학'에도 다녔어요. 가고 싶어서 간 것은 아니었지만, 그 교도소들은 저에게는 '국제 교양 대학'이었던 셈이었어요.

전범자 수기

조선인 전범들이 '평화 그룹'과 함께 활동한 것은 우리 이야기를 경청해 주었을 뿐만 아니라, 여러 가지 협력을 아끼지 않고 해 주었던 점도 영향을 미쳤습니다. 그러나 무엇보다도 '왜 우리가 전범이 되었을까?'라는 의문에 눈을 뜨면서 모두 자발적으로 참가했다는 점이 중요합니다.

스가모 프리즌에서 엮은 『나의 수기』. 사진은 1991년 제소한 조리 재판에 증거 자료로 제출한 사본

저도 그런 심정으로 자문자답하며, 스가모 형무소로 옮기고 일 년 정도 지난 후, 노트 한 권 분량의 『나의 수기』(전체 46쪽)라고 이름붙인 수기를 썼어요. 앞에 소개한 전쟁 재판의 대화 내용도 그 시점에서 제 기억에 남아 있던 것이지요. 누가 그렇게 하라고 한 적은 없지만, 전범이 된 경위를 기록으로 남겨서 언젠가 누군가가 읽어 주었으면 하는 바람도 있었어요. 일본 정부에 요청한 석방 청구가 간단하게 각하됨에 따라 '우리가 전범으로 계속 구속되어 있는 부조리한 상황'에 대한 분노도 점점 강해졌습니다.

일본인 전범 입장에서도 조기 석방은 중요한 문제였기 때문에, 스가모 프리즌이 일본 관할로 이관되고 바로 '전체 동위원회'가 꾸려졌어요. 또 교도소 내의 현인회縣人會는 각 출신 현에서 주동하는 형태로 석방 운동을 진행했어요. 1952년 6월에는 중의원과 참의원에서 BC급 전범자 석방 등에 관한 결의가 가결되었지만 석방은 이루어지지 않았어요. 형무소에서는 전체 동 대회도 열렸어요.

'제11조 파기', '실질적 사면 권고 요구', '외부 직업 보도職業補導 실시' 등의 요구를 내걸어 보았지만, 역시 정부는 움직이지 않았어요. 재소자는 일본인 여부를 불문하고, 집에 남아 있는 가족의 생활을 돕기 위해 외출해 아르바이트를 하기 시작했어요. 다음 해에는 직업에 필요한 기술이나 지식을 습득하게 한다는 직업 보도 명목으로 형무소 밖의 소외 작업도 허가했어요.

이 무렵에는 전범 석방 서명 운동이 전국적으로 전개되었어요. 그러나 전쟁 책임을 애매하게 하는 듯한 밖에서의 석방 요구에 의문과 이의를 제기한 사람들도 있었어요. 예를 들면, 잡지 『세카이世界』의 1952년 10월호에 「우리는 재군비 교환권이 아니다 — 전범 석방 운동의 의미에 대해서」라는 글이 게재되자, 스가모 형무소 안은 발칵 뒤집혔어요. 「일부 명망가들이 하는 석방 운동」「사랑의 운동」「전쟁 수형자를 돕는 모임」이라는 제목의 글과 국회의원들의 활동 등을 비판한 글은, 평화 운동 그룹의 한 사람이 몰래 투고한 글이었어요. '범인' 색출 시도도 있었다고 하는데, 저는 기억이 없어요.

또 평화 그룹의 중심인물이었던 노기 하루미치禾晴道 씨 등이 책을 내려고, 저에게 원고를 요청해서 보낸 적도 있어요. 『우리 죽어야 할까われ死ぬべしや』(1952)라는 책이 나온 후, 『벽이 두꺼운 방壁あつき部屋』(1953)을 낼 때 원고를 모아 노기 씨 등이 검토했어요. 결국, 조선인 전범으로는 홍기성 씨의 글 「조선인이기 때문에朝鮮人なるがゆえに」가 김기성金起聖이라는 필명으로 이 책에 실렸어요. 이 책에 이어 『그 후 7년』(1953)이라는 책도 냈습니다.

『벽이 두꺼운 방』은 같은 제목의 영화로도 만들어졌습니다. 완성

이에지마伊江島 토지 투쟁에 위문품을 보낸 일을 보도한 「오키나와 타임스」의 기사(1955년 6월 1일). 뒷줄 오른쪽 두 번째가 저자

후 반미적이라는 이유로 오랫동안 상영 금지를 당했지만요. 전범 관련 영화로는 『나는 조개가 되고 싶다私は貝になりたい』[21]라는 영화가 유명하지만, 『벽이 두꺼운 방』은 전범자의 수기집手記集을 바탕으로 만든 영화였어요.

평화 그룹은 교도소 안팎에 대한 언론 활동의 일환으로서 그런 수기집을 내는가 하면, 외부 평화 운동과의 결합도 모색했어요. '해신회わ

---

21) 전 육군 중위 가토 데쓰타로加藤哲太郎(1917~1976)의 수기인 『광란의 전범 사형수』 가운데 유언 부분을 바탕으로 제작된 영화

だつみ會'²²⁾라는 큰 모임과 '평화 국민 모임'에 성명서를 보내기도 했습니다. 또 미군에게 땅을 강제로 수용당한 오키나와 이에지마伊江島 농민(아하곤 쇼코阿波根昌鴻 씨 등) 투쟁을 격려하는 위문품을 보내기도 했어요. 그러나 외출 자유와 함께 출소 후 생활 불안이 교도소 안의 관심사로 대두하면서 석방 전부터 구직 활동을 벌이는 사람과 외박하는 사람이 증가했어요. 그래서 평화 그룹의 활동도 점차 정체되었어요.

중앙노동학원中央勞働學院에서의 학습

저도 출소를 일 년 정도 앞둔 무렵에, 이런 상태로 출소해 일본 사회에 나가면 까막눈 신세를 면할 수 없겠다는 생각이 들어, 미나토구港區 소재 중앙노동학원의 정경본과政經本科에 다니기 시작했어요. 이 학원에는 정경본과 외에 정경전공과政經專攻科와 문예과文藝科가 있었어요. 저는 1954년 4월부터 일 년간 이 학원에 다녔어요.

중앙노동학원의 시작은 '중앙노동학원中央勞働學園'이라고 하여 예전에는 호세이法政 대학 사회학부였다고 했습니다. 저는 예전부터 와세다早稻田 대학을 동경해 와세다 청강생 자격을 취득했지만, 스가모 형무소에서 공부하면서 '나도 노동자다'라는 의식을 갖게 되어 중앙노동학원을 선택하게 되었습니다.

---

22) 정식 명칭은 '일본전몰학생기념회日本戰歿學生紀念會'이다. 제2차 대전에 출전한 학도병 75명의 유고집인 『들어라 해신의 목소리きけ わだつみのこえ』의 출판을 계기로 1950년 4월 결성된 일본의 반전 운동 단체이다.

누구와도 상담하지 않았고, 학원에 관한 정보는 어떤 책에서 본 정도로 자세하게는 몰랐어요. 그런데 막상 가서 보고는 깜짝 놀랐어요. 완전히 빨갱이 세상이었어요. 일반 노동자가 공부하는 곳 정도로 생각했던 상상과는 완전 딴판이었어요.

중앙노동학원에 다니기 시작한 무렵의 스가모 형무소는 재소자들 모두 자주 외출했고, 집에 돌아가 일주일이나 돌아오지 않는 사람도 있었어요. 재소자 가운데는 아르바이트를 하는 사람도 많았고, 저도 한때는 비료 공장에서 아르바이트를 했어요.

중앙노동학원 동료 가운데는 노면 전차 요금 10엔이 없어서 등교에 애로를 겪는 사람도 있었어요. 형무소에 있는 저는 의식주 걱정이 없었고 달리 돈 쓸 곳도 없었기 때문에, (전범인) 제가 도움을 주었더니 학우들이 놀란 일도 있었어요. 중앙노동학원에는 여유가 있어서가 아니라 공부를 하고 싶어 온 사람들이 대부분이기 때문에, 돈이 없다고 해서 걱정하는 사람은 거의 없었어요.

사회 과학 공부에는 일상생활에서 사용하지 않는 용어가 나왔지만, 역시 스가모 형무소 안에서 한 공부가 큰 도움이 되었어요. 그때는 공부에 걸신들린 사람처럼 오로지 공부에 매달렸어요. 알든 모르든 좌우간 읽는다, 그러다 보면 마침내 이해할 수 있다는 생각으로 말입니다. 하루도 쉬지 않고 다녔던 것은 요령도 없고 성실했던 탓도 있었겠지요. 뭔가 하기 시작하면 집념을 가지고 하는 것이 제 버릇이니까요. 한 번 말을 꺼내면 쉽사리 물러서지 않았어요. 동료들로부터 "너는 고집쟁이다"라는 말을 자주 들었어요.

입학할 때 제 처지에 대해 말하지 않았지만, 스가모 형무소에서 다닌다고 알고 있었기 때문일까, "염탐꾼"이라는 말을 들은 적이 있어요. 그 후 공산당 쪽에서 조사를 한 것 같았는데, BC급 전범으로 신경 쓰지 않아도 되는 인물로 판단했다고 했어요. 저도 그때는 조금 불쾌한 생각이 들었지만, 조직을 지키기 위한 조치라고 이해했어요.

중앙노동학원은 조선인이라는 점을 들어 문제 삼은 적은 없었어요. 아마 공산주의의 프롤레타리아 국제주의라는 특성 때문이 아니었을까요. 또 저 말고도 조선 사람이라고 알 수 있는 사람이 있었어요. 지금 같으면 좀 더 가까이 다가가 보려고 했겠지만, 그 무렵은 이상하게 그런 생각이 들지 않았어요.

제 입장에서는 사회 물정을 몰라서 조심하는 면도 있어서, 동료 학생들과의 교분은 거의 없었어요. 사실은 그런 것들을 배우기 위해 갔는데 말이죠. 방과 후 서클 활동에도 참가하지 않고 수업이 끝나면 얼른 돌아왔어요. 가끔 남아 있으면 스크럼을 짜고 노동가를 부르기도 했지만 저는 별로 내키지 않았어요.

중앙노동학원의 동급생끼리 결혼한 사람이 있어서 결혼식에 간 기억이 있어요. 회비를 내는 우호적인 모임으로 분위기가 좋았던 것으로 기억합니다. 어떤 학우는 자신이 병으로 입원했을 때 제가 문병하러 와 주었다고 뒷날 얘기했지만, 저는 전혀 기억이 나지 않았어요. 그때는 제 자신이 공부 쪽에 거의 미쳐 있어서 인간관계에는 별로 관심이 없었던 탓이겠지요.

동진회同進會(한국 출신 전범자 모임) 결성

앞서 스가모에서 출소한 동료들은 군복 한 벌과 현금 7~8백 엔을 지급받았을 뿐 달리 아무것도 없어서, 당장 출소한 날부터 곤궁하기만 했어요. 나중에는 희망을 잃고 자살하는 사람도 나왔어요. 1954년 12월에는 가석방된 박창호朴昌浩 씨가 출소를 거부하는 단식 투쟁을 벌였어요. 청원으로는 일본 정부를 움직일 수 없었기 때문에, 어떻게든 해결해야만 한다는 심정으로 1955년 4월 1일 '동진회(한국 출신 전범자 모임)'를 결성했습니다.

'향수회'라는 조선인 모임이 있었다는 것은 앞에서 이야기했습니다. 향수회는 말하자면 친목 단체 같은 모임이었어요. 향수회를 결성한 후, 영국과 오스트레일리아가 관할하는 재판을 받은 싱가포르조組가 스가모 프리즌에 들어온 1951년 9월 무렵, 인원을 늘리고 조직을 강화하려는 의도에서 '향수회'를 '한인회韓人會'로 바꾸었어요. 실무 대표는 홍기성洪起聖 씨가 맡았습니다.

한인회가 발전해 '동진회'가 만들어졌습니다. 일본정부가 1952년 4월에 공포한 「전상병자전몰자유족등원호법戰傷病者戰沒者遺族等援護法」으로 일본인에게는 제대로 원호를 실시하면서 우리에게는 전혀 하지 않는 것에 분노하고 있었기 때문에, 동진회에서는 국가 보상과 유족 보상 문제에도 몰두하게 되었습니다.

1955년 4월 1일, 70명의 동료들과 동진회를 결성했을 때, 저는 서른 살로 나이가 가장 적었지만 회장이 되었습니다. 제가 회장으로 선출된 것은, 간단히 말하면 제가 사환처럼 부지런히 활동했기 때문이지요. 실력이 있었다기보다는 뒷바라지를 잘하다 보니, 주변 사람들도 제 말을 들어주었습니다.

중앙노동학원에서 공부한 것도 영향을 미쳤다고 생각합니다. 발기인 대회에서 설립 취지서와 규약을 만드는 단계부터, '상부상조 아래

동진회 총회의 동료들(1959년 2월 22일 豊島公會堂) 맨 앞줄 왼쪽에서 5번째가 저자

기본적인 인권 및 생활권 확보'라고 목적을 명기했어요. 저는 무슨 일을 하든 목적을 가지고 움직였고, 공산당의 시가 요시오志賀義雄 씨라든가 사회당의 다하라 하루지田原春次 씨 같은 사람들과도 만나러 다녔어요. 여당에 가지 않고 야당에만 간다는 말도 들었고, 개중에는 "저놈은 빨갱이"라고 하는 사람도 있었어요. 그런데도 "회장을 그만 두라"고 하지 않았던 것은, 달리 할 사람이 없었기 때문이 아니었을까 합니다. 2년 동안 회장의 직무를 수행한 후 사무 쪽으로 전환해 역대 회장들을 보좌했어요.

동진회 활동

1955년 4월 23일, 일본 정부에 제출한 우리의 요구는 다음과 같았어요.

1. 조기 석방
2. 국가 보상 요구
3. 일본인 전범과 차별 대우 철폐
4. 출소 후 일정 기간 생활 보장
   ① 주택(공영 주택 등)·취직 알선
   ② 피복과 침구 지급
   ③ 생활 자금 일시 지급
   ④ 국비로 환자 치료 및 요양
   ⑤ 가족의 생활 지원
   ⑥ 일시 귀국 허가

7월 1일에는 예순 명의 동료들과 현수막을 들고 하토야마 이치로鳩山一郎 총리 사저에서 "총리를 만나게 해 달라"며 기습 시위를 했어요. 저를 포함해 형무소에서 죄수복 차림으로 나온 사람들도 있었어요. 한 시간이 지나도 면회를 할 수 없어서 국회의사당으로 갔어요. 의사당 정문의 철책을 열고 난입해 수위와 승강이를 벌이기도 했어요. 일단 국회에 들어서가서는 의원 회관으로 가서 각 의원들 방에 성명서를 배포했습니다.

"체포할 테면 체포해 봐라!"는 식으로 밀어붙였기 때문에, 사복 차림으로 따라온 교도관도, 경비를 하는 경찰대도 전혀 손을 쓸 수 없었어요. 재소자 데모는 전대미문의 사건이었어요. 스가모 형무소 내부도 발칵 뒤집혔지만 재소자들은 우리를 지지했습니다.

당시는 지금의 한국 대사관에 해당하는 '주일 대표부'가 있었습니다. 우리는 주일 대표부에 호출되어 "사고방식이 편향된 운동을 하면

1955년, 수상 관저에서 면담을 요구하며 시위하는 동진회 회원들

경찰과 대치중인 동진회 회원들

1956년 8월 14일, 수상 관저 앞에서의 연좌 농성. 현수막에는, "제3국인 전범에게 국가가 보상하라"고 적혀 있다. 가운데 서 있는 김용 씨의 어깨 너머로 저자의 얼굴이 보인다.

일본 정부와 교섭하는 동진회 회원들. 왼쪽 세번째가 저자

안 된다"고 상당히 엄한 주의를 받기도 했어요. 그러나 동진회는 동료 간의 친목만이 아니라, 어렵고 궁한 형편을 서로 돕기 위해 존재하기 때문에 활동을 그만 둘 수 없었어요.

그 후 일본 정부는 7월 28일의 차관 회의에서 「스가모 형무소 출소 제3국인 원호 대책에 관하여」를 합의하고, 조선인·타이완인 전범 출소자에 대해 따로 일시 거주 시설을 만들고, 총 300만 엔을 보조한다, 생활 자금 대출은 법인격을 갖춘 단체를 만들어 300만 엔을 대출한다는 조치를 겨우 내놨어요. 1955년 11월, 조선인 전범을 위한 재단법인 '청교회淸交會'와 타이완 전범을 위한 '우화회友和會'가 설립되었습니다. 처음으로 주택, 생업자금 대출, 취직 알선을 담당하는 단체가 생겼던 겁니다.

이마이 도모후미今井知文 선생[23]

'청교회'에 대한 설명을 하기 전에, 청교회 설립에 진력해 주신 우리의 은인에 대해 언급하지 않을 수 없습니다. 바로 에도가와구江戶川區에서 이비인후과 개업의로 일하던 이마이 도모후미 선생입니다. '스가모 위문'이 붐을 이루어도 찾아오는 사람이 거의 없던 우리를

---

23) 1950년대부터 한국·조선인 전범자들의 지원에 진력해 온 몇 안 되는 일본인 가운데 한 명이다. 도쿄 시타마치下町 지역에 개업한 의사였던 이마이 도모후미 씨는 정당이나 조직과는 전혀 연계되지 않은 개인 입장에서 한국·조선인 전범의 지원을 해왔다. 한국·조선인 전범들로부터 아버지처럼 경모되는 인물이다. 1996년 1월 26일 타계했다.

위해, 이마이 선생은 자주 걸음을 해 주시며 물심양면에 걸쳐 전면적인 지원을 해 주셨습니다.

선생이 조선인 전범의 존재를 알게 된 계기는, 다지마 류준田島隆純이라는 교화사敎化師를 따라서 스가모 형무소를 드나들다가 조선인 전범이 있다는 말을 듣고, '왜 조선인이 구금되어 있는 걸까'라는 의문에서 비롯되었다고 합니다. 우리의 사정을 알고 '이런 엉터리 같은 일을 허용해도 되는 걸까'라는 생각이 들어서, 자신이 할 수 있는 일은 뭐든 하겠다는 뜻을 품고 자주 우리를 면회하러 오시게 되었다고 했습니다.

가족과 병원의 간호사까지 대동해 함께 위문을 오거나 먹을 것을 넣어 주기도 하고, 감형 탄원 운동도 해 주셨습니다. 이마이 선생은 온 동네 사람들로부터 두터운 신뢰를 받는 의사이자 인도주의자이기도 했어요. 필리핀 관련 전범 석방 등에도 큰 역할을 했던 인물이고요. 그리고 앞에서 말한 '청교회' 이사도 맡아 주셨습니다.

제가 옥중에서 선생에게 연하장을 보냈더니, 이 연하장은 매우 소중한 것이라며 장문의 편지로 회답해 주신 일도 있었어요. 우리는 고독하기도 하여 육친의 역할을 해 주시는 선생 댁에는 뭔 일만 있으면 상담하러 갔어요. 그러면 선생은 언제나 정확하게 맞는 판단을 해 주시곤 했지요. 그리 오래지 않아 이마이 선생에 대한 신뢰가 우리 사이에서 너무 절대적이어서 그랬을까, 이마이 선생이 끼지 않으면 일이 해결되지 않을 정도에 이르렀어요.

선생은 좀 특이한 사람이었는지도 몰라요. 동향인 니가타新潟 출신이라는 것만으로 아리타 하치로有田八郎 전 외무 장관의 배후에서 버팀목 역할도 해 주었고, 아리타 씨가 도지사 선거에 출마해 낙선했을 때에도 이마이 선생은 있는 힘을 다해 지원했어요. 선생은 일본 공산당의 하야시다 시게오林田茂夫 씨도 자주 입에 올리셨고, 사회당의 시마가미 젠고로島上善五郎 씨를 후원한다고 하셨어요. 시마가미 씨와 같은 사회당의 시부사와 도시히사澁澤利久 씨는 우리의 처지를 제대로 이해하는 분들이었어요.

이마이 선생은 불교도가 아닐까, 라는 생각을 한 적도 있었지만, 사실은 종교를 갖지 않은 분이었어요. 우리에 대한 지원은 "일본인의 입장에서 미안하다"는 마음도 있었던 거지요. 우리는 이마이 선생을 일본에서 의지할 수 있는 아버지로, 또한 우리를 길러 주셨다고 생각하며 깊은 은의恩義를 느꼈습니다.

선생은 간호사들에게도 공대하고, 함께 영화를 보러 가기도 했어요. 의사로서도 뛰어난 실력을 지닌 인물로 환자들이 상당히 먼 곳에서도 선생의 병원을 찾아왔어요. 병원에는 "도움이 필요한 분은 언

이마이 토모후미今井知文 선생 부부는 물심양면에 걸쳐 우리를 지원해 주셨다(1991년).

제라도 상담하세요"라는 글이 걸려 있었어요. 선생은 "진료실에 들어서면 인간의 생명과 대결하는 거야"라며 항상 진지했어요. 어쨌든 인망이 두터운 분이었어요. 1976년, 선생은 일본 정부로부터 서훈을 받았는데, 선생의 업적을 나라가 올바로 표창했다는 생각이 들어요.

제가 인상 깊게 기억하는 선생의 말씀 가운데 "은혜를 베풀며 살라"라는 말이 있어요. 저는 지금도 이 말씀을 떠올리며 '오늘은 무슨 좋은 일을 했나?'라며 자신을 돌아보고는 합니다.

지원 단체 '청교회淸交會'

조선인 전범을 위한 재단법인 '청교회'와 타이완인 전범을 위한 '우화회'는 1955년에 설립되었습니다. 처음으로 주택과 생업 자금 대출, 취직 알선을 담당하는 단체가 생긴 거지요. 청교회 회장은 다나카 다케오田中武雄[24]씨, 우화회 회장은 기무라 도쿠타로木村篤太郎 씨가 맡았어요. 다나카 다케오 씨는 일본이 조선을 식민지로 지배할 당시 총독부 정무총감政務總監으로 노구치 부대에서 훈련받던 조선인 군무원들에게 "정신 차리고 제대로 하고 오라"고 훈화를 한 장본인이기도 했어요. 이 사람을 끌어낸 당사자가 이마이 도모후미 선생이었습니다. 선생은 다나카 씨가 속죄하는 차원에서 잘해 주리라 기대했다고

---

24) 다나카 다케오 1891~1966. 1936년 조선 총독부 경무 국장. 1939년 척무拓務 차관. 1942년 조선 총독부 정무총감. 1944년 내각 서기관장.

했어요. 다나카 회장 밑에 하라다 다이로쿠原田大六라는 조선총독부 고위 간부였던 사람이 전무이사로 뒷바라지를 잘 했어요.

보조금 삼백만 엔은 주택자금으로 청교회가 빌려서 세 군데에 가설 주택을 지었어요. 그 무렵의 우리는 갈 곳에 없었기 때문에, 간단한 가설 주택이라도 도움이 되었어요.

1958년 12월에는 각료 회의 양해 사항으로서, 도쿄도都가 운영하는 주택(이하 '도영주택都營住宅')의 우선 입주와 생업 확보가 결정되었어요. 이 조치와 '특별위로조치(特別慰藉措置)'로 십만 엔이 나온다고 하는 바람에 의견이 갈렸지만, 우선 월동 자금으로 받아 두자고 결정되었어요. 그러나 일본 정부는 사형자의 유족에게는 아무런 조치도 취하지 않았어요. 비록 임시 거처이기는 해도, 마침내 정착할 수 있었던 우리는 국가 보상을 요구하는 운동에 주력하기 시작했습니다.

우리는 '범죄자'가 아니라 일본을 위해 진력했을 뿐이라고 생각했어요. 국가 보상은 국가가 잘못해서 피해를 준 경우의 「형사보상법」을 근거로 삼고(당시 하루 500~1,000엔가량이라고 기억하고 있어요), 또 비키니 수소폭탄 실험으로 피폭된 구보야마 아이키치久保山愛吉 씨에게 미국이 보상한 예 등을 참조해, 그 시점에서 유족에게 500만 엔, 생존자에게는 체포 시점부터 보상 청구 시점까지 하루를 500엔으로 계산해 지급하라고 요구했습니다.

출소한 동료들

한편, 1955년 5월에는 재일조선인총연합회(이하 '총련')가 결성되고, 1956년에는 조선대학교가 창립되는 정세 속에서, 동진회 회원 가운데에서도 귀국자가 나왔습니다. 한인회 회원 가운데는 북한으로 돌아간 사람도 있고, 한국으로 돌아가서 산 사람도 있어요.

평화 그룹 지지자로 글도 잘 쓰고 언변도 뛰어났던 홍기성 씨는 1954년 무렵 한국으로 귀국했습니다. 그는 귀국 후 고아원을 운영하기도 했지만, 경제적으로 유지할 수 없게 되어 나중에 자살했다는 소식을 들었어요. 2008년 NHK 취재에 동행해 그의 고향을 방문했을 때, 아내도 딸도 병이 들어 생활이 매우 곤란한 듯했어요(ETV 특집 「한국·조선인 전범의 비극」, 2008년 8월 17일 방송. 와타나베 고渡辺考 연출).

홍 씨는 정열적인 사람으로 스가모 시대에는 일본인과 자주 설전을 벌이기도 했어요. 또 동료 전범인 문태복文泰福 씨와 무척 친밀한 사이로 심지도 굳은 사람이었어요. 애석하기 짝이 없습니다.

귀국한 동료 가운데 본적이 북한인 사람은 물론이고, 본적이 한국인데도 북한으로 돌아간 사람도 있었어요. 당시 북한은 멋진 나라라고 선전되고 있었습니다. 남쪽의 반공 정권은 우리 같은 전범자를 일본에 협력한 '친일파'라고 거세게 비난했지만, 북쪽의 정세를 모르는 상태에서 저는 그렇게 하고 싶지는 않았어요. 그리고 머지않아 북한으로 돌아간 사람들과는 연락이 두절되었어요.

일본에 남은 사람도 형이 가벼워 빨리 석방된 사람일수록 돈도 없고, 가족도 친지도 없는 일본에서 고생했어요.

1953년 무렵에 출소한 동료 유동조俞東祚 씨 경우, 폐결핵을 앓는 상태로 석방되어, 신체검사에서 이 사실을 속이고 취업해 일해야만 했어요. 건강 보험이 적용되는 여섯 달까지 참아내고, 그 후 바로 입원해 치바현千葉縣 가시와시柏市에서 4년 가까이 요양 생활을 했습니다. 저는 가끔 스가모 형무소에서 유 씨를 문병하러 갔는데, 저 말고는 아무도 방문하는 사람이 없는 고독한 상황에 처해 있었어요. 그는 "석방된 후가 진짜 투쟁이었다"고 했어요.

저는 스가모 형무소에 있으면서 동진회 일을 했고, 출소 후에는 동진회에서 약간의 생활비를 받았어요. 저는 1956년 10월 6일에 가석방 되었습니다. 세상 물정도 조금은 알게 된 후 출소했기 때문에, 먼저 출소한 사람들보다 운이 좋았다고 할 수 있겠지요. 제가 석방된 날 박정근朴貞根 씨도 석방되었어요. 조선인 전범 동료 가운데 가장 늦게 출소한 사람은 1957년 4월에 석방된 김창식金昌植 씨입니다.

제가 석방될 때 받은 것은 귀환증명서(引揚證明書)와 석방증명서였어요. 또 주요 식량 특별 구매 티켓인 '을乙' 교환권 한 장, 귀환 수당 1만 엔, 귀향 여비 1,000엔, 응급 원호 물자 한 세트, 이게 제가 받은

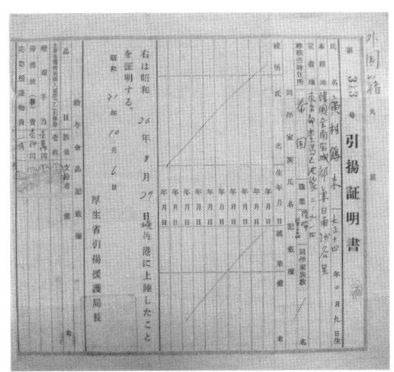

인양증명서(재일한인역사자료관 소장)

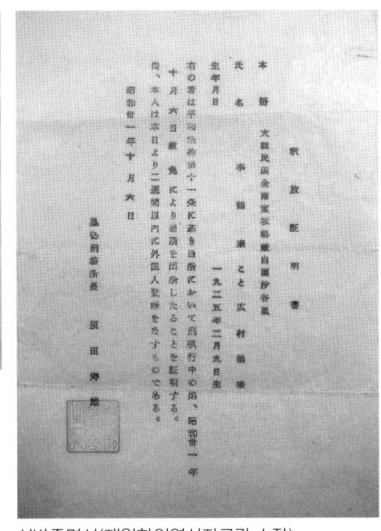

석방증명서(재일한인역사자료관 소장)

전부였어요. 마중하러 온 동진회 동료들이 마련해 준 양복을 입고 기념사진을 찍었어요.

  그때 제 나이 서른한 살, 14년 만에 '자유'의 몸이 된 셈입니다. 그러나 석방증명서에는 "2주 이내에 외국인 등록을 할 것", "항상 외국인 등록증을 소지하고 다닐 것"이라고 명시되어 있었어요.

택시 회사 설립과
유골 송환 운동

두 명의 자살자

먼저 출소한 동료들은 "스가모 형무소를 나오면 할일은 막일 정도밖에 없다"든가, "하루 한 끼 먹으면 다행이다"라고 자주 푸념했어요. 그 현실이 1956년 10월 출소한 저에게도 닥쳐왔습니다.

생활고와 염세관으로 사이타마埼玉 현에 있던 동료 허영許榮 씨는 목을 매어 자살했고, 양월성梁月星 씨는 사야마狹山 역 근처에서 철도에 투신해 자살했습니다. 양월성 씨는 형무소에 있을 때부터 폐결핵을 앓았는데, 출소한 이후에는 요양도 할 수 없어 곤경에 빠져 있었던 듯합니다.

나중에 들었지만, 제가 석방된 10월 6일에 양월성 씨가 스가모 형무소로 저를 찾아왔었다고 했어요. 마지막 이별을 할 작정이었을까요. 그때 만났더라면 어떻게라도 손을 쓸 수 있었을 텐데 너무 마음에 걸립니다. 그가 철도에 뛰어들어 자살한 날은 10월 20일이었어요.

구사일생으로 살아남아 고국을 눈앞에 둔 곳까지 돌아와서 마침내 장기 구금에서 해방되어 자유의 몸이 되었는데, 그 목숨을 스스로 끊어야 하다니…. 이 두 사람의 풍진 일생을 생각하면, 지금도 정말이지 괴롭기 짝이 없습니다.

두 사람의 죽음을 경찰로부터 통보받았지만, 돈이 없어서 동료들이 전당 잡힐 물건을 추렴해 전당포에 맡기고 간신히 돈을 변통해 장례를 치렀습니다.

이 두 사람을 죽음으로 내몬 일본 정부에 대한 분노는, 우리의 국가 보상 요구 운동을 한층 치열하게 만들었습니다.

스가모는 나왔지만

출소한 저는, 일자리를 찾기 위해 몇 군데 가 봤지만, 나이도 서른 한 살이나 되었지, 거기에다 한국인이지, 도저히 일자리를 얻을 수 없었어요. 어쩔 수 없이 동진회 일을 계속했습니다. 동진회에서 약간의 생활비가 나왔고, 따로 전범 수형자를 돕는 모임에서 출소 축의금으로 아마 이삼만 엔을 받았던 것 같습니다. 이래저래 제 생활비를 충당하고, 주거비는 청교회에서 내 주었기 때문에, 저는 혼자서 이케부쿠로池袋에 공동 주택25)을 구해서 살았어요. 다른 사람들은 시모키타자와下北沢와 호우야保谷 부근에 있는 직장인들을 대상으로 하는 기숙사 형태의 공동 숙소에 들어가 있었지만, 제가 출소했을 때는 이미 빈자리가 없었어요.

이케부쿠로 서쪽의 홍등가에 소재한 제가 살았던 공동 주택은 교통편이 좋아 동료들이 자주 놀러 와서 함께 식사를 하기도 했어요. 한 접시씩 파는 싼 생선 대가리를 사와서 무를 넣고 부글부글 끓여서 먹기도 했어요. 살이 없어도 끓이면 신통하게 살을 넣고 끓인 맛이 났거든요.

대략 세 평 크기에 덜렁 설거지대뿐인 방에, 신혼인 친구 부부가 한동안 신세를 지겠다고 들어와서 그때는 정말 난처했어요. 또 같은 군무원 출신의 인텔리인 '선생'도 얹혀살았고, 나중에 옮겨 간 하타가

---

25) 한 동의 건물 내부를 몇 개로 칸을 막아서 각각 독립된 주거 시설로 임대하는 건물이다. 공동 주택 또는 "아파트"라고 한다. 원문에서는 "아파트アパート"로 표기했다.

야幡ヶ谷 공동 숙소에도 함께 산 적이 있어요.

그 무렵은 어디로 가더라도 돈이 없었어요. 그래서 결혼식에 가더라도 다른 사람에게 옷을 빌려 입고 가야 할 정도였어요. 어딘가에 갈 때에도 전차 요금이 없어서 어려웠지만, 편도 요금만 있으면 어떻게든 되겠지 하는 심정이었어요. 주머니가 비어 있어도 신경 쓰지 않았어요. 그 무렵은 모두 가난했는데, 지금 생각하면 그래도 힘은 있던 시절이었습니다.

택시 회사를 만들자

우리를 돕고 보살피는 단체인 '청교회' 사무실은 치요다구千代田區의 마루노우치丸の內에 있었습니다. 한국에 남아 있던 일본인 귀환 사업을 담당했던 중앙일한협회中央日韓協會라는 조직이 있었는데, 다나카 다케오田中武雄 씨가 회장을 맡고 있었습니다. 그래서 청교회도 중앙일한협회와 같은 사무실을 사용하게 되었습니다.

저는 청교회 사무실 안에 있는 동진회 사무실로 매일 출퇴근했습니다. 저는 형무소에 있을 때부터 동진회 대표를 맡고 있었지만, 그 후에는 김용 씨가 대표를 맡고, 저는 사무를 담당했어요. 김용 씨는 상당히 활동적인 사람으로 저와도 대단히 친하게 지냈어요.

한편, 일자리를 찾는 일은 저나 동료들이나 좀처럼 풀리지 않았어요. 그래서 생각해 낸 것이 형무소 안에서 취업 지도로 모두 자동차 면허나 정비사, 부기簿記 같은 분야의 자격증을 취득하고 있었기 때문에, 택시 회사를 만들어 일자리를 제공한다는 방안이었어요. 김용 씨와 의논해 계획을 수립한 때가 1958년 무렵이었어요.

  정작 준비를 시작했지만 자금은 한 푼도 없었어요. 궁지에 처한 우리에게 구원의 손길을 내민 분이 앞에서 말한 이마이 도모후미 선생입니다. 선생은 200만 엔이라는 거금을 빌려 주셨어요. 당시 200만 엔이라는 돈은 엄청난 금액이었지만, 사재를 저당 잡혀서 마련해 주었어요. 그 돈으로 이타바시板橋에 업무용 부지를 사고, 제가 동진회에서 이름을 딴 '동진교통' 명의로 면허를 취득하기 위한 구체적인 신청 절차를 밟았어요.

  이 무렵 일본 사회는 이른바 안보 투쟁[26]이 고조되고 있었어요. 택시 수급을 조정하는 「도로운송법」과 관련된 문제와 불경기가 겹쳐서 면허는 좀처럼 나오지 않았어요. 우리는 매일같이 운수성運輸省과 관련 부서에 진정을 넣고 다녔어요. 청교회 회장인 다나카 다케오 씨도 기시 노부스케岸信介 수상을 직접 만나 허가를 내달라고 요청하기도 했어요.

  타이완인 전범자 쪽에서는 그들을 지원하는 단체 '우화회'의 이사를 맡은 스에쓰구 이치로末次一郎 씨가 열정적으로 활동했어요. 스에쓰구 씨는 청소년 육성단체인 '일본건청회日本健靑會' 회장도 맡고 있었고, 오키나와 반환 문제에도 힘을 발휘한 실력을 갖춘 분이었어요.

---

26) 안보 투쟁은 1959년부터 1960년, 1970년, 두 번에 걸쳐 일본에서 전개된 미일안전보장조약(안보 조약) 개정에 반대하는 국회의원, 노동자, 학생, 시민 및 신조약 비준 자체를 반대하는 좌익 세력이 참가한 일본 역사상 최대의 반정부, 반미 운동과 거기에 따른 정치 투쟁, 상해, 방화, 기물 파손 등을 수반한 대규모 폭동이다. 자민당 등 정권 쪽에서는 '안보 소동'이라고 부른다.
60년 안보 투쟁에서 안보 조약은 국회에서 강행 채택했지만, 기시 노부스케岸信介 내각은 혼란의 책임을 지고 내각 총사퇴를 해야만 했다. 그러나 70년 안보 투쟁은 투쟁에 참가한 좌익의 분열과 폭력적인 투쟁으로 대중과 지식인의 지지를 잃었다.

타이완인 전범자들은 '펭귄'이라는 명의의 택시 회사를 만들어 면허를 신청했는데, 펭귄이나 동진교통이나 어느 쪽도 좀처럼 허가가 나오지 않았습니다.

결국 국가 정책으로 주둔군 관련자(주둔 미군 부대에서 일하다 해고된 사람), 시베리아 귀환 관련자, 일본인 전범자, 한국·타이완 전범자 등에게 우선적으로 허가해 주었어요. 1960년 7월, 동진교통은 신청한 서른 대의 차량 가운데 겨우 열 대만 영업 면허를 받았어요.

동진교통 주식회사

신청할 때에는 계획서를 수립해 제출했기 때문에, 면허가 나오면 네 달 이내에 개업해야만 했어요. 차량 구입 대금은 돈을 빌려서 준비해 놓았는데, 정작 시작 단계에서 차를 판매하는 회사가 "차가 없다"는 겁니다. 실제로 차는 있었지만, 한국인은 대금 납부를 믿을 수 없어 할부 판매를 할 수 없다는 거였어요. 할부를 받아들이지 않는 바람에, 결국 대금 전액을 현금으로 내고 살 수밖에 없었어요.

가까스로 차를 마련하고, 1960년 11월에 택시 회사를 개업했어요. 자본금 1,500만 엔, 주식 총수 삼만 주에 차는 단 열 대였지만, 이제부터 열심히 해야겠다는 의욕으로 충만해 있었어요.

창립 때부터 제가 전무를, 이대흥李大興 씨가 사장을 맡았습니다. 이대흥 씨는 일찍 출소해 고생고생하며 장사를 궤도에 올려놓은 상태여서 약간의 자금을 대기도 했어요.

당시 조선인 전범 동료는 예순 명이었는데 전원이 주주가 되었어요.

경영자는 모두 전범 동료이고, 공식 발기인에는 다나카 다케오 씨와 이마이 도모후미 선생도 참여했어요. 운전기사는 일본 사람도 채용해 회사의 전체 직원은 서른 명가량 되었습니다.

어쨌든 처음 해보는 일이라 회의를 하기는 해도, 모두 공부하면서 매일같이 회사에서 묵었어요. 형무소에서 딴 면허는 그 무렵에는 자동으로 대형 2종 면허로 되어 있어서, 저는 밤중에 정비사를 태우고 고장 난 차가 있는 현장으로 달려가기도 했습니다.

급여는 높지 않았지만, 어쨌든 이 회사는 우리 것이다, 뭔가 삐끗해 실패하면 친구들을 저버리게 된다, 이런 심정으로 필사적으로 일에 매달렸어요. 차입금도 갚아야 했고, 급여도 지급해야 했고, 비록 쥐꼬리만 하더라도 배당도 해야 했습니다. 배당을 할 수 있게 된 것은 개업하고 대여섯 해가 지나고 나서였어요.

동진교통은 동진회와 한 몸이었어요. 회사가 생기지 않았다면, 동진회는 이 정도까지 동료를 결집시킬 수 없었다고 생각합니다. 경제적 측면에서는 동진교통이 받치고, 정신적 측면에서는 동진회가 받치고 있었던 겁니다.

석방 당시에는 맨몸뚱이로 일본 땅에 내동댕이쳐진 동료들도, 1960년대에 들어서면 결혼도 하고, 자식도 낳고, 가난하지만 보통 수준의 생활을 할 수 있게 되었어요. 모든 전범 동료들은 서로가 가족 같은 존재였어요. 바다에 간다며, 온천에 간다며, 수십 가족이 모여서 나들이를 한 것도 이 무렵이었어요.

저는 이케부쿠로에 2년가량 살고, 1958년에 하타가야의 공동 숙소가 생겨서 거기로 거처를 옮겼어요. 역시 세 평 남짓한 크기의 한 칸이었고, 공용 부엌과 화장실은 늘 사람이 붐벼서 호감이 가지 않는 곳이었어요. 그 후 동진회가 도영주택都營住宅의 입주 자격을 얻은 덕에, 저도 스기나미구杉並區 다카이도高井戶의 도영주택에서 살게 되었습니다.

하타가야 시절에는 단골 이발소에서 일하는 아가씨와 친해졌어요. 몇 번인가 밖에서 이야기를 나눈 적도 있었지만, 저는 정말 둔할 뿐만 아니라, 또 기회가 되면 한국으로 돌아가고 싶은 생각을 떨쳐 버리지 못했어요. 그래서 제가 다카이도로 이사하는 것과 동시에 자연 소원해졌어요.

그 무렵, 다나시田無의 도영주택을 배정받아 입주한 동료도 있었어요. 공동 숙소는 모두가 정착해 청교회 목적이 달성된 시점에 처분했습니다.

이타바시板橋에 마련한 택시회사 동진교통同進交通(영상 자료에서)

결혼 이야기

저는 제법 나이가 들었지만 순진하고 둔감하기만 해 서른 중반에 이른 1961년에야 결혼하게 되었어요.

스가모에서 출소 거부를 했던 박창호朴昌浩 씨 소개로 박 씨 아내 쪽의 친척인 사람과 맞선을 봤어요. 이름은 강복순姜福順. 사진으로 본 인상은 좀 다부져 보였어요.

박 씨가 강하게 권하는 바람에 그녀가 사는 사도가시마佐渡島에 함께 갔어요. 그 당시 사도가시마까지 가는 배는 속도가 느렸어요. 저는 배를 타고 가면서 '왜 이렇게 먼 데까지 와 살게 되었을까?'라는 생각을 했어요.

섬에 도착해 그녀와 그녀의 아버지, 박 씨와 함께 사도가시마 관광을 했어요. 가업은 요시이吉井라는 마을에서 하는 만물상 같은 잡화점이었어요. 상점 규모가 제법 컸고, 이야기를 들어보니 며느리로 삼고 싶다는 혼담은 제법 있었던 듯했어요. 막상 만나 보니 사진보다 실물이 나아 보였어요.

그녀의 아버지는 전라남도 구례 출신으로, 전쟁 전에 오사카로 건너와서 기반을 닦아 놓고 가족을 불러왔다고 했어요. 그 후 전쟁이 치열해지자 지인이 있는 사도가시마로 옮겼다고 했어요. 그녀는 일본 학교를 다니는 바람에 한국말은 그다지 잘하지는 못했어요.

얼마 후 그녀의 어머니가 도쿄의 제 거처를 보러 왔어요. 어머니가 본 인상이 좋았는지 딸에게 꽤 권한 듯했어요. 다카이도의 주택은 세 평 남짓한 방, 한 평 반짜리 방, 부엌을 갖추고 있어 그런대로 넓었고, 또 제가 성실해 보여서 안심했던 게 아닐까 해요. 게다가 그녀 자신이 도쿄에 대한 동경도 있었을 테고요. 그래서 혼담이 성사되었어요. 저는 서른여섯 살, 그녀는 스물여섯 살이었어요.

당시 오쿠보大久保에 삼복회관三福會館이라는 게 있었는데, 거기서 1961년 7월에 결혼식을 올렸어요. 같은 전범 동료인 박윤상朴允商 씨가 결혼식 준비를 해 주었어요. 박윤상 씨와는 띠동갑으로 나이 차이가 열두 살이나 났지만 서로 죽이 잘 맞았어요. 박 씨는 남을 잘 돌보아주는 사람이기는 했었지만, 어떻게 돈을 마련했는지 모든 준비를 도맡아서 해 주었어요. 신혼여행은 아타미熱海로 갔습니다.

당시 저처럼 결혼식을 올리고 결혼하는 경우는 드물었어요. 다른 동료들은 나이도 많았고, 석방도 빨랐기 때문에 대부분 결혼식도 제대로 올리지 못했어요.

결혼식에서 축하를 건네는 동료들과 함께. 이마이 토모후미 선생, 다나카 이치쥰田中日淳 선생, 다나카 다케오田中武雄 씨의 모습도 보인다(1961년 7월 1일).

어머니의 죽음과 첫 귀국

결혼식을 올리고 네 달 후인 11월에 어머니가 천식으로 돌아가셨습니다. 쉰여섯 살이었어요. 지금이야 천식은 죽을병 축에도 못 들지만, 당시 한국의 시골에는 약도 없었어요. 저는 일본에서 약을 구해 보내기도 했어요.

군무원이 되어 전범으로 내몰렸던 어찌할 수 없는 사정이 있었다고는 해도, 열일곱 살에 집을 떠나온 후 한 번도 고향에 돌아가지 못한, 어머니의 임종도 지키지 못한, 이 막심한 불효는 제 인생에서 가장 뼈 아픈 후회이자 한이 되고 말았습니다. 어머니의 죽음은 돌아가신 후에 기별이 왔어요. 결혼 소식을 알렸기 때문에 기뻐하셨으리라 생각하지만, 당시는 전화와 전보도 여의치 않아서 만약 위독한 상태라는 소식을 들었어도 바로 가 볼 수도 없었어요.

결혼 다음 해, 그러니까 1962년에 맏아들이 태어났어요. 이해 아버지 환갑잔치를 위해 조금 무리를 해서 귀국했어요. 한국에서 환갑잔치는 특별한 의미를 지니고 있어요. 제가 고향을 떠난 후 이십 년 만의 귀국이었어요.

당시는 박정희 정권으로 제 경력에 관해 한국 정부로부터 뭔가 조사를 받지 않을까 걱정했지만, 저 자신은 그다지 정치 활동을 하고 있었던 것도 아니고, 무슨 일이 일어난다 해도 어쩔 수 없다는 심정으로 귀국했어요. 당시는 '빨갱이'이든 아니든가에 관계없이 일본에서 귀국한 사람에게는 반드시 형사가 찾아왔어요. 제 시골집에도 겉으로는 인사차 왔다면서 형사가 찾아왔어요.

아버지 입장에서는 죽은 아들이 살아서 돌아오는 것이기에 엄청난

1962년, 아버지 환갑잔치를 위해 귀국. 열일곱 살에 고향을 떠난 후 20년의 세월이 흘렀다. 뒤쪽 가운데가 저자, 왼쪽과 오른쪽은 남동생과 여동생.

사건이었던 셈이지요. 마을 사람들도 심정으로는 '친일파'라는 감정이 있었을지 모르지만, 대부분의 사람들은 반갑게 맞아 주었어요. 그때까지 아버지와 가족들에게 냉랭했던 사람도 저의 귀국을 계기로 감정이 변하지 않았을까 해요. 어머니가 돌아가신 일도 있어서 "좀 더 빨리 돌아왔으면 좋았을 텐데"라는 동정의 말들도 있었고요.

주거 환경은 예전과 그다지 달라지지 않았지만, 식생활은 달라져 있었어요. 또 마을까지 버스도 다니고 있었고요. 고향에 돌아온 기쁨 속에서도 허전한 기분이 들었던 것은 어머니의 빈자리 때문이 아니었을까 합니다.

예전에는 친척 이외의 아주머니들과는 전혀 교분이 없었는데, 제가 도착했을 때 어머니 친구 분들이 제 손을 잡고 우시는 바람에 저도 따라서 울고 말았어요. 옛 친구와도 만나고 싶었지만, 내 또래는 거의 전쟁 등으로 죽고 없었을 뿐만 아니라, 사촌 형제들도 모두 죽고 없었어요. 친구라고는 초등학교를 함께 다녔던 두 명과 다른 한 명, 이렇게 달랑 세 명밖에 없어서 허전하기만 했어요.

그 후에도 한국에는 아버지를 뵙고 성묘를 하기 위해 이삼 년에 한 번 꼴로 갔어요. 아내와 동행한 것은 혼례를 치른 자의 예의로서 친척들에게 인사를 올리러 갔을 때가 유일했어요. 친척들이 시골의 온돌방에 모여서 떠들썩하게 환대해 주었어요. 아내도 즐겁고 기뻤겠지 생각하지만, 불안하기도 했을 것이고, 말이 통하지 않아서 힘들었을 겁니다.

아버지의 일본 방문

1962년에는 사도가시마의 장모님이 돌아가셨어요. 처가에서는 장모님이 죽 가게를 꾸려 오셨기 때문에 곤경에 처했어요. 그래서 맏딸인 제 아내가 처가로 돌아가 잠시 가게를 돌보았어요. 어린 아들을 데리고 일 년 가까이 가 있었던 걸로 기억해요. 그러나 언제까지 그렇게 할 수 없는 노릇이어서 가게를 정리하고 일가족이 간토關東로 이사했어요.

사도가시마 집을 팔고, 장인, 처남, 처제 모두가 사이타마埼玉로 옮겨 왔어요. 믿는 구석이라고는 우리 집밖에 없었기 때문에, 이사하는 데 따른 잡다한 일 처리는 모두 우리 부부 몫이었어요.

저의 아버지는 일본에 두 번 오셨어요. 첫 번째는 1973년으로 스기나미구區 다카이도의 도영주택에 살던 때였고, 두 번째는 1979년이었어요.

아버지는 식민지 지배를 한 일본에 대해 엄격한 견해를 지니고 계셨기 때문에, 그다지 오시고 싶어 하지 않았어요. 첫 번째 일본 방문은 제가 일본 관광하시라고 거의 꾀다시피 하여 겨우 실현되었어요. 그때는 아버지도 아직 건강하셔서 일주일가량 머물다 돌아가셨어요.

두 번째는 언젠가 아버지께서 장남과 함께 살고 싶다고 간절히 부탁하시는 바람에, 그야말로 영주하시게 할 작정으로 모셨어요. 1976년에 지금도 살고 있는 니시도쿄시西東京市 히바리가오카ひばりヶ丘로 옮긴 후였어요.

아내는 넉넉하지 못한 집안 살림을 꾸리면서 이곳 히바리가오카에 새집을 마련하자고 했어요. 저는 집안 살림에 전혀 신경 쓰지 않아서 이전에 따른 사무적인 일도 아내가 전부 처리했어요. 나중에 들으니, 아버지는 "내 아들은 훌륭한 집을 짓고 사는 대단한 녀석"이라고 하셨다고 했어요. 별로 자랑할 만한 집은 아니었지만, 아버지는 상당히 만족하신 듯했어요.

그런데 아버지는 실제로는 저희 집에 오셔서 한 달이 되자 이제는 돌아가고 싶다는 말씀을 하시기 시작했어요. 아무리 진수성찬을 올려도 소용없었어요. 사정이 그럴 만도 했어요. 한국에서 나서 자랐고 선산도 거기에 있었으니까요. 한국에서는 마을 노인회의 동료들과 늘 모여서 이야기를 나누었지만, 일본에서 대화 상대라고는 아들인 저뿐이었습니다. 그런데 그마저 제가 낮에는 회사에 가고 없었거든요. 처음 일주일가량은 아버지를 위해 회사를 쉬었지만, 그렇다고 계속 쉴 수 없는 노릇이었어요.

아버지는 집 가까이에 있는 공원에 가셔서 땅바닥에 한자를 써서 낯선 사람과 필담을 나누었던 것 같습니다. 그런데 그게 그다지 통할 리가 없었겠지요. 어느 때는 제가 퇴근할 시간에 히바리가오카역 앞의 벤치에 꼼짝 않고 앉아서 기다리고 계시는 거예요. 제가 "아버지!" 하고 부르자 만면에 희색을 띠고 달려오셨어요. 그때의 아버지 얼굴이 지금도 눈에 선합니다. 어쨌든 낮에는 심심해서 견딜 수 없었던 거지요. 함께 목욕을 하러 가서 등을 밀어 드리기도 하고, 그나마 효도를 한 셈이지만요.

그때는 전범 동료들이 이따금 찾아와서 아버지 말 상대가 돼 주었어요. 어떤 때 아버지는 "니 엄니는 일찍 돌아가서 안됐지만, 엄니 몫의 행복까지 내가 누린다"고도 하셨어요. 아버지는 옛날 분으로 엄격했기 때문에 아내에 대한 그런 생각을 입 밖에 내는 경우는 드물었어요.

아버지는 이마이 도모후미 선생과도 만났어요. 아들이 신세를 졌기 때문이라며, 저와 함께 뵈러 갔어요. 첫 대면이었지만 선생은 아버지와 나이도 비슷해 아버지 이야기에 맞장구를 치면서, 저의 통역으로 즐겁게 이야기를 나누었어요. 그 이후 아버지와 선생은 정말 친해졌어요. 선생이 아버지 초상화를 그려 주었는데, 그 그림이 지금도 고향 집에 걸려 있어요.

창이 위령제

그럼 다시 동진회의 운동 이야기로 돌아가 보겠습니다. 제가 전부터 신경 쓰고 있던 전후에 처형된 동료들의 유골은 1955년 4월, 싱가포르에서 이치가야市ヶ谷에 있던 복원국復員局에 도착했어요. 일본인 유골은 유족이 인수해 갔지만, 조선인 동료의 유골은 인수할 유족이 없어서 이치가야 안치소에 안치되었고, 가끔 우리가 분향하러 갔어요.

그런데 어느 때, 유골이 없어져서 깜짝 놀랐어요. 그래서 물어보았더니 후쿠오카福岡 후생성厚生省 복지과(世話課)에서 가져갔다는 거예요. 거기는 후생성 분소 같은 곳이었어요. 그런 얘기는 전혀 듣지 못했기에 "유골을 함부로 옮기는 건 곤란하다"고 모두 분노했어요.

그래서 후생성 원호국에 "우리가 직접 공양할 테니 유골을 넘기기 바란다"고 요청서를 제출했어요. 그러나 원호국은 그렇게는 할 수 없다고 답했습니다. "그렇다면 분골을 해 달라"고 요청했어요. 이케가미혼몬지池上本門寺 분원인 쇼에이인照榮院의 주지였던 다나카 니치준田中日淳(당시는 다나카 혼류本隆) 선생도 함께 청원서를 내 주어서, 겨우 쇼에이인으로 분골이 이루어졌어요. 이때가 1956년 6월입니다. 1971년에 후생성이 위탁한 메구로目黒의 유텐지祐天寺에 일부 유골이 안치되었지만, 그 후에도 다나카 선생은 계속 공양했어요.

싱가포르 창이 형무소에서 교화사를 하셨던 다나카 선생은 일본에 돌아와서도 조선인·타이완인을 포함한 전범자와 유족의 일을 항상 염려해 주었어요.

이케가미혼몬지의 쇼에이인에서는 매년 4월 두 번째 일요일에 '싱가포르 창이 순난자殉難者 위령제'가 거행됩니다. 주최 측은 '창이회'입니다. 창이회는 일본인 전범자들이 처음 만든 '타이 포로 모임(泰俘會)'에서 발전한 모임입니다. 타이 포로 모임은 전범 관련자와 유족 관련자의 모임으로, 위령비를 세우기 위해 여기저기 장소를 물색했다고 했어요. 그러나 적당한 장소가 없어서 결국 다나카 선생의 후의로 쇼에이인 부지 안에 위령비를 세우고 매년 위령제를 올리게 되었다고 합니다. '창이회'는 처음에는 일본인만 참가했지만, 점차 조선인 전범자도 합류하게 되었어요.

전범 사형자를 공양하는 '창이 순난자殉難者 위령비'(이케가미 혼몬지池上本門寺)와 다나카 니치쥰 선생. 조선인 사형자의 이름도 새겨져 있다. ⓒ 배소裵昭

위령비에는 조선인·타이완인 사형자의 이름도 새겨져 있습니다. 싱가포르만이 아니라 자바에서 사형된 조선인 이름도 새겨 넣었어요. 그렇게 하지 않으면 그들이 이 세상에 존재했던 증표, 피맺힌 원한의 기억을 잃어버리고 말 테니까요.

한일 조약이라는 벽

동진교통이 그럭저럭 궤도에 오른 1962년, 동진회는 '국가 보상 요청' 운동을 재개했어요. 이해 10월 11일, 내각 심의회는 「스가모 형무소 제3국인 위로(慰藉)에 관하여」라는 문서를 정리했어요. 이 문서는 "정부로서는 일반적으로 보상 요구에 응해야 할 의무는 없다"고 하면서, "재일 제3국인 전범자가 처한 특수한 사정을 감안해, 이들을 위로하기 위한 각종 원호 조치를 강구하며 오늘에 이르렀다"고 되어 있어요. 말하자면, 보상 의무는 없고, 위로하기 위해 돈을 지급해 왔다, 더 보태자면, 불평이 있으면 재판을 제기해도 좋다고 뻣뻣하게 나온 것이지요.

그러나 우리 동진회는 진정을 그만두지 않았어요. 1962년부터 1964년에 걸쳐서는 다달이 때로는 매주 일본 정부에 면회를 요청해 실정을 호소했어요. 그 결과, 1964년에는 구체적인 지급 금액을 검토하는 데까지 이르렀어요. 조금만 더 압박하면 국가 보상이 실현될 것이다, 다들 그렇게 느끼고 있었어요.

하지만 일이 틀어졌습니다. 창구에서는 어떻게든 보상에 응할 듯한 태도를 내비치면서, 일본 정부는 한일 조약 교섭을 진행하고 있었거든요.

 1965년 12월, '한일 기본 조약'과 '청구권 협정'이 발효되었어요. 청구권에 관해서는 "완전 또는 최종적으로 해결 완료"라는 견해였어요. 우리는 우리의 문제가 조약 내용에 따라 일괄 해결되었다며, 다짜고짜 묵살되리라고는 상상도 못했어요. 정말 아무런 보상도 없었어요.

 그러나 이 조약 발효 이후 일본 정부는 면회 요청에도 응하지 않았어요. 보상은 한국 국내 문제로 되었으니, 당신들 나라의 대사관에 호소하라는 거였어요.

 '한일 조약'에 의한 '대일 민간 청구권' 대상은 1945년 8월 15일 이전에 발생한 피해로 한정되어 있습니다. 전범 재판에 의해 사형된 경우처럼, 전후 사망은 청구 대상에서 제외되어 있는 거예요. 한일 양국의 '정치의 사각 지대', 전전·전후의 '시간의 사각 지대'에 우리 문제는 함몰되고 말았어요. 한일 어느 나라 정부와 교섭해도 해결되지 않았어요. 동진회 동료들은 낙담하고 말았어요.

 국회의원들을 통해 몇 번인가 일본 정부에 질문서를 제출하기도 했지만, 정부 부처 어디를 가든 모두 판에 박은 듯이 "한일 조약으로 해결 완료"라는 똑같은 답변만 돌아왔어요. 그래서 생각다 못해, 1978년에 유골 송환을 위한 국회 청원을 시작했습니다.

 국가 보상 문제에 관한 교섭을 하면서도 늘 마음에 두고 있었던 것은 우리가 살아 있는 동안에 어떻게 해서든 유골을 유족에게 돌려주고 싶다는 것이었어요. 한일 조약으로 국가 보상 문제가 벽에 부딪혀 있는 가운데, 두 가지에 함께 매달려서는 유골 반환조차 실현할 수 없다고 판단했어요. 그래서 1978년에 국가 보상 문제를 잠시 보류하더라도, 유골 반환을 우선 해결하려고 운동의 방향을 전환했습니다.

우쓰미 아이코內海愛子 씨와의 만남

이 무렵의 중요한 사건이라면 뭐니 뭐니 해도 우쓰미 아이코 씨와의 만남입니다.

제 기억으로는 1978년 봄이었어요. 동진회 사무실에 우쓰미 아이코 씨와 아사히신문사 기자인 마쓰이 야요리松井やより[27] 씨 두 분이 오셨

---

[27] 마쓰이 야요리 1934~2002 본명은 松井耶依. 도쿄 출신. 일본의 저널리스트, 페미니스트.
마쓰이 야요리에 관한 설명은 그의 삶이 지닌 깊은 울림을 떠올리며, 한겨레신문 김효순 기자가 2003년 1월 6일에 쓴 조사를 다소 길지만 인용하는 것으로 대신한다.
"오늘은 또 한 일본인을 추모하려고 한다. 군대 위안부 문제, 여성 문제, 아시아 시민운동에 관한 기사를 관심 있게 읽어본 독자라면 이름을 기억할 마쓰이 야요리라는 사람이다. 지난달 27일 간암이 악화돼 68살로 삶을 마감한 그는 지난 30여년 아시아 여성운동의 최일선에서 활동했다. 그가 관여했던 운동이나 행사는 일일이 들추기 어려울 정도다. 아사히신문사에 장기간 재직하면서 '마녀기자'로 필봉을 휘두르고 '아시아여성자료센터' '전쟁과 여성에 대한 폭력 일본네트워크' 등의 단체를 세워 비인간적 개발·환경파괴 정책에 반대하고 평화운동을 벌였다. 그의 주도로 이뤄진 사업 가운데 가장 의미 있는 것은 역시 2000년 12월 도쿄에서 열린 여성국제전범법정일 것이다. 그는 군대 위안부 문제를 다루는 각국의 시민단체 등과 협력해 옛 일본군의 위안부 강제동원 등 전쟁범죄를 기소해 '천황'과 일본 정부의 유죄판결을 이끌어 냈다. 일본에서 일왕을 전범으로 심판한다는 것은 대단한 용기가 뒷받침돼야 한다. 극우단체 행동대원들이 휘두르는 총에 맞을 각오를 해야 하기 때문이다. 그의 일관된 삶은 아마도 항상 소수자 집단에 속해 있었기에 가능하지 않았을까 싶다. 부모는 모두 일본에서는 소수 종파인 개신교의 목사다. 태평양전쟁 말기 중국으로 끌려갔던 그의 아버지는 일본군의 만행을 직접 목격했다. 종전 뒤 돌아온 아버지는 가족들에게 군대가 저지른 잔혹한 행위를 들려주며 중국인들에게 속죄를 하는 것이 인간의 도리라고 말하곤 했다. 고교 시절 결핵으로 4년을 휴학했던 그가 대학을 거쳐 <아사히신문>에 들어간 것은 특별히 기자가 되고 싶어서는 아니었다. 당시로서는 이례적으로 여성 응시에 제한을 두지 않았기 때문이다. 편집국의 유일한 여성기자로서 생존을 위해 몸부림쳤던 그는 남자 기자들이 선망하던 워싱턴이나 파리를 피해서, 출세 가능성이 없다는 아시아 지역의 특파원을 지망한다. 싱가포르에 자리를 잡은 그는 폴 포트 정권의 만행을 취재하는 한편으로 동남아시아의 매매춘, 여성빈곤 문제에 지속적인 관심을 보였다. 첫 여성 특파원으로서 국제문제 보도에 여성의 시각을 들이밀기 시작한 것이다. 아시아에 대한 관심이 빈약한 탓인지 송고를 해도 지면에 반영되지 않는 것이 적지 않았으나, 너무나 기막힌 사연들이라 울면서 기사를 계속 썼다고 한다. 1994년 아사히신문사에서 정년퇴직한 뒤 엔지오 활동을 본격적으로 펼친 그는 지난해 10월 아프가니스탄에서 처음으로 몸의 이상증세를 느꼈다고 한다. 일본에 돌아와 불치 간암 선고를 받은 직후 각국의 시민운동 관계자들에게 보낸 전자우편에는 사회적 약자를 위해 충실하

어요. 저는 그때까지의 언론 대응과 별반 다르지 않은 마음가짐으로 그다지 적극적으로 응대하지 않았어요. 일단은 거절해 버렸어요. 그때까지 언론에서 취재하러 오고는 했지만, 기사를 쓴 적은 없었기 때문이에요. 취재했으면 기사를 써 달라, 그런 불만을 가지고 있었거든요.

우쓰미 씨는 그 얼마 전부터 인도네시아 독립 영웅이 된 양칠성梁七星[28] 씨에 관한 조사를 하기 위해 동진회를 찾고 있었다고 했어요. 양칠성 씨도 우리와 같은 포로 감시원으로 남방南方에 보내졌던 사람이라고 했어요.

우쓰미 씨가 이야기를 들으러 오는 횟수가 늘어감에 따라 저도 점차 우쓰미 씨에 대한 신뢰의 감정이 싹텄어요. 우쓰미 씨는 국회 청원 등 동진회가 벌이는 운동도 함께 해 주었어요. 국회 청원까지 함께 진행한 사람은 전범 동료 가운데에도 별로 없는데, 우쓰미 씨는 우리

게 살아온 사람의 담담함이 그대로 배어있다. 그는 적어도 10년은 더 살기를 원했는데 느닷없이 자연재해를 당한 느낌이라고 말하면서, 그렇지만 곧 평형을 되찾아 나의 치열했던 68년 생애에 조금 일찍 휴식을 주시려는 신의 섭리로 받아들인다고 했다. 또 폭력과 전쟁으로 채워진 20세기를 산 사람으로서 평화로운 비폭력 21세기를 위한 투쟁에 더 함께 있을 수 없어 유감이지만, 여러분이 투쟁을 계속해 평화를 이룰 것으로 확신한다고 격려했다. 오로라 하바테 디오스 여성거래 반대동맹 사무총장은 그의 죽음을 애도하면서 단지 일본의 활동가로서만 아니라 세계 시민으로 기억될 것이라고 했다. 나는 한국의 여성단체들이 중심이 돼 그를 기리는 행사가 이어지기를 바란다. 그를 기억하는 한국인이 많아질수록, 그와 같은 일본인이 늘어날수록 한-일 관계의 미래는 밝게 열릴 것이다."

28) 양칠성 1919. 5. 29~1949. 8. 10. 일본식 이름은 야나가와 시치세이梁川七星, 인도네시아 이름은 코마르딘Komarudin. 전라북도 전주군 삼례면 삼례리(현 완주군 삼례읍)에서 태어났다. 태평양 전쟁 중이었던 1942년 일본군 군무원으로 1945년까지 자바 섬 포로수용소의 감시원으로 근무했다. 종전 후 전범 재판의 기피 또는 동료 군무원의 권유 등에 의해 일본군을 탈출, 인도네시아 독립군에 들어가 네덜란드 군을 상대로 인도네시아 독립 전쟁을 벌였다. 1948년 11월 부대원들과 산에서 게릴라전을 모의하던 도중, 네덜란드 군에 체포돼 1949년 8월 10일 가룻에서 주민들이 보는 앞에서 총살되었다. 그가 사망한 지 27년이 지난 1976년 11월 18일, 인도네시아인 옛 동료들의 노력으로 인도네시아의 독립 영웅이 되어 '가룻 독립영웅 묘지'에 재매장 되었다.
양칠성의 행적은 『적도에 묻히다』(역사비평사, 2012년)에 자세히 기록되어 있다.

에 비해 상대적으로 젊은 데도 정말이지 진지하게 우리의 뒷바라지를 잘해 주었어요. 우쓰미 씨에 관한 일을 이마이 도모후미 선생에게 이야기했더니 "나도 나이가 나이인지라, 그렇게 좋은 사람이 있으면 배턴 터치를 하고 싶다"고 하는 거예요. 그래서 우쓰미 씨와 이마이 선생이 만나게 되었어요.

우쓰미 씨는 1980년에 『적도하의 조선인 반란』(한국에서는 『적도에 묻히다』라는 제목으로 2012년 출판)이라는 책을 남편인 무라이 요시노리村井吉敬 선생과 공저로 냈어요. 두 분은 인도네시아에 체재할 때 양칠성에 관한 내용을 듣고, 조선인 군무원이 처했던 시대와 운명을 이 한 권의 책에 정리했어요.

유골 반환 운동

그런데 우리 운동은 유골 반환을 중심에 둔 운동이었지만, 지금까지 일본 정부의 대응을 고려하면, '보상'이라는 말은 사용할 수 없었어요. 하지만 '청원'이라는 말에는 저항감이 있었어요. 왜 우리가 일본 정부에 '청원'해야만 하는가, 이런 심사가 있었지만 어쩔 수 없었어요.

청원 사항은 두 가지였어요.

① 한국 출신 전범 사형자의 유골을 조속히 유족 곁으로 송환할 것.
② 유골 송환에 즈음해 유족에게 성의와 예의를 다할 것.

일본인 전범과 그 가족들에게 일본 정부가 은급恩給이나 연금으로 후한 보상을 행하고 있는 것을 떠올릴 때마다, 하다못해 한국에 있는 유족에게도 "미안하다"는 사과 한 마디 해 주기를 바랐고, 전후 30년 남짓 방치해 온 유족에게 조위금 정도는 보내주기를 바라는 생각을 강하게 해 왔어요. 장례식을 치르고 묘를 쓰는 비용 정도는 보내주어야 하지 않을까, 그런 생각을 진지하게 했던 거지요.

1979년 4월과 5월에 낸 국회 청원에는 우쓰미 씨도 동행해 주었어요. 그 무렵에는 걸핏하면 우쓰미 씨와 상담하러 여기저기 돌아다녔어요. 사회당의 도이 다카코土井たか子 중의원 의원이 특히 우호적으로 움직여 주었어요. 그리고 중의원 13명, 참의원 11명의 의원이 청원에 필요한 '소개 의원紹介議員'[29]이 되어 주었고, 자민·사회·민사民社·공명당 등 각 당의 의원들이 연명해 준 결과, 6월 14일에 중의원 사회노동위원회가 청원을 채택하는 데 이르렀어요.

후생성을 움직이다

청원이 채택되었다는 통지를 받았을 때, 이것으로 한국에 계신 유족들에게도 조금은 얼굴을 들 수 있겠다는 생각에 정말 기뻤어요. 포기하지 않고 운동을 해 온 보람을 가슴속 깊이 느꼈습니다. 그러나 제도는 중의원 위원회에서 채택된다고 행정이 바로 움직이는 것이 아니었어요.

---

29) 일본의 국회법과 지방자치법에서는 "국회와 지방의회에 청원서를 제출하기 위해서는 의원의 소개에 따라 청원서를 제출해야 한다"고 정하고 있다. 청원서 양식에 '소개 의원'을 기재하는 칸이 있다.

1979년 6월 29일 동진회의 이대흥 씨, 고재윤 씨, 저, 이렇게 세 명이 당시 후생성 장관인 하시모토 류타로橋本龍太郎 씨를 만나러 갔어요.
　"유골을 저런 외양간 같은 곳에 언제까지 놔두는 것은 무례한 처사이다. 빨리 성의를 보이고 반환하기 바란다"고 요청하자, 하시모토 씨는 기분이 상해 버린 듯했어요.
　"당신들 무례한 것 아닙니까. 후생성은 제대로 안치하고, 매년 법회도 열고 있습니다. 그런 식으로 말한다면 만나도 소용없습니다"라며, 자리를 뜨려고 했어요. 정말이지 그러면 안 된다고 동석한 중의원 국회의원도 달랬지만, 결국 장관은 자리를 뜨고 말았어요.
　그때는 고노河野 원호 국장과도 의견을 나눴지만, 진척이 이루어지지 않았어요. 그러는 사이에, 사회노동위원에서 청원을 채택할 당시의 위원장이었던 모리시타 모토하루森下元晴 씨가 후임 후생 장관이 되었어요. 모리시타 씨는 우리가 교섭한 상대 가운데 가장 정중히 우리를 응대해 준 인물이었어요. 우리가 장관 집무실에 갔을 때도 맞이하러 나와 주었어요. 그리하여 1982년 연말에 후생 장관의 사과문을 딸려서 후생성이 유골을 송환한다는 것에 우리도 승낙했어요.
　돈은 후생성이나 정부 기관이 아니라 귀환자 운동에 힘을 쏟고 있던 일본건청회日本健靑會에서 부의금 명목으로 냈어요. 형식적으로는 정부 간의 문제였기 때문에, 후생성의 공무원이 한국 정부 관계자에게 건넨 후 유족에게 전달되었어요. 그때 송환된 유골은 다섯 구였어요. 동진회는 현지에서 간소한 위령제를 올리고, 얼마 안 되지만 동지들의 마음이 담긴 부의금을 유족들에게 전했습니다.
　유족들은 유골을 고향으로 모시고 돌아가기도 했고, 한국의 충청도 천안에 있는 국립 묘원 '망향의 동산'에 모시기도 했어요. '망향의 동산'은 전후에 만든 묘원으로, 해외에서 숨진 동포로 국내 연고지가 없거나 조국에 묻히기를 원하는 동포를 위해 만든 국립 묘원입니다.

1984년에 다시 한 구를 반환한 후, 남은 유골을 이케가미혼몬지池上本門寺에서 메구로目黒의 유텐지祐天寺로 모셨어요. 언제까지나 다나카 선생의 후의에 의존할 수 없어서, 일본 정부가 전쟁 피해자의 유골을 맡기는 유텐지로 옮긴 겁니다. 그 후 2010년에 일체 반환이 실현되어, 2016년 현재 유텐지에는 북한 출신 유해 네 구만 안치되어 있습니다.

유텐지에는 매년 11월에 재를 올리러 갑니다. 예전에는 납골 단지를 쌓아 놓고 망만 친 조잡한 상태였는데, 지금은 납골당에 고이 모셔져 있어요.

조선인 BC급 전범자 가운데 미국 관할 재판을 받고 사형된 군인 한 명, 중국(국민당 정부) 관할 재판을 받고 사형된 통역 여덟 명의 유골은 여전히 소재 불명이며, 일본 정부가 규명해야 할 현안이기도 합니다.

동진교통의 내분

유골 송환을 추진하던 1970년대 말과 1980년대 초반에 걸쳐서, 동진회는 내부에 커다란 문제를 안고 있었어요. 아무리 힘들어도 동료들과 함께 간다고 하는 정신적인 버팀목으로서의 '동진회'와, 경제적인 버팀목으로서의 '동진교통'이었지만, 세월이 흐름에 따라 개개인의 생각에 차이도 생기게 되었고, 돈을 마련하기 위해 동진교통 주식을 파는 사람도 나오기 시작했어요. 다양한 이해관계와 인적 관계의 힘이 작용하게 되었고, 그 힘을 등에 업은 사람들이 회사 경영에도 영향력을 행사하게 되었어요.

마침내 그런 움직임이 뚜렷해진 것이 1983년의 주주총회였어요. 주식 의결권이 한 사람에게 집중되는 바람에 이사회에서 저와 생각을 공유하던 이사와 제가 축출되는 사태가 벌어지고 말았어요. 저 혼자라면 괜찮은 데 최대 주주까지 이사회에서 내몰려는 움직임이 있어, 이대로는 큰일 나겠다는 생각이 들었어요.

'주식회사'라고 해도 그때까지는 동료로만 생각했었는데, '주식'의 한 표가 지닌 무게를 절감했어요. 대립하는 멤버끼리 물밑에서 표를 끌어모으기 위한 쟁탈전이 벌어졌어요. 대체로 저는 그런 사전 공작은 혐오했기 때문에, 배짱이 두둑해서 동료들의 신뢰가 두터운 문태복文泰福 씨에게 간곡히 부탁했어요.

문 씨도 어쩔 수 없이 동의해 몇 명이서 대책을 거듭 숙의한 끝에 1985년 주주총회에서는 한 표 차이였지만 간신히 우리 쪽이 과반수를 확보했어요. 그러나 그 후 그들은 아무래도 자신들이 불리하다며 이번에는 주식을 모아서 다른 회사에 매각해 버렸어요. 우리는 놀라서 급히 안면이 있는 그 회사 사장에게 협력을 구해 난국을 극복했습니다. 당시 저에게 사장에 취임하라는 요청이 있었지만, 이런저런 생각 끝에 사양했어요.

2년간의 '찬밥' 시대

회사에서 축출되었을 때는 히바리가오카 새집으로 막 옮긴 무렵으로 맏아들이 대학생, 둘째 아들은 치과대학에 막 입학하는 등 집안 살림살이 면에서도 매우 힘든 시기였어요. 아내도 시간제 근무로 일하러 나가고, 저도 달리 할 일을 찾아야만 했어요. 친근한 동료들과 이마이 도모후미 선생이 많이 걱정해 주었고, 그럴 때마다 저는 인정의 따뜻함을 새삼 뼈저리게 느꼈어요.

저는 동업종인 어떤 택시 회사를 소개받아 그 회사에서 근무하게 되었어요. 처음에는 금고 관리인을 해 달라는 거였는데, 실제로는 영업 쪽 업무였어요. 지금까지는 전무 일을 했지만, 이번에는 현장 일을 하게 되었어요.

연일 당직도 하고, 아울러 동료들과 모여서 대책 회의도 하고, 정말 녹초가 되었어요. 어떤 날은 출근할 때 이케부쿠로에서 내려야 하는데 깜빡 잠이 들어 정신을 차렸을 때는 히바리가오카 역으로 되돌아와 있었던 적도 있었어요. 전차가 되돌아오는 것도 모른 채 곯아떨어졌던 거지요. 그런데도 여기서 버티지 못하면 안 된다, 나만 힘든 것이 아니라는 생각에 열심히 했어요. 나중에 생각해 보니, 그때 경험은 정말 좋은 공부가 되었어요. 이 년 만에 다시 동진교통으로 돌아오게 되어서 한숨을 돌렸습니다.

『조선인 BC급 전범에 관한 기록』 간행

우쓰미 아이코 씨는 그런 상황에도 한결같이 동진회를 지지해 주었습니다. 그리고 우리가 처한 상황과 요구, 일본군의 포로 정책과 일본 정부의 대응을 상세하게 조사해, 1982년 『조선인 BC급 전범에 관한 기록』을 세상에 내놓았어요. 우쓰미 씨와 우리가 만나고 4년이 지난 시점이었어요.

　우쓰미 씨의 책이 나오고 나서, 동진회 가족들도 비로소 우리 문제를 제대로 이해할 수 있게 되었어요. 우쓰미 씨와 가족들은 동진회 총회 같은 데에서 만나고 있었지만, 이 책을 매개로 더욱 신뢰가 깊어졌어요. 우쓰미 씨는 강연회 등에서도 우리 문제를 다뤄 주었습니다. 우쓰미 씨는 조선인 BC급 전범 문제가 일본 사회에 알려지는 데 중심적 역할을 했다고 해도 과언이 아닙니다.

　유골 송환 문제도 일정한 성과를 거두었기에, 우리는 1983년부터 국가 보상 문제에 주력하기로 했습니다. 그리고 '한국 출신 전범자 동진회'라는 다소 위압감을 느끼게 하는 이름을 '동진회'로 변경하고, 일본 정부를 상대로 한 국가 보상 청구 재판에 몰두했습니다.

우쓰미 아이코 선생은 우리의 운동을 일관해 계속 지지해 주었다.(2012년 11월 6일) ⓒ 배소

조리條理(정의·공평의 원리)를
요구하는 재판을 벌이다

재판을 단행하기까지

우리는 살아 있는 동안에 어떻게든 원한을 풀고 싶다는 절박한 심정을 지니고 있었고, 이를 실현하기 위해서는 재판을 통한 국가 보상 이외에는 달리 방법이 없다는 것이 확실해졌기 때문에, 국가 보상을 요구하는 재판 준비에 돌입했습니다.

우리에 앞서, 1977년 타이완 출신 군인과 군무원들이 전사자와 부상자에게 일률적으로 오백만 엔의 보상을 요구하며 일본 정부를 상대로 재판을 청구했습니다.

이 재판은 1982년 도쿄 지방법원에서 청구를 기각하는 판결을 내렸습니다.

저는 그 무렵 유골 반환 문제 등으로 바빠서 재판 내용을 자세히 파악하지 못했습니다. 또 마음속으로 타이완인들의 재판을 '온정금溫情金'을 요구하는 것처럼 받아들인 점도 있어서, 그다지 관심을 갖지 않았습니다.

그래서 1987년에 조위금법弔慰金法(「타이완 주민인 전몰자 유족 등에 대한 조위금 등에 관한 법률」)이 성립되었을 때도, 우리에게도 적용되었으면 좋겠다는 생각은 하지 않았어요. 우리는 어디까지나 '사죄와 보상'을 요구하고 있었으니까요.

그런데 막상 재판을 진행하자면 사건을 변호사에게 의뢰해야 하는데, 어떻게 해야 좋을지 도무지 판단이 서지 않았습니다. 그래서 우쓰미 씨의 의견에 따라 동진회 임원과 상의한 끝에 이마무라 쓰구오今村嗣夫 변호사에게 사건을 의뢰했어요.

이마무라 쓰구오 선생은 1989년 히로히토裕仁 '천황'이 사망했을

국가보상청구재판(조리재판)을 제소. 도쿄 지방법원에 입정하는 원고와 변호사들(1991년 11월 12일)
ⓒ 배소

국가보상청구재판(조리재판)을 제소. 도쿄 지방법원에 입정하는 원고와 변호사들(1991년 11월 12일)
ⓒ 배소

때, 다이죠사이大嘗祭[30] 반대를 제창하며 단식 투쟁을 벌이고 있었습니다. 우쓰미 씨에게 인도되어 동료인 윤동현尹東鉉 씨와 함께 단식 투쟁을 하는 사람들을 위로하러 갔다가 이마무라 선생을 만났어요. 그 후 우쓰미 씨가 이마무라 선생에게 정식으로 말씀을 드려서 변호인단을 꾸릴 수 있었습니다.

변호인단은 단장인 이마무라 선생 외에 고이케 겐지小池健治, 히라유 마코토平湯眞人, 기무라 요고木村庸五, 히데시마 유카리秀嶋ゆかり, 와쿠타 오사무和久田修, 우에모토 다다오上本忠雄 선생 등 총 일곱 분으로 구성되었습니다.

백사십팔 명의 전범을 대표하는 원고 자격으로

한국·조선인 전 BC급 전범으로 사형된 23명, 유기·무기형 125명, 총 148명을 대표하는 원고를 누구로 할 것인가는 동진회 임원 회의에서 협의해 정했습니다. 원고는 동진회 임원인 문태복文泰福·이학래李鶴來·윤동현尹東鉉·김완근金完根·문제행文濟行 등 다섯 명, 귀국자 대표는 한국에 있는 박윤상朴允商 씨, 사형자 대표는 변종윤卞鐘尹 씨의 아들 변광수卞光洙 씨, 이렇게 일곱 명으로 결정했어요. 원고 일곱 명은 어디까지나 전범자 전원을 대표한다는 의미였습니다.

---

30) 일본 '천황'이 즉위 후 최초로 행하는 신조사이新嘗祭(궁중 의식의 하나로, '천황'이 신곡新穀을 신들에게 바치고, 자신도 먹는다)를 말한다.

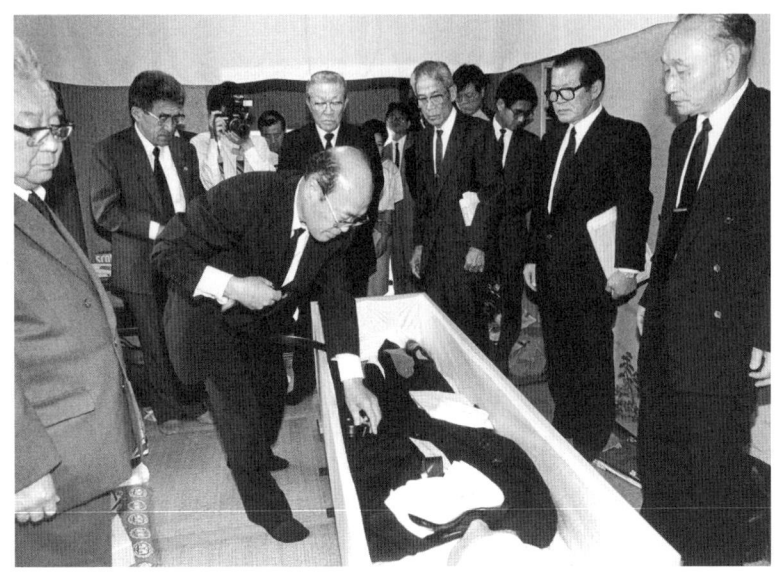

이영길李永吉 씨의 장례식. 전범이 된 일로 정신적 타격을 받아 전후 40년을 정신병원에서 보낸 생애를 마쳤다(1991년 8월 28일) ⓒ 배소.

재판이 시작되기 직전, 우리는 소중한 동료들을 잇달아 떠나보냈습니다. 1991년 8월 3일 출소 거부 투쟁을 벌였던 박창호朴昌浩 씨가, 같은 해 8월 21일 전범이 된 충격으로 전후 줄곧 정신 병원에서 지낸 이영길李永吉 씨가 고달팠던 이승을 하직했어요.

투병 생활을 하고 있던 박창호 씨는 앞으로 법정 투쟁을 벌여야 하는 우리를 격려하고 뒷일을 부탁하며 떠났어요. 이영길 씨는 우리가 문병하러 갔을 때도 여름의 불꽃놀이를 함포 사격으로 착각해 겁에 질린 적도 있었어요. 군무원으로 3년, 전범으로 6년, 정신병원에서 무려 40년을 보낸 그를 떠나보내며, 우리는 망가진 그의 인생을 위로하기 위해서라도 일본 정부의 책임을 추궁해 가자고 결의를 다졌습니다.

• 원고 일곱 명의 프로필

문태복文泰福
1923년 7월 27일 전라남도 구례군 출생. 타이 포로수용소 근무. 타이·미얀마 철도 공사 현장(크리앙크라이Kriangkrai 등)에서 포로 감시원. 1946년 8월 22일, 영국 관할 재판에서 사형 판결, 사형수 감방에서 100일을 보낸 후 징역 10년으로 감형. 1952년 4월 8일 가석방. 일용 노동 등 잡다한 일을 거쳐, 폐기물처리업 경영. (1998년 2월 2일 사망)

이학래李鶴來
1925년 2월 9일(음력) 전라남도 보성군 출생. 타이 포로수용소 근무. 타이·미얀마 철도 공사 현장(힌톡 등)에서 포로 감시원. 1947년 3월 20일, 오스트레일리아 관할 재판에서 사형 판결. 사형수 감방에서 여덟 달을 보낸 후, 징역 20년으로 감형. 1956년 10월 6일 가석방. 동진교통 임원.

윤동현尹東鉉
1922년 11월 5일 전라남도 강진군 출생. 말레이 포로수용소 근무. 북수마트라의 군용 도로 건설 현장에서 포로 감시원. 1947년 11월 10일, 네덜란드 관할 재판에서 징역 20년 판결. 1950년 가석방 명령을 거부하고 단식 투쟁. 1951년 1월 6일 가석방. 동진교통 근무. (2004년 1월 사망)

문제행文濟行
1922년 4월 11일 전라남도 화순군 출생. 자바 포로수용소 외 민간인 억류소·동부방위대 등 계약 외 근무를 강요받음. 한 번 석방된 후, 1947년 11월 네덜란드 관할 재판에서 징역 10년 판결. 1951년 8월 8일 가석방. (1998년 11월 13일 사망)

김완근金完根
1922년 6월 23일 전라북도 완주군 출생. 자바 포로수용소 근무. 인도네시아의 암본 섬 등의 비행장 건설 현장에서 포로 감시원. 상관의 학대에 고초를 겪음.
1946년 7월 26일, 영국 관할 재판에서 징역 10년 판결. 1952년 3월 6일 가석방. 일용 노동 등 잡다한 일을 거쳐 민단 근무. (2012년 7월 8일 사망)

박윤상朴允商
1914년 1월 15일 충청남도 진천군 출생. 자바 포로수용소 근무. 공습으로 중상. 1948년 2월 25일 네덜란드 관할 재판에서 징역 15년 판결. 같은 해 고향의 아내가 아이 하나를 남기고 물에 빠져 자살. 1954년 3월 18일 가석방. 동진교통 근무. 1984년 한국으로 영주 귀국. (1997년 4월 18일 사망)

변광수卞光洙(변종윤卞鐘尹 씨 유족)
변종윤 : 1920년 충청북도 청주군 출생. 자바 포로수용소 근무. 1947년 5월 1일 네덜란드 관할 재판에서 사형 판결. 9월 5일 총살형.
변광수 : 1941년생. 한 살 때 아버지가 포로 감시원으로 남방에 감. 대서소代書所 등에서 힘들게 일하며 소정의 교육 과정을 이수하고 한국에서 농업고등학교 교사로 재직.

'조리條理(정의·공평의 원리)'에 기초한 재판

　법률에는 「국가보상법國家補償法」이라는 법이 없기 때문에, 이마무라 선생 등의 아이디어로 '조리'에 기초한 보상 요구 재판을 청구하기로 했습니다. 국가 행위에 의해 특별한 희생 내지 손실을 입은 자에 대해서는 설령 그 희생과 손실을 위한 법이 제정되어 있지 않더라도, 정의와 공정의 원리(이른바 조리)에 기초해 국가가 그 손실을 보상할 의무를 부담해야 한다는 주장이었습니다.

　재판이 시작되기 전까지 몇 번이나 상의를 거듭했는지 모릅니다. 원고별로 책임 변호사가 정해지고, 언제나 초저녁부터 심야까지 변호사로부터 몇 번이고 똑같은 질문을 반복해 받았습니다.

　어떤 때는 "농담이라도 그런 말은 하지 마시라, 전범 재판의 재현이라면 하고 싶지 않다"며 이의를 제기할 정도였고, 변호사 분들도 "그렇지 않다. 상대가 이해해야 하기 때문에 필요한 것이다"라며 필사적이었어요. 우리는 망설였지만 변호사 분들이 죽기 살기로 하는 바람에 우리가 져서는 안 된다는 생각으로 참고 버티었어요.

　재판 후원회인 '일본의 전쟁 책임을 대신 짊어진 한국·조선인 BC급 전범을 지지하는 모임'은 1991년에 결성되었어요. 사무국은 다구치 히로시田口裕史 씨, 다카하시 유우코高橋優子 씨, 고행인高幸仁 씨, 오야마 미사코大山美佐子 씨, 하야시 루미林るみ 씨들로 꾸려졌습니다. 대부분 이십 대인 이들이 모임의 주축을 이루었고, 그밖에 전 특공대원 오카야스 토미지岡安十三二 씨, 기독교도 나카가와 마사코中川正子 씨, 다무라 노리코田村典子 씨 같은 폭넓은 경험을 가진 분들도 참여했어요. 회의는 거의 매주 열렸는데 모두 낮에는 직업에 종사하고 있어서 정말 힘들었을 겁니다. 재판 방청을 호소하고, 뉴스를 발행하고, 자료집을 작성하는 등 진지하게 몰두했습니다.

1990년대 초반, 그때까지 계속 방치되어 온 일본의 전쟁 책임은 전후 반세기 가까운 세월이 흐르고 나서 마침내 일본군 '위안부', 강제연행, 상이군인, 시베리아 억류자, 피폭자 등 다양한 문제로 분출하고 있었습니다. 전 일본군 '위안부' 김학순金學順 씨의 실명 호소도 일본 사회에 충격을 주었어요. 일본 정부를 상대로 한 제소와 재판들이 줄줄이 벌어졌어요.

전후 일관된 태도와 방식으로 일본 정부를 향해 사죄와 보상을 요구한 우리 재판도 그 파고 속에 있었어요. 일본 고등학교의 일본사日本史 교과서에도 우리의 제소 사건이 실렸습니다(1995년도 사용 『高校日本史B』, 實敎出版社 등).

마침내 증언대에 서서

1991년 11월 12일 도쿄 지방법원에 소송을 제기했습니다. 이날은 44년 전에 이루어진 '도쿄 재판'에서 A급 전범들에게 판결이 선고된 날이기도 합니다.

제소 내용의 개요는 다음과 같습니다.
① 조리에 기초한 손실 보상 청구
② 채무 불이행에 기초한 손해 배상 청구
③ 불법 행위에 기초한 사죄문 교부 청구

④ 보상 입법 부작위라는 위법 확인 청구

　공판 모두冒頭에서 변호인단은 소송의 총론과 내용을 면밀히 입증했습니다. 1993년 1월의 공판(제6회)에서는 검증물로 제출한 비디오 「조문상趙文相의 유서」(NHK 특집, 1991년 8월 15일 방송, 사쿠라이 히토시 연출)를 법정에서 상영했습니다. 조문상 씨는 타이·미얀마 철도 현장에 있었지만, 영어가 능숙해 통역 역할도 했습니다. 전범 재판 때 그는 기독교인의 입장에서 자신에게 죄가 없는 것은 아니라고 인정하고 사형 판결을 받았는데, 교수대에 오르기 직전까지 긴 유서를 써서 남겼습니다(스가모 유서 편찬회, 『세기의 유서』에 수록).
　재판은 그 후 원고 일곱 명에 대한 인정 신문에 들어갔어요.
　저는 인정 신문의 첫 번째 원고로 1993년 7월(제7회)과 10월(제8회) 공판에서 증언대에 섰습니다. 증언대에 서서 선서를 한 후, 두 시간을 선 채로 증언했어요. 재판장으로부터 의자에 앉으라는 말은 들었지만, 제 소견으로는 앉아서 진술할 정도로 가벼운 사안이 아니라고 생각했기 때문에 선 채로 계속 증언했어요.
　저는 전범으로 고발된 인과 관계 및 일본 정부의 부조리한 처사에 주안점을 두어 다음과 같이 진술했습니다.

① '모집'이라고는 하지만, 반은 강제적인 압력의 결과였다는 점
② 2년 계약이 지켜지지 않았다는 점
③ 군무軍務에 관한 책임을 전가했을 뿐만 아니라, 포츠담 선언 제10조, 샌프란시스코 평화 조약 제11조에 따라 '포로 학대 죄'를 조선인 감시원에게 덮어씌우는 포로 정책을 구사한 점

④ 청춘만이 아니라 목숨까지 빼앗고 전후 처리에서도 희생을 강요하면서, 국적 조항을 이유로 '외국인'으로 취급해 원호에서 배제시키는 등의 차별 대우를 한 점

증언을 마친 후 여러분이 "기백이 있었다"고 말해 주었습니다.
그러나 국가 측 참석자들은 그냥 사무적으로 앉아 있을 뿐만 아니라 다른 공판 때는 조는 사람도 있었어요. 저는 국가에서 나온 저 젊은 사람들이 무슨 생각을 하고 있는지 따져 묻고 싶었어요.

분노를 억누르고 — 문태복 씨와 윤동현 씨

두 번째로 증언대에 선 문태복 씨 증언은 1994년 1월(제10회)에 있었어요. 문 씨는 마을에서 가장 유복한 집에서 성장한 학력도 체력도 우수한 소년이었어요. 그러나 초등학교 4학년 때 조선어 사용 금지와 일본식 성명을 강요받았고, 일본 중학교에서도 경기에서 승리할 때마다 "뭐야 이 조선인은"이라는 말과 함께 밟히거나 걷어차였다고 당시의 체험을 구체적으로 증언했어요. 그리고 전후, 전범이 되어 사형 판결을 받고 '무엇을 위한 죽음인가'라며 몸부림치며 번민한 끝에 죽음을 받아들일 각오가 되었을 무렵 감형이 되기는 했지만, 당장은 기쁘다는 기분이 들지 않았다고 진술했어요. 그 점에 대해서는 저도 전적으로 동감입니다.
1994년 4월(제11회), 심근 경색으로 혈관 확장제인 니트로글리세린 Nitroglycerin을 달고 사는 윤동현 씨가 무리해서 법정에 나왔습니다.

"내 인생은 일본 때문에 완전히 뒤틀려 버렸다. 내 상관이었던 일본인 세 명은 전범이 안 되었을 뿐만 아니라, 스가모에 수감되고 나서 면회하러 오기도 했다"고 분노를 억누르며 증언했어요.

같은 날 증언대에 선 문제행 씨는 평소처럼 지팡이를 짚고 꼿꼿이 서서 심문에 늠름한 목소리로 대답했습니다. 문 씨는 포로 감시원이 된 경과에 대해, "제가 모집에 응한 가장 큰 이유는 면사무소 촉탁인 일본인이 우리를 업신여기는 태도에 혐오를 가지고 있었기 때문이며, 또 응하지 않으면 가족이 어떤 해코지를 당할 지 알 수 없었기 때문"이었다고 진술했어요.

그는 평소에도 뛰어난 식견과 건전한 판단, 합리적 사고방식을 지니고 있어, 어려운 문제에 부딪혀도 냉철하게 판단할 수 있는 인물로 정평이 나 있었습니다. 유감스럽게도 그 후 입원으로 자신의 심문을 다 마치지 못한 채 판결을 받고 말았어요.

김완근 씨의 수건

1995년 3월(제12회)에 이루어진 김완근 씨의 증언도 상당히 중요했어요. 김 씨는 물증으로 자신이 쓴 「옥중 일기」와 싱가포르 오트럼 형무소에서 사용했던 인식 번호가 새겨진 수건을 제출했습니다. 갈색의 수건은 거무칙칙한 넝마 조각 같았지만, 'L508'이라는 번호는 분명하게 판독할 수 있었어요. 힘들 때에는 당시의 일을 떠올리며 견디기 위해, 전후에도 소중히 보관해 왔다고 했습니다.

어린 시절의 체험도 귀중했어요. 민족의식을 지닌 신념에 찬 어떤 목사님에게 학습을 받은 일. 그 목사님이 밤에 아이들을 산으로 불러 모아서 "조선 독립 만세"를 다함께 외쳤던 일. 그러나 그 목사님은 갑자기 사라져 버리고, 마을 사람들이 "일본 경찰에 체포되었을 것"이라고 이야기하는 것을 듣고, 김완근 씨 자신이 공포에 빠졌던 일과 그로인해 마음에 상처를 입었던 일을 진술했어요.

김완근 씨 가족은 재판과 보고 집회에도 다 함께 참석했는데, 그때까지 김 씨가 살아온 내력과 고생에 대해 거의 들은 적이 없었다고 했습니다. 가족은 보고 집회에서 이렇게 말했어요.

"오늘에서야 재판을 시작한 의미를 분명하게 인지했습니다. 아버지를 자랑스럽게 생각합니다."

그 말을 듣는 순간 가슴이 뭉클했습니다. 저도 좀처럼 가족의 면전에서 이야기한 적이 없었기 때문이지요. 가족이 이해해 주는 것은 정말 기쁜 일이었어요.

자신의 무지를 후회하는 박윤상 씨

원고 가운데 나이가 가장 많고 영주 귀국해 한국에 살고 있던 박윤상 씨는 1994년 10월(제13회) 증언을 위해 일부러 일본에 오셨습니다. 박 씨의 아내는 1947년에 남편이 전범 판결을 받은 충격과 주변의 "친일파"라는 비난을 견디지 못하고, 저수지에 몸을 던져 자살하고 말았어요. 증언에서 그는 그 뼈아픈 과정을 이야기했습니다. 그리고 포로 감시원이 된 자기 자신을 회고하며 "바보였다"고 자책했습니다. 당시 일본 교육에 물들어 일본을 위해 분투한 자신의 무지가 후회스럽다고 했습니다. 그의 이 말은 우리 원고들의 공통된 심정을 대변한 것이나 마찬가지였습니다.

전범자 유족을 대표한 변광수 씨는 1994년 12월(제14회)의 모두冒頭 증언에서 다음과 같이 진술했습니다.

"존경하는 재판장님. 저는 이 법정에 서서 재판장님을 뵈면서 엄숙한 기분이 들었습니다. 꿈 많고 순백한 젊은 아버지가 전범이라는 오명을 쓰고 사형이라는 극형에 처해진 사실, 아버지의 영혼을 그리며 쉰네 살에 이른 아들이 피를 토할 것 같은 비통한 마음을 영전에 바쳐야만 하는 사실, 이런 사실들을 심사숙고하시어 심리하시리라는 것을 굳게 믿고 있습니다."

변 씨의 진지한 말이 법정에 울려 퍼졌습니다.

변광수 씨는 한국에서 학교 교사로 근무하면서, 태평양 전쟁 희생자 유족회 전국 부회장으로 활약하고 있었습니다. 바로 그런 입장에서 이렇게 호소했습니다.

"재판은 역사를 발굴하는 무대입니다…. 역사를 모르는 사람은 미래를 올바르게 직시할 수 없습니다. 미래 지향적인 방향으로 앞서 나아가는 것을 이 재판에서 확인하고 싶습니다."

믿음직한 증인, 아베 히로시阿部宏 씨와 우쓰미 아이코 씨

증인 심문에는 타이·미얀마 철도 제5연대 소대장을 지낸 아베 히로시 씨와 우쓰미 아이코 씨도 증인으로 증언대에 서 주셨습니다.

아베 씨는 전범으로 사형 판결을 받은 후 감형된 인물이기도 합니다. 창이 위령제에도 매년 오셨는데, 많은 일본인 전범 가운데 우리 조선인 전범이 당한 부당한 처우를 깊이 이해해 주신 분이었습니다.

아베 씨는 당시 공기 단축이라는 상황에 놓인 타이·미얀마 철도의 건설 양상과 일본군이 어떻게 포로를 다루고 있었는지를 증언해 주었습니다. 또한 홍기성(사형 판결 후 나중에 감형), 김귀호金貴好(사형), 조문상趙文相(사형) 씨들과 죽음을 눈앞에 두고 창이 형무소에서 교류한 정황을 생생하게 말해 주었습니다. 아베 씨는 조문상 씨와 친분이 돈독해 조문상 씨가 아베 씨 앞으로 유서를 남기기도 했습니다.

우쓰미 씨는 원고의 증언을 체계적, 학문적으로 뒷받침해 주었습니다. 사실은 일본 정부가 해야 할 조사를 묵묵히 계속해 왔던 거지요. 이만큼 믿음직한 증언은 없었습니다.

억울하고 원통하기 그지없는 지방법원의 판결

제소 후 사 년이라는 세월이 흘렀습니다. 1996년 2월 19일에 변론이 종결되고 판결은 5월 20일로 예정되었습니다. 그러나 판결은 바로 직전에 이유 없이 연기되었고, 마침내 9월 9일로 판결일이 정해졌어요. 우리는 긴장하는 한편 기대를 품고 판결을 기다렸지만, 내려진 판결은 "청구를 기각한다"는 것이었습니다.

판결 요지는 "원고의 피해는 일본 국민이 다 같이 수인受忍(참고 견디는 것, 피해를 보고도 참는 것)해야 할 전쟁 희생 내지 전쟁 피해와 같이 보아야 할 것이며, '특별한 희생'이라고는 할 수 없다"는 '수인론受忍論'이었어요.

　판결 내용을 들었을 때, 저는 "일본 국민과 마찬가지로 참으라"라는 건 농담일 리가 없다, 재판관은 자신의 생각조차 없는가, 라는 생각이 들었습니다. 법률가와 법원은 사법의 입장에서 이러해야 한다고 판단을 보여 주는 존재인데, 국가의 완고한 입장을 추인하는 꼴이 되고 말았습니다.

　원고는 모두 한결같이 이 분노를 어디에 어떻게 터뜨리면 좋을지 몰라 억울하고 원통하기 그지없었습니다. 오랜 투쟁의 끝, 사법의 양식에 맡길 수밖에 없다고, 사법에 한 가닥 희망을 걸고 여기까지 왔는데 허무하기 짝이 없었습니다. 판결을 들으러 한국에서 일본까지 온 사형자 유족 박분자朴粉子(고 박영조朴榮祖 씨 맏딸) 씨는 쓰러져 흐

도쿄 지방법원에서는 청구 기각의 패소 판결을 내렸다(1996년 9월 9일). "부당 판결, 사법에 조리가 없다"는 현수막을 든 사람은 오야마 미사코大山美佐子 씨, 글씨를 쓴 사람은 오카야스 도미지岡安十三二 씨 © 배소

느껴 울고 있었어요.

다만, 판결 끝부분에 "우리나라의 전前 군인·군무원 및 그 유족에 대한 원호 조치에 상당하는 조치를 강구하는 것이 바람직하다는 사실은 말할 필요도 없다"고 언급해 그나마 일본 정부와 국회에 보상 입법을 촉구하는 표현이 있었습니다.

우리 원고인단을 비롯한 변호사, 지지 모임은 최악의 판결이 나올 경우도 예상하고 있었기 때문에 곧바로 성명서를 발표했습니다. 각 신문사도 사설 등에서 "구식민지 주민을 포함한 외국인에 대한 전후 보상 문제에 좀 더 진지하게 대응하지 않으면, 국제 사회에서 일본인의 양심이 의심받는다"는 논조로 보도했습니다.

'상징적 보상'으로 변경하여

우리는 지방법원의 판결 내용을 도무지 승복할 수 없었기 때문에 곧바로 항소했습니다.

항소에 임해서는 소송 내용을 조금 변경했어요. 변경 내용은 조리에 기초한 국가 보상 청구는 '상징적 보상'으로서의 청구라는 것, 보상액은 일인당 적어도 200만 엔을 하회해서는 안 된다는 것, 거기에 더해 사죄문을 발표하라는 것이었습니다. 지금까지 개개인의 구속 일수에 따라 하루를 5천 엔을 쳐서 산정한 청구액을 일률적으로 200만 엔으로 변경했습니다.

이 변경에 관해서는 이제까지의 경위가 있었기 때문에, 저를 포함한 원고들은 어떻게 해야 좋을지 고민이 많았습니다. 그러나 변호인단으로부터 '상징적 보상'이 의미하는 바는 타이완 출신 전 일본군 전상병자戰傷病者에 대한 특정 조위금 200만 엔과 이 금액을 산정하는 데 기초가 된 미국과 캐나다의 일본계 미국인·캐나다인의 강제 수용에 대한 보상이 일률적으로 일인당 2만 달러로 된 경과를 참고했고, 헌법상의 권리 침해에 대한 보상이라는 정중한 설명을 들었습니다. 그래서 우리가 주장하는 취지로 비춰 보아도, 그리고 구체적으로 실현 가능한 요구라는 의미에서도 필요한 선택이라고 납득했어요.

항소심은 1997년 2월 24일 제1회를 시작으로 1998년 2월 25일 제5회까지 이루어지고, 7월 13일 판결이 내렸습니다. 그 사이 증거로 제출한 비디오 「조선인 BC급 전범의 기록」(모토하시 유스케本橋雄介 씨 제작)을 법정에서 검증하고, 재판장도 열심히 보았어요. 그러나 판결은 1심에 이어서 다시 기각이었습니다.

'부언附言' 판결이라는 진전

이 항소심 판결은 글자로 하면 몇 줄밖에 안 되는 주문을 읽은 후 "기각한다"고 언도하고 끝났습니다. 너무나 기막힌 사태의 진행에 불편한 몸을 이끌고 재판정에 나온 문제행 씨는 충격으로 몸을 제대로 가눌 수 없을 정도로 상태가 악화되었어요.

그러나 판결문을 세밀하게 검토한 변호인단은 법원이 원고가 제소한 역사적 사실을 대체로 인정하고, 부언으로 "조기 입법 조치가 기대된다"는 말을 첨가해 지방법원보다 한결 진전된 내용이 있다는 점을 긍정적으로 평가할 수 있다고 판단했습니다.

그 자리에서는 이해하기 어려운 내용이었지만, 여러 사람의 이야기를 듣고, 또 그 후 신문에 실린 기사 같은 것을 보면서 조금씩 이해할 수 있었어요.

이 판결이 내리기 전인 4월 27일에 야마구치山口 지방법원 시모노세키下關 지원의 일본군 '위안부' 판결이 정치의 태만에 벌금을 부과하고, 국회의원들에게 신속한 보상 입법을 촉구했습니다.[31]

또 6월 23일에는 한국 지원병 은급恩給 청구 소송 판결이 국가 보상 정책의 불비를 지적하며 입법 해결을 촉구했습니다. 이 일련의 판결과 정확히 궤를 같이 하는 사법의 판단이었던 셈입니다. 각 신문도 "입법부의 태만을 재차 경고"라고 보도했어요.

최고법원에서도 패소

우리는 "적용 가능한 법률이 없는 경우는 조리에 근거해 판단해야 한다"는 주장을 최고법원의 법정에서 관철시키기 위해, 1998년 7월 24일 최고법원에 상고했습니다. 그러나 최고법원은 공개 변론도 하

---

31) 이 소송은 김순덕金順德 할머니 등 일본군 '위안부' 출신 한국 여성들이 "부산 '종군 위안부' 여자 정신대 공식 사죄·보상 청구 소송"이라는 이름으로 1992년 12월 15일 제기한 소송이다. 야마구치 지방법원 시모노세키 지원에서 1심이 열렸기 때문에 '시모노세키 소송'으로 불리기도 한다. 1998년 4월 17일 시모노세키 지원은 "배상 입법을 하지 않아 중대한 기본적 인권 침해를 방치한 것은 예외적 위법이라고 볼 수 있다"라며, 입법 부작위를 인정해 "일본국은 위안부 피해자 세 명에게 각각 30만 엔씩 지급하라"고 판결했다. 2001년 4월 12일의 2심 판결에서 히로시마 고등법원은 "적법한 항고 이유가 되지 못한다. 보상은 입법부의 재량적 판단에 맡겨진 것이다"라고 1심 판결을 뒤집고 원고의 청구를 기각했다. 2003년 3월 25일 일본 최고법원은 상고심 판결에서 2심 판결을 인정해 원고 패소 판결을 확정했다.

지 않은 채, 1999년 12월 20일 부당하게도 기각 판결을 내렸습니다.

최고법원의 판단은 이러했습니다.

"입법 조치가 강구되어 있지 않는 것에 불만을 품은 상고인들의 심정은 이해할 수 있지만, 이러한 희생 내지 손해에 대해서 입법을 기다리지 않고 전쟁 수행 주체였던 국가를 상대로 국가 보상을 청구할 수 있다는 조리는 현재까지 존재하지 않는다. 입법부의 재량적 판단에 위임되었다고 해석하는 것이 마땅하다."

일본 정부를 상대로 오랜 세월 진행했던 청구 운동, 팔 년간에 걸친 재판 운동 속에서 이처럼 원통한 일은 없었습니다. 사법에 대한 실망은 말할 것도 없었습니다. 사형당한 동료의 원한을 푸는 일도, 명예 회복을 하는 일도 불가능해지고 말았어요.

그러나 실망하고 포기할 수만은 없었어요. 이 재판에서도 얻은 것

동진회와 지지하는 모임의 여러분과 교류 모임. 나의 구술을 기록해 준 노학사의 여러분도 함께했다(1999년 8월 1일, 도쿄 다나시田無에서) ⓒ 동진회를 응원하는 모임

조리條理를 요구하는 재판 투쟁　189

이 분명히 있었거든요. 재판을 계기로 우리 문제는 상당히 광범위하게 일본 국민에게 알려졌어요. 또 법원도 피해를 인정한 데 더해 입법 조치를 촉구했고요. 그렇다면 다시 한 번 국회를 상대로 한 입법 운동을 조직해 목적을 달성하자! 남은 힘을 쥐어짜서 이렇게 결의했습니다.

팔 년간의 재판 투쟁 속에 다양한 성과가 있었다면, 한편으로는 제소 당시 예순여섯 살이었던 저도 최고법원 판결 때는 일흔네 살이 되었고, 많은 동료가 세상을 떠났습니다. 인상에 남는 몇 가지를 떠올려 봅니다.

동진회 회원이 '주목받는 자리'

공판이 있는 날에는 방청을 원하는 신청자가 많이 몰려서 매번 추첨으로 방청자를 결정했습니다. 저는 원고이기 때문에 변호인단과 협의하거나 법정에도 당사자로서 입정하는 바람에 방청자 현황은 자세히 알 수 없었지만, 원고 이외의 동진회 멤버, 그리고 그들의 아내, 자녀까지 매번 수십 명은 되지 않았을까 합니다.

본디부터 가족이나 마찬가지로 서로 도우며 살아온 동료들이었지만, 아내와 자식들에게 자신의 체험을 정확히 이야기한 사람은 별로 없었어요. 이 재판은 무엇보다 우리 인생의 풍진세계를 가족에게 전하는 기회가 되었어요.

또 재판은 몇 달에 한 번 동진회 멤버가 모이고 주목을 받는 자리도 되었어요. 서로의 안부를 물으며 함께 걱정하고, 서로 이야기를 나누며 증언에 귀를 기울이고, 보고 집회에도 함께 참석하는 겁니다. 집회가 끝나면 변호인단과 '지지 모임'의 여러분과 식사를 하며 이야기를 나누기도 하는 내실 있는 활동이었습니다.

타이·미얀마 철도로의 '위령慰靈 여행'

재판 증거로 비디오 「조문상의 유서」가 상영된 일은 말씀드렸습니다. 비디오를 제작한 사람은 1970년대부터 서로 알고 지낸 NHK 피디인 사쿠라이 히토시桜井均라는 사람입니다. 이 비디오는 1991년 8·15 종전 기념일에 NHK 특집으로 방영되었습니다.

이 프로그램 제작에 즈음해 7월 9일부터 열흘가량 저와 문태복 씨가 타이·미얀마 철도 현지 취재에 동행했어요. 정말로 두 번 다시 가고 싶지 않는 장소였지만 많은 사람이 사망한 장소이기도 했고, 또 TV를 통해서나마 우리의 입장을 이해해 주었으면 하는 생각으로 동행하게 되었습니다.

NHK의 사전 섭외로 보통은 출입할 수 없는 군용 시설 안을 드나들기도 했습니다. 제가 수용되었던 창이 형무소에도 갔어요. 제게 창이 형무소는 원한 없이는 떠올릴 수 없는 장소입니다. 사형수로 지냈던 P홀은 볼 수 없었지만, 특별히 입장을 허용해 준 형무소 안은 그다지 변하지 않았더군요. 창이 형무소에서는 이런저런 생각이 북받쳐 감상에 젖기도 했습니다.

타이·미얀마 철도 공사 현장과 '콰이강 다리' 근처도 방문했고, 일본인 묘지 한 구역에 있는 형을 받고 죽은 사람들의 묘소에 참배도 했습니다. 깐짜나부리의 육천 몇 백 기의 연합군 포로 묘지와 기념탑에 헌화하고 명복을 빌기도 했습니다. 저에게는 '위령 여행'이었던 셈입니다.

오스트레일리아로의 '사죄 여행'

정확히 같은 해 8월 19일, 20일, 오스트레일리아의 캠벨Campbell에서 타이·미얀마 철도에 관한 심포지엄이 개최되어 저도 참가했습니다. 이 심포지엄은 살아남은 오스트레일리아의 전 포로 여섯 명과 일본과 오스트레일리아의 젊은 세대 연구자들이 타이·미얀마 철도 현장에서 무슨 일이 있었는가를 밝히고, 세월의 흐름을 넘어 서로를 이해하는 것을 목표로 삼고 있었습니다.

참가 예정인 전 포로 가운데는 제가 사형 선고를 받았을 때의 고소인이었던 에드워드 던롭Edward Dunlop 씨도 있었습니다. 저는 꽤 오래 전부터 우쓰미 아이코 씨로부터 참가 권유를 받았지만, 옛날 포로와 대면하는 데는 상당히 심경이 복잡해 실은 내내 용기를 내지 못하고 있었습니다.

그런데 앞의 프로그램을 만든 NHK 취재진이 사전에 던롭 씨를 만나러 가서 그의 이야기를 듣고 왔다고 했습니다. "코리아 감시원 히로무라"의 이야기를 했더니, 던롭 씨가 "그가 사형 판결까지 받았다는 사실은 전혀 몰랐다. 미안한 짓을 했다. 뭔가 내가 할 수 있는 일이 있다면 돕고 싶다"고 했다는 겁니다. 그가 한 말을 듣고 저는 정말 감동했고, 그를 만나서 사죄해야겠다고 결심했습니다.

한편, 전쟁 재판 결과로 많은 조선인 동료들이 사형당한 판국에 내가 가서 사죄해도 괜찮은 걸까, 이런 주저하는 마음도 있었어요. 당시 우리의 신분은 군인 계급으로 보면 가장 말단인 군무원, 그러니까 고용인에 불과했지만, 가해자 측 구성원 가운데 한 명이었다는 사실은 틀림없었습니다. 그렇다면 역시 저에게도 책임이 있다고 생각했어요. 심포지엄에 간다기보다 던롭 씨를 만날 셈으로 우쓰미 씨를 따라갔습니다.

현지에 가서 보니 '위령 여행' 때와는 달리 오스트레일리아는 개방적이라는 인상을 받았어요. 주택의 대지도 크고 넓었고 서로 간에 대지를 구분하는 경계 표시도 없어 보였어요.

심포지엄 참가자는 마흔 명 남짓했다고 기억하는데요, 대학 교수로 보이는 한국인도 참석하고 있었습니다. 심포지엄에 참석한 이상, 저도 뭔가 한 마디 해야 할 것이라고 마음의 준비는 하고 있었습니다.

심포지엄 첫날에 제가 발언할 수 있는 기회가 주어졌습니다. 저는 먼저 "가해자의 한 사람으로서 사죄의 말씀을 드리고 싶다"고 말했어요. 그리고 이어서 "저도 몹시 힘들었다"고 말했더니 "남의 탓으로 돌리는가, 당신 자신은 어땠는가?"라는 말이 나와서 전 포로들이 풍기는 섬뜩하리만치 냉엄한 분위기를 실감했어요.

다음 날은 던롭 씨도 출석해서 서로 인사와 악수를 했어요. 그 다음 날, 그는 시드니에 있는 자신의 집으로 저를 불러서 "당신에 관한 일은 이미 용서했습니다"라는 말을 해 주었습니다. 저는 일본에서 그에게 줄 선물로 회중시계를 준비해 갔어요. 그 시계의 뒷면에 "No more Hintok No more War"라는 구절을 새겨 넣었는데, 그 시계를 던롭 씨에게 건네주었어요.

그는 자신의 저서『The War Diaries of Weary Dunlop』에 헌사를

'화해의 여행'에서 만난 던롭 씨(가운데)(1991년 8월, 오스트레일리아 캠벨에서) ⓒ 우쓰미 아이코

써서 제게 선물로 주었습니다. 제가 조국으로 돌아가지 못하고 일본에서 쭉 살고 있다고 했더니, 그는 놀라서 자신이 도울 일은 없냐고 물었어요. 일본에 돌아온 후 그와 두세 번 편지를 주고받았는데, 그때마다 "시계를 소중히 간직하고 있다"는 말을 곁들였어요.

그는 저와 재회하고 2년 후에 사망했습니다. 새삼스럽게 그때 만나서 화해할 수 있어서 정말 다행이라는 생각이 듭니다. 저는 그 여행이 '사죄 여행'이었다고 생각합니다.

그는 유언으로 자신의 유체를 화장해 그 재의 일부를 힌똑의 공사 현장에 뿌려 달라는 당부를 했다고 합니다. 죽는 순간까지 죽어간 동료들을 생각하고 있었던 것이 아니었을까요.

제가 귀국해 오스트레일리아에서 있었던 일을 이야기하자, 문태복 씨는 대단히 부러워하며 "나도 영국 포로 회장을 만나서 사죄의 말을 한 마디하고 싶구나"라고 했어요. 문 씨가 있었던 분소는 영국군 포로가 수용되었던 곳으로 "영국군 포로들은 스스로 일등 국민이라는 자의식 때문인지, 네덜란드나 오스트레일리아 포로와 비교해 뭔가 당당한 면이 있었다"고 했어요. 결국 전 포로를 만나지 못한 채 문 씨는 저 세상 사람이 되고 말았지만, 그 당시를 돌이켜 보면 모두들 사죄하고 싶은 마음은 가지고 있었을 거라는 생각이 듭니다.

두 번의 여행을 마치고 제 마음을 짓누르던 부담이 조금 가벼워지고 마음이 안정되었습니다. 이 여행은 과거에 대한 반성과 평화와 반전에 대한 결의를 새롭게 다지는 계기도 되었습니다.

이 심포지엄 내용은 『타이·미얀마 철도와 일본의 전쟁 책임』이라는 책으로 정리되어 나왔습니다. 이 책에는 심포지엄 첫날 제가 한 발언과 던롭 씨의 발언도 수록되어 있습니다. 또 역사 자료로서 제가 스가모 프리즌에서 쓴 「나의 수기」 가운데 창이 형무소 체험 부분, 던롭 씨의 전범 재판 선서 진술서도 수록되어 있어요.

일본과 한국에서 '사진전' 개최

'지지 모임'은 재판 방청과 보고 집회, 회보 발행, 서명 운동 등 다양한 활동을 전개했어요. 그리고 전후 50년인 1995년, 일본과 한국에서 동시에 '한국·조선인 BC급 전범자 사진 패널전'을 개최했습니다.

사진전은 포로 감시원이 모집된 배경과 수용소 실태, 일본군의 포로 정책, 전범 재판에서 전후 생활까지 사진과 다양한 자료를 전시해 우리의 호소에 조금이나마 이해와 관심을 기울여 달라는 목적으로 개최했습니다.

1995년 11월 24~26일에 열린 도쿄 나카노구中野區 전시장에는 500명 이상의 관람객이, 12월 10~12일에 열린 한국의 청주시 문화센터 전시장에는 300명 이상의 관람객이 찾아 주었습니다.

특히 한국에서 개최가 가능했던 것은 대단히 큰 진전이었습니다. 한국에서는 전범자에게 '친일파'라는 싸늘한 눈총을 보내 왔습니다. 그런 땅에서 고난 속의 우리 인생을 전하는 기획 전시가 이루어진 것에 만감이 교차했습니다.

패널 제작에는 대학원생이었던 고시오 가이헤이小塩海平 씨 같은 젊은 스태프가 분투했어요. 유학생 기정민奇貞旼 씨는 한국어 번역 작업을 열심히 해 주었고요. 저는 한국에는 동행하지 못했지만, 동진회 회원인 김완근 씨와 지지 모임의 스태프 외에 십여 명이 참석했습니다.

한국 개최지인 청주는 원고 가운데 한 명으로 이름을 올린 변광수 씨의 생활 근거지였어요. 그는 인권 문제에 몰두하는 지역의 젊은 사람들에게 함께 하도록 권유해, 전시와 운영도 그들과 공동 작업으로 진행하는 등 전시의 성공을 위해 무진 애를 썼어요. 한국의 신문 기자도 열심히 취재해 원고와의 인터뷰 기사가 지역 신문에 크게 실린 일도 커다란 성과라고 할 수 있었습니다.

한국에 거주하는 원고 박윤상 씨도 전시장에 나와서 관람객들에게 당시 상황을 직접 설명해 주었어요. '전범자 전시회' 때의 그의 활약을 기록한 비디오를 보았는데, 정말 생기가 넘치는 너무나 밝은 표정이었어요. 전범자 문제를 청천백일에 당당하게 이야기할 수 있는 그런 기쁨 때문이 아니었을까 합니다.

패널전은 그 후 1998년 12월 박창호朴昌浩 씨의 맏아들 박래홍朴來洪 씨가 중심이 되어 당사자들이 많이 사는 다나시田無(西東京市)에서도 열렸어요. 한국·조선인 BC급 전범에 대한 이해는 착실히 확산되고 있었습니다.

이마이 선생, 그리고 동료의 죽음

우리의 은인이며 아버지처럼 흠모했던 이마이 토모후미 선생은 재판의 행방을 걱정하면서, 1996년 1월 26일 아흔세 살을 일기로 세상을 떠났습니다.

저는 마음에서 우러난 고마움을 조사로 표현했습니다.

"선생은 언제나 '이번 전쟁에서 가장 어처구니없는 일을 당한 것은 여러분이다. 일본인의 한 사람으로 너무 미안하다. 내가 할 수 있는 것이 있다면 뭐든 노력하고 싶다'라는 생각으로 시종일관하셨습니다. 선생은 우리가 잘 되는 것을 자신의 자식이 잘 되는 것 이상으로 기뻐해 주셨습니다. 친척도 친구도 없는 우리는 선생의 온정을 너무나 스스럼없이 받아들인 경향도 있었지만, 선생은 세상 물정을 모르는 삼십 대의 우리를 기꺼이 길러 주신 아버지 같은 존재이기도 합니다. … 우리 전범 동료가 오늘날 이국땅 일본에서 그나마 평온하게 생계를 꾸릴 수 있었던 것도 선생의 인덕 덕분에 가능했습니다. 그 은의恩義는 평생 잊지 않겠습니다. …"

저는 이마이 선생의 공적을 어떤 형태로든 나타내고 싶어서 부인인 요시노 씨와 상의했지만, "괜찮습니다. 꾸밈없는 그대로가 좋습니다"

끝내 승리를 보지 못하고 눈을 감은 문태복 씨. 저자가 동료의 마지막 가는 길을 지켜보고 있다.

라고 하셨습니다. 멋진 비석 따위를 세우기보다 우리 마음속에서 잊지 않고 간직하는 쪽이 이마이 선생에 대한 공양으로 어울릴지도 모른다는 생각이 그때 들었습니다.

  우리 동료들이 나이가 들어서 하나 둘 세상을 떠날 때마다 그 슬프고 쓸쓸한 심사는 형언할 수 없습니다.

  1997년 4월에는 한국의 박윤상 씨가, 1998년 2월에는 원고 단장이었던 문태복 씨가 돌아가셨습니다. 저는 문 씨에게 늘 의지해 무슨 일만 있으면 의논하고는 했어요. 동진교통을 위기에서 구해 준 사람도 문 씨였거든요. 그래서 정말이지 그때는 맥이 풀려서 낙심천만했어요.

  바로 그해 11월에는 전부터 몸 상태가 좋지 않았던 문제행 씨도 떠나고 말았어요.

원고가 아닌 동료도 몇이나 세상을 떠났습니다. 동진회 회원인 전범 동료는 최고법원 판결 당시 열아홉 명이었습니다. 앞으로 얼마나 더 싸울 수 있을까, 이런 불안은 있었지만, 한을 품고 떠난 동료를 생각하면 살아남은 우리가 뭔가 해야만 한다는 생각이 강하게 들어, 다음 투쟁으로 나아가기로 마음을 굳혔습니다.

일본 정부의 대응을 요구하는
입법 운동으로

입법 운동 전개

1999년 12월, 최고법원의 판결을 받고 우리는 다시 한 번 입법 운동에 몰두할 결의를 다졌습니다. 재판 지원을 위해 '일본의 전쟁 책임을 대신 짊어진 한국·조선인 BC급 전범을 지지하는 모임'은 입법 운동을 위해 '한국·조선인 BC급 전범자 보상 입법을 촉진하는 모임'(이하 '입법을 촉진하는 모임')으로 변모했습니다.

미키 무쓰코三木睦子 씨, 이마무라 쓰구오今村嗣夫 선생, 우쓰미 아이코 선생, 이렇게 세 분이 입법을 촉진하는 모임의 공동 대표를 맡았습니다.

조리 재판 변호인단 단장이었던 이마무라 쓰구오 선생은 우리 재판에서도 채택했던 '상징적 보상'이라는 발상을 더욱 구체화시켜, 1995년에「외국인 전후 보상법(시안)」을 몇 명의 변호사와 함께 발표하기에 이르렀습니다(이마무라 쓰구오·스즈키 이소미鈴木五十三·다카기 요시타카高木喜孝,『전후 보상법前後補償法』, 明石書店, 1999). 재판을 진행하면서 입법화를 상정하고 있었던 거지요.

입법을 촉진하는 모임은 상임 간사를 중심으로 활동을 전개했는데, 그 일익을 맡아 준 사람이 제가 스가모 프리즌에서 공부하러 다녔던 '중앙노동학원'에서 함께 공부한 시바타 히로지柴田裕治 씨입니다.

당시는 특별히 이렇다 할 교류도 없었지만, 우쓰미 씨의『조선인 BC급 전범의 기록』등에서 저의 사정을 파악하고 재판에도 자주 와 주었어요.

시바타 씨는 '노학사勞學舍'라는 시민 단체를 도쿄 메구로目黑에서 주재하며, 역사를 공부하거나 생활기生活記를 쓰며 활동하고 있었습니다.

시바타 씨는 저의 인생 역정을 듣고, 노학사가 발행하는 『생활 통신生き活き通信』1998년 6월호~1999년 6월호에 「살아온 길」이라는 제목의 글을 9회에 걸쳐 연재하기도 했습니다. 노학사에는 사람들의 구술을 기록하는 팀이 있었는데, 그 팀의 멤버였던 사쿠라이 사요코櫻井小夜子 씨도 '입법을 촉진하는 모임'에 참여했습니다.

일본 정부의 입법 조치를 호소하다.(2014년 10월 22일, 참의원 의원회관에서) ⓒ 동진회를 응원하는 모임

조리 재판을 지원했던 젊은 스태프들은 어느덧 중년에 접어들어 직업과 가정환경의 변화로 입법 운동에는 참여하지 못하는 사람이 늘어났지만, 연구자의 길을 걷기 시작한 오카다 다이헤이岡田泰平 씨 같은 분들은 변함없이 참여해 지원 활동을 해 주었습니다. 동진회 회원의 2세로는 고 박창호 씨의 맏아들 박래홍 씨가 사명감을 가지고 입법 운동에 몰두했고요.

그러나 입법을 촉진하는 모임의 운동은 참여자들의 높은 열의와 호의적인 국회의원들의 진력에도 불구하고 법안의 구체화에 이르기까지 많은 우여곡절을 겪어야만 했습니다. 내막이 조금 복잡하고, 저 자신도 저의 입장에서 말할 수밖에 없지만 대강의 경위를 살펴보겠습니다.

이시게 에이코石毛えい子 선생과 법제국 1차안案

이마무라 선생은 앞의 「외국인 전후 보상법(시안)」에 이어서, 2001년 「구식민지 출신자 'BC급 전범자' 유족 등에 대한 조치에 관한 법률(이마무라 개인 안)」을 성안했습니다. 전쟁 피해자 전체를 염두에 둔 포괄 입법을 목표로, 조선인과 타이완인 전범에 대한 조치라는 별도의 '단독 입법'도 축적해 간다는 방안이었습니다.

그사이에 사민당의 시미즈 스미코淸水澄子 참의원 의원이 참의원 국민복지위원회에서 우리 문제를 질문해, 니와 유야丹羽雄哉 후생 장관으로부터 "한국 출신 BC급 전범 여러분이 경험하신 노고에 대해서는 그 심정을 이해한다. 어떤 대응책을 마련할 수 있을지 검토하고자 한다"는 답변을 끌어냈습니다(2000년 3월 30일).

국회의원 여러분의 이해를 바탕으로, 이마무라 선생의 법안을 지렛대 삼아 구체적인 입법화를 시작한 의원이 민주당 소속 중의원 의원이었던 이시게 에이코 선생입니다.

이시게 선생은 복지 문제 전문가로, 시베리아 억류와 일본군 '위안부' 문제 등 전쟁 희생자에 대한 지원에도 열심이었어요. 그런 이시게 선생이 중의원 법제국에 입법화 작업을 지시하고, 몇 번의 교신을 거친 후, 2002년 11월 「구식민지 출신 BC급 전범자 등의 전쟁 희생에 대해 필요한 조치를 강구하는 법률안에 관하여」(1차안)를 법제국에서 제출했습니다.

"일본 통치하에 있던 조선 반도 또는 타이완 출신자로 포로 감시원 등으로 근무한 결과, 전범이 되어 형을 받은 자 및 그 유족에 대해 인도적 정신에 기초해 조의를 표하고, 또한 그 고통을 위로(慰藉)

하기" 위해 전범으로 형을 받은 사람 한 명당 300만 엔을 지급한다는 안이었습니다.

법제국에서 제출한 구체적 안은 입법을 향한 커다란 전진이자 지난했던 운동에서 얻은 기쁨의 결과이기도 했습니다. 그러나 몇 가지 점에서 불만도 있었어요. 첫째, 생존자와 사형자에게 지급되는 금액이 같다는 점입니다. 사형자의 억울함과 이제까지 일본 정부에서 아무런 조치도 하지 않은 점을 고려하면, 저는 사형자에게는 좀 더 후하게 해 주기를 기대했습니다. 그러나 이것보다 더 큰 문제가 있었어요. 법안 제목에 있는 "구식민지 출신"이라는 말을 도저히 허용할 수 없었습니다.

일본 정부가 과거 식민지 지배 역사를 직시하고 반성과 사죄를 한 뒤라면 몰라도, 그렇지 않은 상태에서 일본 정부로부터 "구식민지 출신자"라고 들으면, 식민지 지배에 대한 반성은커녕 그것을 '정당화'하고 있다는 느낌마저 드는 겁니다. 애당초 이마무라 변호사의 시안에도 "구식민지 출신자"라는 말이 사용되고 있었지만, 정작 일본 정부 측에서 제시되자 전혀 다른 느낌으로 다가왔어요.

한편, 이마무라 변호사와 '입법을 촉진하는 모임'의 멤버 다수는 일본 정부가 '식민지 지배'를 인정하고, 교부금을 내는 것을 오히려 중요하게 평가하고 있었어요. 그게 단순한 조의금과 위로금이 아니라, 사죄와 보상으로 이어지는 것이라는 의견도 있었고요.

눈이 빠지도록 기다렸던 법안이었는데, '구식민지 출신'이라는 말을 둘러싼 골은 깊어, 이후 입법을 촉진하는 모임 내부에서 반년 동안이나 상당히 힘든 논의를 거듭하게 되었어요. 조리 재판 원고로서 함께 투쟁한 김완근 씨는 "식민지라는 말에 저항감이 없을 수는 없지만, 이 말을 사용해 입법한다는 것은 우리의 조리 재판이 이겼다는 것을 의미하는 것이다"라고, 어떻게든 사태를 수습하려고 필사적이었어요.

저는 최종적으로 아무래도 다른 사람과 어감의 차이는 있겠지만, 2003년 5월 20일의 회의에서 운동을 위해서는 '구식민지 출신'이라는 말의 사용을 받아들여야 한다고 판단했어요.

급하게 전개된 2차안

곧바로 그 동안의 경위를 이시게 에이코 선생에게 전달했어요. 그리고 법제국에 법안 정비를 강력하게 촉구했더니, 6월 중순에 기존의 안과는 전혀 다른 안이 나왔어요(2차안).

우선 제목이 크게 달라졌어요.

「일본국과의 평화 조약에 기초해 일본 국적을 이탈한 전쟁 재판 수형자 등에 대한 위로(慰藉) 등 급부금 지급에 관한 법률안」.

그토록 논의를 거듭한 "구식민지 출신자"라는 말은 없어지고, 더욱이 "BC급 전범자"라는 말도, 법조문의 "조선 반도 또는 타이완 출신자"라는 말도 사라지고 없었어요. 일본의 식민지에서 벗어난 조선·타이완 출신 전범자를 "샌프란시스코 평화 조약(강화 조약)에 따라 일본 국적을 상실한 자"로 표기한 안이었습니다.

그 조금 앞서 2000년에 성립된 재일 조선인 상이군인 군무원에 대한 법률의 명칭이 「평화조약 국적 이탈자 등의 전몰자 유족 등에 대한 조의금 등의 지급에 관한 법률」이었어요. 그것을 본뜬 것은 아닌지 모르겠습니다. 이 법률의 경우 사망자에 대한 조의금은 260만 엔,

생존자에 대한 위로금은 200만 엔이었어요.

우리가 낸 2차안의 '위로(慰藉) 등 급부금'은 300만 엔이었습니다. 거주지에 상관없이 전원을 대상으로 한 안이었어요. 2차 법률안의 취지에는 "일본국과의 평화 조약에 기초해 일본 국적을 이탈한 전쟁 재판 수형자가 입은 희생 내지 손해의 심각성을 감안해, 인도적 정신에 기초해…"라고 기재되어 있었고, 1차안과 마찬가지로 직접 사죄와 보상 같은 말은 없었지만, 저는 이 안이 매우 현실적이라고 판단했어요.

곧바로 이 안대로 진행하자고 생각하고 동진회 총회에서 그런 취지를 설명하고 확인을 받았지만, '입법을 촉진하는 모임'과의 의견 일치에는 다시 한 번 난항을 겪어야만 했습니다.

이마무라 선생은 "위로(慰藉) 등 급부금"으로는 일본 '국민'으로 일본 정부에 공헌하고 '희생'했다는 성격의 돈에 지나지 않는다, "사죄의 상징적 보상"이 아니다, 라며 반대했습니다. 명칭도 샌프란시스코 평화 조약에 따라 일본 정부가 멋대로 우리를 "국적 이탈자"로 만든 것이며, 그것을 인정하는 것은 이상하지 않은가, 라는 말씀도 하셨어요. 마침 이라크 전쟁에 자위대 파병이 논의되고 있던 시기여서, 다른 많은 회원도 타협하지 말고 이념을 실현하자는 생각이 강했습니다.

그러나 저는 당사자로서 곤혹스럽기 짝이 없었어요. 이 운동은 누구를 위한 운동인가…. 이마무라 선생은 운동 방침이 다른 만큼 자신으로서는 운동을 함께하기는 어렵다, 저(李)와 생각을 같이 하는 사람들을 중심으로 운동을 진행하는 것이 좋겠다고 자신의 입장을 밝혔습니다.

저는「현실적으로 가능한 선택을」이라는 글을 써서, 입법화의 최종 단계에 와 있는 데도 지지부진한 채 진전되지 않는 사태에 초조감을 느끼고 있는 점, 실현 가능한 차선책으로서 현재의 2차안을 토대로 진행해 가고 싶다는 점을 토로했어요. 또 운동을 함께 할 수 없는 것은 유감이지만, 너그러운 마음으로 맡겨 주시고 운동의 행방을 지켜봐 달라고 이해를 구했습니다.

입법을 촉진하는 모임은 결국 2004년 1월 회보(제3호) 발행을 끝으로 해산했습니다. 그 제3호 회보에는 모임에 관여하며 도움을 주었던 모든 사람의 코멘트가 실려 있었는데, 일단 거리를 둔다는 사람이 있는가 하면, 고민을 토로한 사람도 있었어요. 그 가운데 1970년대부터 계속 지지해 준 우쓰미 아이코 선생이 "가장 젊은 이학래 씨가 올해 여든 살이 되었다. '위로(慰藉)'라도 좋으니 자신들이 살아 활동할 수 있는 동안에 어떤 형태로든 해결하고 싶은 생각이 낳은 '타협'이다. 나는 그 심정을 이해할 수 있으며, 이 씨에게 협력하려고 한다"고 자신의 견해를 밝혔어요. 진심으로 고마웠습니다.

중의원 내각위원회에서 한 이시게 의원의 질문

운동 측의 우여곡절은 있었지만, 이시게 에이코 선생은 의원 입법을 위한 법률안 준비를 진행하고 있었습니다. 2003년 7월 16일, 중의원 내각위원회에서 당시 관방 장관이던 후쿠다 야스오福田康夫 씨와 외무성 아시아태평양 국장 야부나카 미토지藪中三十二 씨를 상대로 질문을 해 답변을 끌어내기도 했습니다.

외무성 답변은 1965년의 '일한日韓 청구 협정'으로 "완전 동시에 최종적 해결 완료"라는 평소와 같은 견해였습니다. 이 견해가 항상 벽으로 작용하고 있었어요. 그런데 2년 후인 2005년에 공개된 한국의 외교 문서에 따르면, 조선인 BC급 전범자 문제는 "일본과 한국 정부 간의 교섭으로 '별도 협의'를 한다"고 되어 있어, 해결 완료는커녕 '일한 청구권 협정'의 논의 대상에도 포함되지 않았던 사실이 밝혀졌습니다.

이어서 후쿠다 관방 장관도 기본적으로는 외무성 답변과 동일한 견해를 견지했지만, 이시게 선생과 언쟁하는 가운데, "전쟁이 있었더라도 그 일로 큰 부담을 준 것에 대해서, 이것은 정부로서 충분히 고려해야만 하는 문제라고 생각하고 있습니다"라는 답변에 이어서 "이제부터 우리가 실정을 조사해 뒤늦게나마 이 문제의 실태와 현황을 제대로 파악하고, 그것을 바탕으로 어떤 방향을 취할 것인가, 면밀히 살펴보고자 합니다"라는 답변을 했습니다.

저는 동진회 부회장인 김완근 씨와 함께 중의원 내각위원회 회의를 방청했는데, 이시게 선생이 방청석의 우리를 의원들에게 소개했습니다. 회의가 끝난 후 후쿠다 관방 장관이 직접 우리에게 말을 걸기도 해 향후의 입법 해결에 대한 강한 기대를 품게 되었어요.

동진회 50년의 역정歷程을 듣는 모임

저는 그 후에도 발이 닳도록 국회를 드나들며 의원들에게 입법화를 요청하며 돌아다녔습니다. 그러나 동진회 회원 가운데 함께 활동하던 김완근 씨가 2004년에 뇌경색으로 쓰러지고 말았어요. 가족의 정성 어린 간호로 어렵게 회복은 했지만, 도저히 밖에서 활동할 수 있는 상태는 아니었어요. 지원 단체라고 해 보았자 입법을 촉진하는 모임이 해산된 이후 소규모로 활동하는 단체밖에 없었어요.

제가 종종 혼자서 국회의원에게 입법 요청을 하러 돌아다니는 모습을 보다 못해 말을 걸어 준 사람이 전후 보상 네트워크의 아리미쓰 겐有光健 씨입니다. 아리미쓰 씨는 시베리아 억류자 문제, 중국·조선인 강제 연행 문제, 일본군 '위안부' 문제 등 전후 보상 문제를 폭넓게 연결하며 해결의 길을 찾기 위해 국회의원과 시민운동 양쪽에 네트워크를 가지고 있었어요. 물론 한국·조선인 BC급 전범자 문제를 이해하고 있었고요. 아리미쓰 씨는 의원들을 찾아가는 방문 요청의 코디네이터 역할도 해 주었고, 의원들과의 만남에 대부분 동행해 주었습니다.

아리미쓰 씨는 국회의원들에게 입법을 요청하기 위해 자료를 작성하는 과정에서 동진회가 1955년 4월 1일에 창설된 사실을 알고, 그 긴 역정을 국회의원과 일본 국민 양쪽에 호소하는 기회로, '동진회 50년의 역정을 듣는 모임'을 개최하자고 제안했습니다. 그래서 조리 재판 초기부터 지원한 멤버 여러분이 재집결했고, 2005년 4월 1일 모임을 개최하기에 이르렀습니다.

동진회 '50년의 역정歷程을 듣는 모임', 왼쪽부터 변광수卞光洙, 통역 이영채李泳采, 박일준朴一濬, 오재호吳在浩, 저자, 이시게 에이코石毛えい子 선생(2005년 4월 1일, 중의원 제2의원회관) ⓒ 무라이 요시노리村井吉敬

당파를 초월해 발기인에 이름을 올려 준 국회의원은 사토 다케오佐藤剛男 중의원 의원(자민), 구마시로 아키히코熊代昭彦 중의원 의원(자민), 이와야 다케시岩屋毅 중의원 의원(자민), 하토야마 유키오鳩山由紀夫 중의원 의원(민주), 간 나오토菅直人 중의원 의원(민주), 오하타 아키히로大畠章宏 중의원 의원(민주), 도이 다카코土井たか子 중의원 의원(사민) 등 모두 일곱 분입니다. 사회 및 진행은 이시게 에이코 중의원 의원(민주)이 맡아 주었어요.

동진회에서는 저 외에, 타이 포로수용소(사이공 분견소 외)에서 근무하고 영국 관할 재판에서 징역 6년을 선고받은 오재호吳在浩 씨(당시 여든두 살)가 히로시마에서 달려왔습니다. 오재호 씨는 부산 출신입니다. 형님이 일본군 '지원병'(전사)이 되었기 때문에, 자신은 지원병이 되라는 집요한 권유를 거절하는 와중에 부득이 2년 계약의 포로 감시원에 응했다고 했어요. 전범이 되어 싱가포르 현지에서 형기를 마쳤고, 처음 일본 땅을 밟은 곳이 고베神戸로 자신이 생각한 '귀환'과는 전혀 다른 귀환이었다고 했어요. 고치高知의 아는 사람에게 의지했는데 이후 결핵에 걸렸다고 합니다. 그때 일본인 의사 사키하라 히데오崎原秀夫 씨의 도움으로 곤궁에서 벗어나 전후의 삶을 살아갈 수 있었다고 자신의 인생 역정을 들려주었습니다. 오 씨는 "개인 차원에서는 잘 대해 준 사람도 있었지만, 일본 정부 차원에서는 아무것도 해 준 것이 없었다. 좀 더 애정 어린 대응을"이라고 호소했어요.

또한, 한국에서는 사형당한 변종윤 씨의 맏아들로 조리 재판의 원고인 변광수 씨, 한국으로 귀국한 고 박윤상 씨의 맏아들 박일준朴一濬 씨가 참가했어요. 저는 동진회가 50년이라는 긴 세월에 걸쳐 일본 정부와 사법부에 호소를 계속해 온 사실과 지금 입장에서 입법부에 바라는 바는 아무쪼록 서둘러 입법 조치를 취해 주기를 바란다는 것이라고 호소했습니다. 장내는 국회의원과 비서 약 25명을 포함해 100명이 넘는 참가자로 넘쳐 났고, 열기에 휩싸여 있었어요.

동진회가 발족한 1955년 우리는 하토야마 이치로鳩山一郞 수상에게 최초의 요청서를 건넨 이후, 역대 수상에게 계속 요청해 왔어요. 하토야마 이치로 전 수상의 손자인 하토야마 유키오 의원은 할아버지가 "선처하겠다"고 대답했지만, 그 후 진전이 없었던 것에 미안하다면서, 일본 패전으로부터 육십 년이 된 올해에는 당파를 초월해 문제 해결에 나서겠다고 했습니다.

자민당의 사토 다케오 의원은 "오늘 말씀을 잘 들었으니, 의무를 확실히 이행하겠다"고 했고, 또 전 후생성 원호 국장을 역임한 구마시로 아키히코 의원은 보상에 대해서는 "해결 완료"라는 입장이지만, "휴머니즘 정신에 입각해 역사를 올바르게 해석하고, 역사에 희생된 분들에게 올바르게 보답하는 모양을 만들어 내지 않으면 안 된다"고 했어요. 저는 입법이 구체화될 것이라는 확신을 갖게 되었어요. 우쓰미 아이코 선생을 대표로 하는 지원 단체 '동진회를 응원하는 모임'도 결성되었습니다.

우정郵政 총선거에서의 패배, 한국 외교 문서 공개

그런데 바로 다섯 달 후, 당시 수상이었던 고이즈미 준이치로小泉純一郎 씨는 우정郵政 민영화 한 가지를 초점으로 중의원을 해산하고 총선거를 단행했어요. 후보들을 "자객"이라고 부른 격렬한 선거전이 벌어지고, "고이즈미 칠드런children"이라 불린 후보들이 대거 당선되었어요.

그리고 안타깝게도 우리 문제를 위해 애써 주었던 이시게 선생은 낙선하고 말았어요. 도이 다카코 의원도 낙선했고요. 발기인에 이름을 올렸던 다른 의원 여러분은 거의 당선되었지만, 입법을 위한 추진력은 확실히 약화되고 말았습니다.

이때 커다란 변수로 등장한 것이 민주화가 진척된 한국의 영향이었어요.

외교 문서 공개 청구를 받은 한국 정부는 이해(2005년) 8월 한일 회담 관련 외교 문서를 공개했어요. 그 문서에는 한일 청구권 협정 성립 직후인 1965년 7월, 청구권을 둘러싼 동진회의 문의에 대해 한국 외무부와 주일 대표부가 나눈 대화가 있었어요.

그 대화록에는 "전쟁 후 전범 재판에 기인한 한국인 전범의 피해에 관해서는 당초부터 일본에 대한 청구의 대상이 아니며, …고려 밖의 대상이다"라고 되어 있어, 일본 전범으로서 형을 받은 한국인의 문제는 애당초 한일 회담 의제에 올라 있지 않았다는 사실이 입증되었습니다. 그리고 한국 정부는 주일 대표부에 일본 정부가 인도적 견지에서 해결하도록 노력하라는 메시지도 전달했습니다. 우리 문제가 한일 조약으로 "완전 동시에 최종적으로 해결 완료"라는 것은 전적으로 일본 정부의 궤변이라는 뚜렷한 증거가 아닐 수 없었습니다.

이 자료를 입수하고 우리는 한국 정부에 처음으로 도움을 요청했습니다. 10월에는 일본에 있는 한국 대사관에서 공사를 면담하고, 11월에는 한국에 가서 외교통상부 등 관계 기관과 국회의원을 대상으로 일본 정부가 움직이도록 손을 써달라고 직접 호소했습니다. 김원웅金元雄 국회 외교통일위원회 위원장이 소개 의원이 되어 주어서 한국 국회에 청원서도 제출했습니다.

저는 한국 정부에 문제 해결을 요청하는 일 같은 것은 지금까지 꿈도 꾼 적이 없었어요. 반강제적으로 포로 감시원이 되고, 불명예스러운 죄를 뒤집어쓰고, 거기에 더해 조국의 전후 부흥에 아무런 공헌도 하지 못했다는 죄책감을 줄곧 품고 있었으니까요. 그러나 심정적으로는 그렇다 해도, 전후 새로 출발한 조국의 신정부에 우리를 비호하고 구제하는 외교상, 인도상의 책무는 없었을까요. 저는 한국인 전범 피해 문제가 한일 교섭 초기부터 청구권 대상에서 제외되었다는 바로 그 사실에 분노와 비애를 금할 수 없습니다.

한국에서는 변광수 씨, 박분자 씨, 박일준 씨 같은 유족 분들이 청원에 동참했습니다. 그밖에 일본에서 정영옥丁永玉 씨가 동행했어요. 정영옥 씨는 동진교통의 경영을 둘러싸고 소원해졌었지만, 오랜 시간이 흘러 다시 함께 활동하게 되었습니다.

한국 정부로부터 명예 회복

민주화가 진척된 한국에서는 노무현 대통령 정부하에 2003년 「일제 강점하 강제 동원 피해 진상 규명 등에 관한 특별법」이 제정되고 다음 해 발효되어, 일본 식민지 지배하의 피해에 대한 진상 규명과 피해자 구제 움직임이 본격화되고 있었어요. '군인·군무원·노무자·위안부 등의 생활을 강요받은 자가 입은 생명·신체·재산 등의 피해'를 본인·유족 등의 신청을 기초로 한 조사를 통해 피해 인정 여부를 판단한다는 겁니다.

저는 곧바로 신청 서류를 작성했어요. 이때 동진회 회원 가운데 생존자는 열한 명으로 줄어들어 있었습니다. 그러나 본인 또는 유족이 직접 신청하지 않은 동진회 회원, 그리고 사형자·자살자는 동진회 명의로 제가 신청 서류를 작성해 모두 육십팔 명의 피해 인정을 신청했어요. 그리고 2006년 6월 먼저 서른한 명에 대한 강제 동원 피해 인정이, 그 후 나머지 전원에 대한 피해 인정이 이루어졌습니다.

한국 사회에서는 우리에게 오랫동안 '친일파'라는 딱지가 붙어 있었어요. 좋아서 일본군 군무원이 된 것은 아니었지만, 일본의 전범이 될 정도로 일본에 '협력'했다고 비쳤던 겁니다. 그런 우리를 일본의 강제 동원 피해자 가운데 한 명이라고, 조국인 한국 정부가 인정하는 명예 회복이 이루어졌던 겁니다. 조국에 빚을 지고 있다고도 느꼈던 우리에게는 정말 기쁜 소식이었어요.

6월 20일, 저는 한국 대사관에 있었어요. 정영옥 씨, 고 배정만裵禎萬 씨의 아내 시라이 세쓰白井セツ 씨, 요양 중인 김완근 씨의 아들 하타야 요시아키畠谷吉秋 씨, 고 정규문丁奎文 씨의 아들 정광진丁廣鎭 씨 등도 함께했습니다. 거기서 주일 한국 대사 라종일羅鍾一 씨로부터 직접 인정증을 받았습니다.

그 인정증을 손에 들고 저는 감개무량했습니다. 반강제적으로 포로 감시원이 되어 남방으로 보내졌다고는 하나, 바로 그 한편에서는 생명을 걸고 항일 운동을 펼친 열사들도 있었습니다. 조국 해방의 기쁨도 공유하지 못하고 조국 건설에 아무런 기여도 하지 못한 채, 민족에게 진 부채를 통감해 온 나날이었습니다. 그러나 한국 정부는 우리를 강

[별지 제12호서식]

등록번호 제 12350 호

일제강점하강제동원피해 심의·결정통지서

신고인	성 명(한자)	이학래 (李鶴來)	주민등록번호	-		
	주 소	東京都西東京市住吉町				
	피해자와의관계	본인	전화번호	0424-		
피해자	성 명(한자)	이학래 (李鶴來)	출생년월일	1927.04.05	성별	■남 □여
	창씨명	廣村鶴來				
	당시본적	전남 보성군 겸백면 사곡리				
	당시주소	전남 보성군 겸백면 사곡리				
심의·결정 내용	이학래는 특별법 제 17조에 의거 일제강점하 강제동원에 의한 피해사실이 인정되는 자로 결정함					
위원회 의결	안건 번호	12502 (위원회-200622)	일 자	2006. 05. 26		

일제강점하강제동원피해진상규명등에관한특별법 제17조의 규정에 의하여 위와 같이
심의·결정되었음을 통지합니다.

2006 년 06 월 05 일

일제강점하강제동원피해진상규명위원회

* 안내사항
○ 일제강점하강제동원 피해로 인하여 호적등재가 누락되거나 호적에 기재된 내용이 사실과 다르게 된 경우에는 호적 등재 또는 정정을 위원회로 신청할 수 있습니다.
○ 유족에 대한 결정은 신고인이 희생자와의 관계에 있어 유족관계임을 확인할 뿐이며, 어떤 권리를 부여하는 것은 아닙니다.
○ 심의·결정 통지서에 문의사항이 있는 경우에는 위원회로 연락하여 주시기 바랍니다.
 (조사총괄과 ☎2100-8421~7)

명예 회복 인정증(일제 강점하 강제 동원 피해 심의·결정 통지서)

제 동원의 피해자로 인정해 주어서, 마침내 명예를 회복할 수 있었기 때문에, 저는 진심에서 우러나는 감사를 표했습니다.

더구나 한국에서는 사망·행방불명이 된 희생자 유족에게 2,000만 원의 위로금이, 생존자에게는 형편에 따라 의료 지원금 등이 지급되었어요. 그러나 이 조치는 한국 정부가 국내의 국민으로 한정해 적용했기 때문에, 일본에 거주하는 재외 국민은 대상 밖이었어요. 그렇다고는 해도 일본의 동진회 동료와 유족은 금전적으로는 아무런 득이 없었지만, 조국이 전범이라는 우리의 오명을 씻어 준 사실에 더없이 기쁘기만 했습니다.

2006년 7월 9일에는 저희를 지원하는 여러분이 우리의 '한국 정부에 의한 명예 회복을 축하하는 모임'을 열어 주었어요. 발기인에는 다나카 니치쥰田中日淳·이인하李仁夏·미키 무쓰코·이마무라 쓰구오·이시

명예 회복을 축하하는 모임. 많은 분들의 축복으로 당사자와 가족들의 기쁨은 배가되었다.(2006년 7월 9일, 요쓰야四谷 스퀘어 고지마치Square麴町) ⓒ 배소

게 에이코·우쓰미 아이코 씨와 오랜 세월 우리를 도와주신 여러분이 이름을 올려 주셨어요. 이마무라 선생은 이날을 기다리지 못하고 세상을 떠난 조리 재판 원고 여러분의 명복을 빌며 따뜻한 인사 말씀을 해 주셨습니다. 또 전 시베리아 억류자인 데라우치 요시오寺内良雄 씨(전국 억류자 보상 협의회 회장), 전 BC급 전범자로 평화 그룹에서도 함께 활동했던 이이다 스스무飯田進 씨도 축하해 주었어요. 동진회 가족도 자식과 손자 세대까지 모여서 정말 기쁨이 넘쳐나는 떠들썩한 모임을 가졌습니다.

재일 한인 역사 자료관에서 전시를

그 무렵 재일 한국인 사회 안에서도 변화의 모습이 드러나고 있었어요. 한국 정부로부터 명예 회복을 받은 기념으로 열린 기자 회견은 민단 본부 회의실에서 이루어졌어요. 민단이 우리 문제를 이해하고 지원하게 된 거지요. 그 후 의원 회관에서 열린 집회 등에도 민단 본부의 간부 여러분이 참석하기도 했고요.

또한 2005년 11월 도쿄 아자부麻布에 있는 민단 건물 안에 '재일 한인 역사 자료관'이 개관되어, 재일 1세·2세들의 기록과 생활 도구 등을 모아서, 그 격동의 역정을 전시하게 되었습니다. 동진회 회원들도 수기와 사진, 인양증명서引揚證明書 등을 기탁했어요. 이 자료 정리는 자료관 직원을 중심으로 자원봉사자 학생들과 동진회를 응원하는 모임의 오카다 다이헤이岡田泰平 씨 같은 분들이 맡아 주었습니다. 김완근 씨가 오트럼 형무소에서 사용한 수건도 자료관에 수장되었습니다. 전시실에는 이런 자료들을 소개하는 코너가 따로 설치되었습니다.

2007년에는 조선인 BC급 전범자 문제를 다룬 기획전이 개최되었습니다. 또 연속 5회에 걸쳐 BC급 전범자 문제에 관한 세미나를 개최하기도 했어요. 세미나는 매번 마흔 명가량이 참석해 만석을 이루고는 했어요. 2008년 11월에는 동진회를 뒤에서 지원해 온 여성들의 이야기를 듣는 모임을 개최해 시라이 세쓰白井セツ(배정만 씨 아내) 씨, 이와모토 기쿠코岩本菊子(정영옥 씨 아내) 씨, 하타야 사다코畠谷サダ子(김완근 씨 아내) 씨, 그리고 제 아내 강복순姜福順이 이야기했어요. "다른 사람들 앞에서 말하는 게 서툴다"고 평계를 댔지만, 남편들이 일과 국가 보상 운동에 전념하는 가운데, 하루하루의 생활을 떠받치고 있었던 당사자는 바로 '아내들'이었다고 저는 생각해요. 평소에는 별로 입에 담은 적은 없지만….

재일 한인 역사 자료관에서 BC급 전범자 문제 기획전. 이시게 에이코 선생과 함께(2007년 5월 27일)
ⓒ 동진회를 응원하는 모임

재일 한인 역사 자료관은 직원 여러분의 이해와 수고도 있어서 우리 문제를 발신하는 거점이 되었어요.

한국 유족들과의 만남

그런데 한국에서의 명예 회복은 예상치 못한 만남을 불러왔어요. 저는 사형된 동료들도 동진회 명의로 강제 동원 피해 인정 신청서를 제출했어요. 그런데 한국에 거주하는 사형자 유족도 신청을 냈다는 겁니다. 저와 마찬가지로 타이·미얀마 철도 건설 현장에서 포로 감시원을 하고, 영국 관할 재판에 의해 사형된 강태협姜泰協 씨의 아들 강도원姜道元 씨가 바로 그 장본인입니다.

강도원 씨는 1938년생으로, 아버지가 전범으로 처형된 사실은 상당한 세월이 흐른 뒤에 듣게 되었다고 했어요. 강도원 씨가 저에게 직접

'한국 유족회'(나중의 '한국 동진회')가 결성되다.(2007년 2월 25일, 서울에서) ⓒ 동진회를 응원하는 모임

전화를 걸어와서 깜짝 놀랐어요.

강도원 씨는 자신 외에 한국 내의 또 다른 전 BC급 전범자 유족의 신청이 있는지 여부도 진상 규명 위원회에 문의했어요. 진상 규명 위원회는 연락을 취하고 싶다는 강 씨의 전언을 다른 유족에게 전하고, 거기에 응한 사람들과도 연락을 할 수 있게 되었습니다. '명예 회복'이 이루어짐으로써, 유족들도 자기 가족의 과거를 한국 사회에서 점차 공개할 수 있게 되었던 거지요.

이 무렵 우쓰미 아이코 선생의 저서 『조선인 BC급 전범의 기록』이 한국에서 번역되어 출판되었습니다.

한일 공동 심포지엄과 야스쿠니靖国 합사 철회 요청

2007년 2월에는 열아홉 가족이 모여 서울에서 '한국유족회'(나중의 한국 동진회, 회장 강도원)를 결성했어요. 같은 해 12월에 한국에서 유족 다섯 명이 일본을 방문했습니다. 12월 8일에는 한일 공동 심포지엄을 도쿄 오차노미즈お茶の水에 소재한 한국 YMCA에서 대대적으로 개최했습니다.

심포지엄에서는 회장 강도원 씨, 이제까지 우리와 함께 소송을 해 온 변광수 씨, 박분자 씨와 새로 김진형金眞亨 씨, 정창수鄭昌洙 씨 등 한국유족회 회원들이 증언했어요. 심포지엄 장소인 한국 YMCA는 국제회의를 방불케 하는 준비로 일본어·한국어의 동시통역을 이어폰을 통해 제공했습니다. 언론사 취재진도 대거 와 있는 듯했어요.

김진형 씨의 아버지 김옥동金玉銅 씨는 자바 포로수용소에 근무했으며, 네덜란드 관할 재판에서 4년형을 받고 복역 후 귀국했다고 합니다. 원래 북한 출신으로 그곳에 가족도 있었지만, 한국전쟁 때 남으로 내려와 결국 새로 가정을 꾸리고 김진형 씨를 낳았다고 했어요.

정창수 씨의 아버지 정종관鄭鐘觀 씨도 자바 포로수용소에서 근무했으며, 네덜란드 관할 재판에서 5년형을 선고받았다고 합니다. 일본에 거주하며 결핵을 앓다가 1995년에야 겨우 귀국했지만, 내내 병치레에 시달리다 세상을 떠났다고 했어요.

두 사람 모두 이미 세상을 떠나 명예 회복 소식을 직접 들을 수는 없었지만, 진상 규명의 결과 그 자식들은 아버지가 털어놓지 않았던 체험의 일단을 알게 되었던 겁니다.

이 심포지엄에는 진상 규명 위원회의 BC급 전범자 문제 담당 조사관 이세일李世日 씨도 참석했습니다. 그는 진상 규명 위원회 내부 논의에서 "어느 정도 교육 수준을 갖춘 포로 감시원과 통역에 대한 '강제성'은 처지가 다른 '위안부' 등에 대한 판단 기준과 달라야 하지 않을까"라는 의견도 있었지만, 국가 총동원법이 시행된 후에는 일본이 정책 결정을 하면 어떤 수단을 사용해서라도 동원하고 있었기 때문에, 형식은 지원일지라도 강제성이 인정된다는 결론에 이르렀다고, 논의 경과를 소개했어요.

동진회에서는 당사자로 제가 나섰습니다. 명예 회복을 함께 기뻐한 정영옥 씨는 명예 회복이 이루어지고 세 달가량 뒤에 갑자기 세상을 떠나 생존자는 또 한 사람이 줄어들고 말았습니다. 그러나 고 박창호 씨의 맏아들 박래홍 씨, 요양 중인 김완근 씨의 맏아들 하타야 요시아키 씨 등 2세들이 아버지들의 역정을 대신해 들려주었어요.

다음다음 날인 10일에는 동진회와 한국유족회에서 야스쿠니 신사

합사 철회를 요구하며 야스쿠니 신사에 갔습니다.

"신도神道와 종지宗旨가 다른 야스쿠니 신사 합사는 사형당한 동료와 그 가족을 모독하는 일입니다. 고인과 유족의 의사에 반하는 야스쿠니 신사 합사를 철회하고, 고인과 유족에게 사죄하기를 바랍니다."

이런 내용의 요망서를 제출했지만, 약 2주일 후에 도착한 회답은 "창건의 주지主旨와 관습에 따라서…전몰자를 위해 봉사"하고 있어 철회할 수 없다는 내용이었어요. "해 달라"라는 보상은 전혀 하지 않고, "하지 말라"는 합사는 제멋대로 한다는 염치없는 대응이 아닐 수 없습니다.

합동 위령제를 한국에서

2008년 6월에 저는 한국에 가서 전 BC급 전범자 여섯 명이 잠든 국립 묘원 '망향의 동산'에서 한국유족회와 함께 '합동 위령제'를 올렸습니다. 망향의 동산에는 천광린千光燐, 박성근朴成根, 임영준林永俊(이상 사형자) 씨, 자살한 허영許榮 씨, 동진회 동료 이선근李善根 씨, 김종연金鐘淵 씨가 잠들어 있습니다.

"옛 친구 여러분이 꿈조차 꿀 수 없었던 조국에 돌아올 수 있게 되었습니다. 부디 편히 잠드소서."

이런 내용의 추도사를 읽으며 저는 한국 유족들과 함께 고인들의 넋을 위로했습니다. 한편 제 마음 깊은 곳에서는 형언할 수 없는 감개가 끓어올랐어요(그 후 2010년에 사형자 김장록金長錄 씨의 유골도 일본에서 송환되어 이곳에 묻혔습니다).

아리미쓰 겐有光健 씨와는 빈번하게 의원들에게 요청하러 돌아다녔다. 이때는 한국의 유족 강도원姜道元 씨 등과 함께(2012년 10월 17일) ⓒ 배소

한국 유족과의 교류는 같은 해(2008년) 12월에 동진회와 응원하는 모임 쪽에서 한국을 방문하는 등 일본과 한국 양쪽에서 협력하는 체제로 이어졌어요.

법안, 드디어 제출!

그런데 최대 과제인 일본 정부에 대한 대응이 여전히 미결로 남아 있었습니다.

이시게 에이코 선생이 의석을 잃고 난 이후 입법 행방이 불투명해졌지만, 마도카 요리코円より子 참의원 의원(민주당 부대표)이 이시게 선생의 역할을 이어받아 바쁘게 움직여 주었어요. 그때까지 중의원 법제국과 2차안을 놓고 교섭을 벌여 왔지만, 마도카 선생이 참의원과 중의원을 연결해 중의원 법제국에서 3차안을 내놓았습니다.

법제국에서 나온 법안의 명칭은 「특정 연합국 재판 피구금자 등에 대한 특별 교부금에 관한 법률안」이었습니다. 명칭은 한층 더 이해하기 어려웠어요(권말에 전문 게재). 또 제1조 취지에는 "특정 연합국 재판 피구금자가 처한 특별 사정 등을 감안하고, 인도적 정신에 기초해…특별 교부금의 지급에 관해 필요한 사항을 정하도록 한다"라고 되어 있어, 저로서는 좀 더 이해하기 쉬운 표현을 썼으면 좋겠다는 생각도 들었어요.

다만, 2차안의 "일본국과의 평화 조약에 기초해 일본 국적을 이탈한 전쟁 재판 수형자"라는 표현은, 사형자는 애초에 샌프란시스코 평화 조약(일본국과의 평화 조약) 이전에 사망했기 때문에 수정이 필요한 점 등, 여러 가지 조정을 한 결과 이번 법안에 도달했다는 것은 이해할 수 있었어요. 그래서 아무쪼록 이 안으로 진행해 주고, 앞으로 심의 과정에서 가능하면 당사자인 전 전범과 유족이 진술할 기회를 마련해 주기를 바랐습니다.

법안은 중의원 의원이며 내각위원회 이사였던 이즈미 겐타泉健太 의원, 처음부터 우리 사정을 이해해 주었던 오하타 아키히로大畠章宏 의원, 사사키 다카히로佐々木隆博 의원이 발의자가 되고, 민주당 의원 스무 명이 찬성자에 이름을 올려서, 2008년 5월 29일 마침내 제출되었습니다. 실로 조리 재판이 끝나고 구 년이라는 세월을 눈앞에 둔 시점이었어요. 그러나 우리의 기나긴 투쟁 끝에 국회에 법안이 상정된 일은 감개무량하기만 했습니다. 이제 마지막 고비만 남았다고 생각했어요.

법안은 총무위원회에 회부되었지만, 정기국회의 회기 종료로 심의는 다음 회기 임시국회로 이월되었습니다. 그러나 제1차 아베 내각의 뒤를 이은 후쿠다福田 내각이 돌연 사퇴하고, 아소麻生 내각이 들어섰지만, 법안 심의는 좀처럼 진행되지 않았습니다.

난항하는 입법

언제 심의가 이루어질까 초조한 나날이 이어지는 가운데, 빈곤 문제·연금 문제 등으로 자민당 정권에 대한 비판이 고조되고, 매니페스토manifesto를 내걸고 싸운 민주당이 2009년 8월 총선거에서 압승했습니다. 드디어 정권 교체가 실현되고 하토야마 유키오鳩山由紀

夫 내각이 발족한 겁니다. 이시게 에이코 선생도 당선되었어요. 요코미치 다카히로橫路孝弘 중의원 의장, 에다 사쓰키江田五月 참의원 의장도 우리 문제를 이해하고 있는 분들이었습니다. 참의원에서는 이미 자민·공명당을 제외한 민주당과 기타 당이 다수를 차지하고 있었기 때문에, 민주당이 제출한 법안은 바로 실현되지 않을까, 이런 기대에 부풀었습니다. 오카자키 도미코岡崎トミ子 참의원 의원, 곤노 아즈마今野東 참의원 의원들을 주축으로 한 전후 보상 의원 연맹도 발족했습니다.

그러나 하토야마 정권은 후텐마普天間 기지 이전 문제로 점차 수렁에 빠져들었습니다. 여당이기 때문에 법안 제출 절차는 도리어 신중하게 하지 않을 수 없게 되었어요. 결국, 9개월 후 하토야마 내각이 무너지고, 간 나오토菅直人 씨가 수상이 되었습니다. 그리고 2011년 3월 11일, 동일본 대지진이 일어났습니다. 저는 귀가 도중에 큰길을 천천히 걷고 있어서 진동을 잘 느끼지는 못했어요. 집에 돌아와 TV를 보고 얼마나 엄청난 사태가 일어나고 있는지 알았어요.

지진·쓰나미로 많은 분이 돌아가셨을 뿐만 아니라, 후쿠시마 제1원자력 발전소 폭발 사고로 방사능 오염이 확산되어, 고향으로 돌아갈 수 없는 사람도 몇 만 명이나 발생했습니다. 일본 사람들이 고생하고 일본 정부도 대응에 어려움을 겪고 있었어요. 이런 상황 속에서 우리 법안을 빨리 통과시켜 달라고 할 수는 없었습니다. 반년을 기다린 끝에 새삼스럽게 국회의원들에게 이야기하며 돌아다녔어요.

샌프란시스코 평화 조약 발효로부터 육십 년이 되는 2012년에는 국회의원 회관에서 연속해서 집회를 개최했습니다. 그 사이 수상은 간 나오토 씨에서 노다 요시히코野田佳彦 씨로 바뀌었습니다. 민주당의 지지율이 하락하는 가운데 정기국회 종반, 이명박 대통령의 독도 상륙으로 한일 관계는 급속히 악화되고 말았습니다. 이 같은 여러 가지 요인으로 법안은 새로 구성된 국회에 제출되지 못했어요. 임시국회에서도 제출을 위한 조정을 이시게 에이코 선생이 끈질기게 진행했지만, 조금만 더 하면 되겠구나 하는 단계에서 노다 요시히코 수상이 중의원 해산 후 총선거를 거론해 결국 법안 제출은 무산되고 말았습니다. 정말 안타깝기 짝이 없었습니다.

요양 중이던 김완근 씨는 이해(2012년) 7월 12일 가족이 지켜보는 가운데 세상을 떠났습니다. 마음속으로 기다리고 기다렸을 법안 성립 소식을 전하는 일은 끝내 이루어지지 않았어요.

그리고 같은 해 12월의 총선거에서 민주당은 쉰일곱 석으로 의석이 크게 줄어들고, 자민·공명 두 당이 연립해 2/3 이상이라는 다수 안정 의석을 확보한 제2차 아베 내각이 발족했습니다.

한국 헌법재판소에 제소

우리 문제는 이제까지 자민당의 일부 의원들도 이해하고는 있었지만, 입법 실현으로 가는 길이 험난해진 것은 부인할 수 없었습니다. 그러나 어렵다고 해서 포기할 수는 없었어요. 곧바로 아베 수상에게 요청서를 제출했습니다. 1955년 하토야마 이치로 수상 이후 스물아홉 명의 역대 수상에게 계속 제출해 왔듯이 말입니다.

또한 한일 관계는 상당히 악화되어 있었지만, 한국 측의 로비 가능성은 남아 있었어요. 한국의 헌법재판소는 2011년 8월 30일 '일본군 위안부' '원폭 피해자'에 대해서 한국 정부가 구체적 해결을 위해 노력하고 있지 않는 것은 피해자들의 기본권을 침해하는 위헌 행위이다, 라는 주목할 만한 결정을 내렸어요. 이명박 대통령도 이 결정을 받고 일본 측(당시 민주당 정권)과 교섭을 개시했어요.

BC급 전범자 문제도 한국 정부가 "구체적 해결을 위해 노력하고 있지 않다"라는 상황에 있는 것은 틀림없었습니다. 명예를 회복해 준 조국, 한국을 제소하는 일은 마음이 내키지 않았지만, 이기든 지든 간에 한국 정부와 한국 사회에도 우리 문제를 알리고, 일본 정부에 해결을 촉구할 책무가 있다는 것을 상기시켜야 한다고 생각했습니다. 그래서 한국에서 전쟁 피해자를 지원하는 장완익張完翼 변호사와 상담하고 제소를 결정했어요.

한국 정부가 우리의 인권을 보호하기 위해 일본 정부와 외교 절충을 해 오지 않았다는 것은 중대한 부작위不作爲이며, 헌법 위반에 해당한다는 제소였습니다.

그동안 2013년 11월 8일~12월 15일에는 한국의 민족문제연구소가 조선인 BC급 전범자 문제를 주제로 서울 역사박물관에서 패널 전시「전범이 된 조선 청년들」과 심포지엄을 개최해 한국 내의 여론 환기를 위해 노력을 기울였습니다. 저도 우쓰미 아이코 선생, 아리미쓰 겐有光健 씨와 함께 참석했어요. 한국에서는 한국 동진회의 강도원 씨와 변호사 장완익 씨, 언론인 김효순 씨, 인천대학의 이상의李商衣교수 등이 심포지엄에 참가했습니다.

사진 패널전은 다음 해인 2014년 4월 26~29일까지 동진회를 응원하는 모임 주최로 도쿄·나카노中野에서 다시 개최되어 일본 국내 여론에도 호소했어요. 저와 동진회 가족의 갤러리 토크gallery talk, 또

2013년 민족문제연구소가 주최한 「전범이 된 조선 청년들」 전시 ⓒ 민족문제연구소

아리타 요시후有田芳生 참의원 의원, 사쿠라이 히토시桜井均 전 NHK PD 등 여러분이 우리 문제에 관해 이야기를 해 주는 등, 전시 기간 동안 400명이 넘는 사람들이 전시장을 방문했습니다.

  7월 말~8월 초에는 오키나와 대학을 무대로 사진 패널전과 심포지엄 '아시아 태평양 전쟁과 전 조선인 BC급 전범'이 개최되어 저도 참가했습니다(주최는 오키나와 한일정경문화포럼 외). 헤노코辺野古 기지 신설을 거부하고 평화를 희구하는 사람들이 우리 문제를 과제로 다루어 준 일은 정말 감사하고, 또 스가모 프리즌에서 이에지마伊江島 토지 투쟁에 위문품을 보낸 것에 대한 답례로 이에지마 반전평화자료관의 자하나 에쓰코謝花悦子 씨가 일부러 와 주신 것에 깜짝 놀랐습니다. 자하나 에스코 씨에게는 특별한 감사의 마음을 표했습니다.

한일韓日의 국경을 넘어 우리 문제에 대한 이해가 조금씩 확산되는 가운데, 2014년 10월 14일 동진회 회원 세 명과 한국 동진회 회원 일곱 명이 원고가 되어 한국 헌법재판소에 한국 정부의 부작위에 따른 위헌 행위를 제소했습니다. 제소는 정식으로 수리되었지만, 한국 헌법재판소에서는 공판이 아니라 재판소의 심리 결과가 그대로 판결(결정)로 나온다고 했습니다. 일 년이 지났지만 2016년 3월 현재, 판결은 내려지지 않고 있습니다.[32]

그런데 일본 정부는 1997년부터 전 연합국 포로 초빙 사업을 벌이고 있습니다. 2015년까지 미국·영국·오스트레일리아·캐나다·네덜란드 등의 전 포로와 가족 백 몇 십 명을 초대했습니다. 2009년부터는 외무 장관이 이들을 직접 면담해 사과하고 있고요. 일본군이 포로를 비인도적으로 대우하고, 다수의 희생자를 낸 것은 역사적 사실입니다. 일본 정부가 당사자와 유족을 초청해 사죄하는 것은 대단히 좋은 일이라고 할 수 있어요.

그러나 그동안 저는 복잡한 심정을 감출 수 없었어요. 전 포로에 대해서 정중한 사과를 하는 한편, 포로 관리를 시키고 책임을 떠안긴 우리는 왜 방치 상태로 내버려 두고 있는 것일까, 라는. 우리는 일본에 의해 잠시 쓰이고 버려졌습니다. 우리 문제는 한국과 일본 정부 간의 교섭 대상에서도 제외되었습니다. 실로 허무하고 비통한 심경을 떨칠 수 없습니다.

---

32) 이 책의 번역을 마무리하는 2017년 10월 현재까지 헌재의 결정은 이루어지지 않고 있다.

그러나 포기할 수 없다

 2015년 저는 아흔 살이 넘었고, 척추협착증 영향으로 지팡이 신세를 지고 있습니다. 국회의원에게 입법 요청, 관련 집회 등 가능한 한 걸음을 하려고 하지만, 혼자서는 이동에도 왠지 불안을 느끼는 일이 잦아졌습니다.
 그러나 올해는 전후 칠십 년, 동진회 결성으로부터 육십 년, 한일조약 체결로부터 오십 년이 되는 중요한 해이기 때문에, 동진회 설립일인 4월 1일에 국회의원 회관 안에서 집회를 개최했습니다. 저 '동진회의 역정을 듣는 모임'으로부터 어느덧 십 년이 경과했네요.
 요코미치 다카히로橫路孝弘 중의원 의원, 곤도 쇼이치近藤昭一 중의원 의원, 후지타 유키히사藤田幸久 참의원 의원, 아리타 요시후有田芳生 참의원 의원, 가미모토 미에코神本美惠子 참의원 의원, 하쓰시카 아키히로初鹿明博 중의원 의원, 이케우치 사오리池內さおり 중의원 의원 같은 의원 여러분이 바쁜 와중에도 걸음을 해 주셨으며, 저는 "올해야말로 꼭 해결하자"라고 강하게 호소했습니다.
 후지타 유키히사 의원은 참의원 예산위원회(2015년 3월 27일)와 외교방위위원회(4월 7일, 5월 12일)에서 아베 수상과 기시다 후미오岸田文雄 외무 장관에게 우리 문제를 질문하고, 대응을 촉구해 주었습니다. 기시다 외무 장관은 한일 조약으로 해결 완료라는 입장을 반복하면서도 "먼저 기본적인 인식으로서, 조선 반도 출신의 이른바 BC급 전범 여러분이 오늘까지 갖은 고생을 하신 것, 이것은 마음 아픈 문제입니다. 이러한 생각을 가슴에 간직하고 평화 국가로 나아가며, 우리나라의 입장에서 대응을 고려해 가고자 합니다"(외교방위위원회, 5월 12일)라고 답변했습니다. 그러나 한일 회담 때 정부 간에 모종의 거래가 있었던 사실이 이 질문을 통해 밝혀졌고, 과제는 한층 뚜렷해졌습니다.

또 2014년 10월과 2015년 7월에 서울과 도쿄에서 개최된 일한·한일 의원 연맹 합동 총회에서도, 한국·조선인 BC급 전범자 문제가 논의되었습니다. 성명서에 넣는 데까지는 이르지 못했지만 앞으로 검토 과제가 되었다고 했어요. 한국 측에서는 이진복李珍福 의원과 유승우柳勝優 의원이 열심히 문제 제기를 해 주었다고 합니다.

그러나 그 후 아베 정권은 헌법 위헌이라고 강한 비판을 받는 안보 관련 법제를 일방적으로 심의했어요. 반대 여론을 무릅쓰고 안보 법제를 가결하자마자 국회는 폐회되고 말았습니다. 우리 문제가 끼어들 여지도 없었고, 운동의 진전이 전혀 없는 상태로 현안은 다음 회기로 이월되고 말았습니다.

저는 신년 수첩을 구입하면 우선 동진회 운동의 경과 등을 수첩의 맨 끝에 적어 넣습니다. 따로 유골 송환의 경과와 자살자에 관한 내용도 적어 넣지요. 매년 거의 동일한 내용을 반복해 베껴 쓰는 겁니다. 그리고 나서 그 해의 동진회 운동 방침, 또 가족의 연간 계획 등도 적어 넣습니다.

2016년의 운동 방침의 첫 번째 내용은 "법안 재제출. 실현의 중대 고비"라고 적었어요. 아무리 힘들어도 살아 있는 한 그 실현을 포기할 수는 없습니다. 제 머리 속에는 항상 죽어간 동료, 그 중에서도 사형당한 동료들이 있어요.

그들은 사형수였던 저와 마찬가지로, 누구를 위해, 무엇을 위해 죽는 건가, 이런 고민의 시간을 겪었을 겁니다. 일본 정부는 사형자에 대해 이제까지 너무나 도외시해 왔습니다. 이 상태로 방치해야만 할까요? 고향을 떠나 일본군 포로 정책의 말단을 떠맡은 결과, 전범이 되어 일본의 책임을 떠안고 죽어 간 동료들의 원한을 다소나마 풀어 주는 것이 살아남은 저의 책무라고 생각합니다. 일본 정부는 자신의 부조리를 시정하고, 입법을 촉구하는 사법부의 견해를 진지하게 받아들여 입법 조치를 조속히 강구해야만 합니다.

수첩에는 운동의 경과 등을 매년 적어 넣는다. ⓒ 오야마 미사코

제가 불합리한 요구를 하는 것이라면 저는 납득하고 요구를 취하할 겁니다. 그러나 이것이 불합리한 요구일까요?

이것은 조선인 BC급 전범자인 제가 일본의 여러분에게 하는 질문입니다. 일본인 여러분의 정의와 도덕심에 다시 한 번 강하게 호소합니다.

한국어판 후기

이 책이 일본에서 출판(2016년 4월)된 지 어느덧 일 년 반 가까운 시간이 흘렀습니다. 저는 2017년도 새 수첩에 올해의 목표로 "법안 제출, 입법"을 써넣어야만 했습니다. 그런데 그 사이 진전도 있었습니다.

지금까지 반세기 이상 계속해 일본의 국회의원에게 요청해 왔지만, 자서전 출판은 법안 입법 문제에 대한 여당인 자민당 의원들의 이해를 확산하는 계기도 되었습니다. 특히 한일의원연맹 간사장이라는 요직을 맡고 있는 가와무라 다케오河村建夫 의원은 법안 입법 문제를 해결하기 위해 초당적 프로젝트팀을 만들고, 이 팀에서 정리한 수정 법안을 2016년 10월 28일 한일의원연맹 임원회로부터 승인을 받았습니다.

그리고 그 직후인 11월 3일~4일 서울에서 개최된 한일·일한의원연맹합동총회의 합동 성명에 "한국 측은 일본 측에서 검토 중인 한국인 전 BC급 전범자의 명예 회복 및 보상 문제의 조기 해결을 요청하고, 일본 측도 적극적으로 추진하기로 했다"는 문장을 포함시켰습니다. 한일 국회의원이 제휴해 문제 해결을 선언한 것은 우리의 오랜 운동에서 처음 있는 일입니다.

이 기세를 몰아서 법안 성립까지 이루고 싶었지만, 한국에서는 연일 박근혜 대통령(당시) 탄핵을 외치는 대규모 시위가 벌어지고, 일본에서는 한일의원연맹이 적극적으로 움직이기에는 시간이 촉박해 결국 2017년으로 미루게 되었습니다.

2017년 5월 한국 국민은 문재인 후보를 대통령으로 선출하고, 한일 관계의 새로운 구축이 시작되었습니다. 6월에 일본을 방문한 정세균 국회의장은 일본의 오시마 다다모리大島理森 중의원 의장과 면담 때 한국인 BC급 전범자 문제 해결에 관해 언급했다고 합니다.

6월에 폐회한 정기국회에서도 유감스럽게도 법안 제출은 이루어지지 않았지만, 다음 국회에서는 틀림없이, 라고 기대하고 있습니다.

또한, 그 사이 변화로는 전범이 된 충격으로 정신 이상을 일으켜, 1991년 세상을 떠날 때까지 전후 내내 정신병원에서 보낸 이영길 씨 (174쪽 참조)의 유골이 도쿄 고다이라小平의 고쿠헤이지國平寺에서 조국 땅으로 모셔졌습니다.

이영길 씨는 북한 출신이기 때문에 군사분계선 가까이의 공동묘지 (한국)에 묻힐 예정입니다. 뭐라 형언할 수 없을 만큼 가여운 인생이었지만, 가까스로 조국 땅에 돌아가게 되어 오랜 걱정이 하나 해결되었습니다.

앞에서 말했듯이, 저는 포로 감시원으로 삼 년, 전범으로 교도소에서 십일 년, 그 후 계속 일본 정부에 보상을 요구하며 육십일 년을 보내고 지금 아흔두 살이 되었습니다. 사형수로 스물세 살에 죽었어도 이상할 게 없었던 인생을 용케 여기까지 살게 해 주었다는 생각을 금할 수 없습니다.

저는 많은 분들에게 도움을 받으며 여기까지 왔지만, 큰 은인 이 책에서도 자주 등장하는 이마이 도모후미今井知文 선생, 다나카 니치준田中日淳 선생 우쓰미 아이코內海愛子 선생 세 분이라고 생각합니다.

이마이 선생은 우리가 이국땅 일본에서 고달픈 삶을 면치 못하고 있을 때부터 물심양면으로 아낌없이 도움을 주셨습니다. 아무리 감사를 드려도 부족할 따름입니다. 1996년 이마이 선생이 돌아가셨을 때 저는 선생의 사적을 새긴 비를 세우고 싶었지만, 사모님께서 꾸밈없이 자연스럽게 두고 싶다고 하셨습니다.

그 사모님마저 돌아가신 지 십 년이라는 세월이 흘렀습니다. 저 자신도 인생의 황혼기를 맞이해 앞으로 관련자가 사라지면, 이마이 선생께 우리가 어떻게 도움을 받았는지 전할 수 없게 됩니다. 그래서 유족의 승낙을 받아 가마쿠라鎌倉에 있는 선생의 묘소 옆에 묘비를 세워 드렸습니다.

묘비에는 "이마이 도모후미 선생 부부는 낯선 이국땅에서 고투하는 고립무원의 우리에게 아낌없이 지원을 해 주셨습니다. 진심으로 감사드립니다. 이제 그 인덕仁德을 흠모해 후세에 전하며, 삼가 두 분의 명복을 빕니다"라고 새겼습니다.

다나카 니치쥰 선생은 2010년 7월에 구십칠 세를 일기로 돌아가셨습니다. 창이 형무소에 계실 때부터 돌아가시는 마지막 순간까지, 우리 조선인 전범자를 염려해 주셨습니다. 사형자 유골을 맡아서 공양을 올려 주셨고, 자살자와 병으로 죽은 사람의 명복도 빌어 주셨습니다. 유골의 한국 송환에도 온 힘을 다해 주셨습니다.

일본 정부에 의한 입법 조치의 실현을 마음으로 응원해 주셨습니다. 선생이 돌아가신 후에는 사위인 이시카와 쓰네히코石川恒彦 선생이 창이 위령제를 지내 주셨지만, 당사자들이 고령이 되어 참가자도 줄어들어 현재는 뜻있는 사람들이 매년 4월 둘째 일요일에 제를 지내고 있습니다.

우쓰미 아이코 선생은 늘 웃는 얼굴로 우리의 운동을 곁에서 함께해 주셨습니다. 이마이 선생이 뒤를 부탁하고 싶다고 하셨듯이, 정말 우리는 우쓰미 선생의 도움으로 여기까지 왔습니다. 또 남편되시는 무라이 요시노리村井吉敬 선생은 도쿄 지방법원이 조리 재판의 청구를 기각하는 판결을 내렸을 때, 우리의 억울함과 분노를 엮어서 원고 성명서를 써 주시는 등 음으로 양으로 계속 지원해 주셨습니다. 유감스럽게도 예순아홉이라는 젊은 나이에 돌아가셨습니다. 감사를 드리며 또한 삼가 명복을 빕니다.

그 밖에 신세를 진 분들의 성함을 들자면 끝이 없습니다. 이 책에 등장하는 동진회 동료와 한국의 유족 여러분, 이마무라 쓰구오今村嗣夫 선생을 비롯한 변호인단 여러분, 입법 실현을 위해 온 힘을 다해 주신 이시게 에이코石毛えい子 전 중의원 의원과 국회의원 여러분, 아리미쓰 겐有光健 씨, 오야마 미사코大山美佐子 씨를 비롯한 동진회를 응원하는 모임의 간사 여러분, 회원 여러분, 정말 감사합니다. 그리고 이제 한 고비만 넘기면 됩니다. 아무쪼록 잘 부탁드립니다.

한국 쪽에서도 많은 분이 지원해 주셨습니다. 당시의 시대 배경을 이해하고 지원해 주시는 이세일李世日 조사관, 최봉태崔鳳泰 변호사, 헌법 소원의 원고 대리인 장완익張完翼 변호사, 실무를 맡고 계신 신희석申熙石 씨에게도 감사드립니다.

또 일본에서 제가 자서전을 낸다는 소식을 들은 한국의 이상문李相汶 씨가 우쓰미 아이코 선생을 통해 후원금을 보내 주셨습니다. 이상문 씨는 저와 마찬가지로 포로 감시원으로 자바에서 근무하며, 고려독립청년당의 혈맹 당원의 일원으로 항일 운동에도 관여했습니다. 그는 한국의 건국포장建國襃章도 받아 우리가 대단히 자랑스럽게 생각하는 인물입니다.

이상문 씨는 전범은 아니었지만 전후 저와도 교유하고 있었습니다.

후원금은 이상문 씨가 일본 정부를 상대로 보상 요구를 계속하는 저를 지원하고 싶다고 보내 주셨습니다. 저는 조국을 위해 아무것도 하지 않았다는 부채감을 계속 가지고 있었는데 정말 감사하기 짝이 없습니다. 우쓰미 선생과 응원하는 모임과 상의해 이 책의 보급과 문제 해결을 위해 사용하고자 합니다. 이상문 씨는 마치 제가 자서전을 출판하는 것을 기다렸다는 듯이 2016년 5월에 돌아가셨습니다. 삼가 명복을 빕니다.

이 책의 한국어 출판에 즈음해서는 이상문 씨와 교류가 있는 김종익金鐘翊 씨가 번역을 맡아 주셨습니다. 또 한국인 BC급 전범자 문제를 한국 사회에 알리기 위해 사진전을 개최하는 등 다양한 협조를 해 준 민족문제연구소가 출판을 맡아 주셨습니다. 진심으로 감사드립니다.

또한, 저의 이 자서전은 1998년에 이루어진 노학사勞學舍[33] 쪽의 구술 기록을 바탕으로, 오야마 미사코 씨가 그 후의 동향을 보충해 재구성하는, 대단한 정성과 수고를 들여 정리해 주었습니다. 사진 제공은 보도 사진가 배소裵昭[34] 씨가 전폭적으로 협력을 해 주셨습니다. 진심으로 감사드립니다.

---

33) 노학사는 다양한 직업·연령층의 남녀로 구성된 사회 교육·시민운동이다. 1967년 창립 이래 "생동하는 민중 사상을 상호 함양한다"를 모토로, 자신을 살리고 그런 사회를 만들기 위해 다양한 활동을 벌이고 있다. 노학사라는 이름은 인간 생활의 기초인, 일하는 것(勞)과 배우는 것(学)을 중요하게 여기는 사고방식에서 따왔다. 구체적인 활동은 월간지 발행, 각종 학습회(자기 교육, 생활 학습, 공동 학습), 기타 활동(현지 견학 모임, 사철 걷기, 합창 연습, 시민운동 참가 등)을 하고 있다.

34) 1956년 후쿠오카 출생 재일 한국인. 포토저널리스트로 『아사히 신문』과 주간지 등에 '일본의 국제화'를 주제로 한 작품을 발표하고 있다. 『쇄국 일본이 다민족 국가가 되는 날鎖国ニッポンが多民族国家になる日』로 제28회 헤이본샤平凡社의 준태양상準太陽賞을 수상했다.

마지막으로 운동과 일밖에 모르는 저를 믿고 지지해 준 아내 강복순에게는 정말 좋은 인연이었다고 더할 수 없는 감사의 마음을 전합니다. 큰아들 이용헌李容憲(廣村哲), 작은아들 이용필李容弼(廣村容) 두 아들도 각자 가정을 이루고 열심히 일하며 살아가고 있습니다. 큰아들 부부는 지난해 1월에 사내아이를 낳았고, 작은아들 부부의 자식은 학업을 마치고 희망하던 직장에 취직했습니다. 저는 본의 아니게 부모님, 특히 어머니에게는 열일곱 살에 집을 떠난 뒤 한 번도 뵙지 못하는 불효를 저질렀지만, 현재 이렇게 가족에 둘러싸여 살아가는 행복을 느끼는 동시에, 손자 세대가 평화롭고 건강하게 자라기를 바라고 있습니다.

그런데 저는 올해 제 수첩에다 이런 말을 써넣었습니다. 책을 읽다가 의미 있게 느껴져서 적어 두었던 구절입니다.

> 살아 있어서
> 살아가는 것이 아니며
> 목적을 수반한 삶의 방식이
> 생의 보람이다.
> 거기에 행복이 있다.

어떤 책인지 기억나지는 않지만, 목적을 가지고 살아간다는 점에 저는 공감했습니다.

파란으로 가득 찬 제 인생도 황혼기를 맞이했습니다. 전범 특히 사형자의 억울한 원한을 다소라도 달래고 명예 회복을 시켜 주는 것이 살아남은 저의 책무라는 생각은 한층 간절해지고 있습니다. 저는 올해야말로 오랜 세월 현안이었던 조선인 BC급 전범자에 관한 입법을 실현시키고 싶습니다. 이 문제는 기본적으로 일본 정부의 문제이기 때문에, 일본인의 정의와 도의심에 새삼스럽게 호소하는 바이지만, 한국의 여러분도 이해와 지원을 해 주신다면 영광스럽기 짝이 없을 것입니다. 감사합니다.

2017년 8월

이 학 래

끝나지 않은 질문, 누구를 위해, 무엇을 위해…

우쓰미 아이코 內海愛子[35]

왜 한국인이 전쟁 범죄자로…

"한국에서는 친일파 문제도 이해하기가 어려운데, 조선인 전범 문제에 이르면, 동정과 이해의 범위를 넘어서 '확신범'이라는 이미지가 사회적으로 강하게 각인되어 있다." 게이센여학원대학惠泉女学園大学 이영채 교수의 말이다.(『민단신문民團新聞』, 2017. 8. 15일자)

이영채 씨가 지적하듯이 한국에서는 '전쟁 범죄자'라는 단어에서 일본군에 적극 협력해 범죄를 저지른 자를 연상할 것이다. 전쟁 재판이란 무엇일까, 미국과 영국은 무엇을 재판한 것일까.

---

[35] 우쓰미 아이코 1941년 출생. 와세다대학에서 사회학을 전공하고 대학원에서 박사 학위를 받은 뒤 일본조선연구소 연구원, 인도네시아 자바란대학 문학부 강사, 게이센여학원대학 교수 등을 거쳐 현재 오사카경제법과대학 아시아태평양연구센터 특임 교수로 있다. 시민문화포럼, 전시포로(POW)리서치네트워크, 강제동원진상규명네트워크 등의 공동대표를 맡고 있다. 저서로는 『신세타령 - 재일 조선 여성의 반평생』(공저, 1972), 『조선인 BC급 전범의 기록』(1980), 『적도 하의 조선인 반란』(공저, 1980), 『시네아티스트 허영의 쇼와』(공저, 1987), 『조선인 병사들의 전쟁』(1991), 『타이-미얀마 철도와 일본의 전쟁 책임 - 포로, 노무자, 조선인』(공저, 1994), 『전후 보상으로 생각하는 일본과 아시아』(2002), 『일본군의 포로 정책』(2005), 『김은 왜 재판을 받았을까, 조선인 BC급 전범의 궤적』(2008) 등이 있다.

전쟁 재판에 관한 한일韓日의 정보 격차는 큰 편이지만, 한국에 비해 많은 정보를 가지고 있는 일본에서도 극동국제군사재판(이른바 도쿄재판)에 관해 도조 히데키東條英機의 이름 정도도 모르는 사람이 많다. 나 자신도 예전에는 전범이라는 단어를 들으면, 도조 히데키를 겨우 떠올리는 수준이었다. 전쟁 재판에 관심을 가지게 된 계기는 조선인이 일본의 전쟁 책임을 추궁당해 전범이 된 사실을 알았던 데서 비롯되었다. '왜 조선인이 전범이 된 것일까' 그 의문을 추적하는 가운데 이학래 씨와 그의 동료들을 만났다.

도쿄 재판

도쿄 재판의 정식 명칭은 극동국제군사재판(International Military Tribunal for the Far East)이며, 이 재판에서는 미국, 영국 등 연합국 11개국이 일본의 중대 전쟁 범죄인(A급 전쟁 범죄인)을 재판했다.

1945년 8월 14일 일본은 '포츠담 선언'(Proclamation Defining Terms For Japanese Surrender)을 수락했는데, 이 '선언' 제10항에는 "우리 포로를 학대한 자들을 포함한 모든 전쟁 범죄자에 대해 엄중하게 처벌해야 한다"는 내용이 들어 있었다.[36]

---

36) 10. We do not intend that the Japanese shall be enslaved as a race or destroyed as a nation, but stern justice shall be meted out to all war criminals, including those who have visited cruelties upon our prisoners. The Japanese Government shall remove all obstacles to the revival and strengthening of democratic tendencies among the Japanese people. Freedom of speech, of religion, and of thought, as well as respect for the fundamental human rights shall be established.

이 선언에 근거해 연합군 최고사령관SCAP(Supreme Commander for the Allied Powers) 더글러스 맥아더Douglas MacArthur는 1946년 1월 19일 극동국제군사재판소 설립에 관한 '특별 선언'을 발표함으로써 GHQ 일반 명령 제1호에 의한 극동국제군사재판소 조례가 공포되었다. 도조 히데키 등 28명이 '평화에 반한 죄[37]' '인도에 반한 죄[38]' '통례의 전쟁 범죄[39]'로 기소되었다.

법정이 개설된 도쿄 이치가야다이市ヶ谷台는 전전戰前에는 육군사관학교가 있었고, 그 후 제1군총사령부가 위치했으며, 전쟁 말기에는 육군성陸軍省과 참모 본부도 이곳으로 이전했다. 이곳에서 1946년 5월 3일 극동국제군사재판의 법정을 열어 재판을 시작했다. 도조 히데키, 도고 시게노리東鄕茂德, 마쓰오카 요스케松岡洋右 등 피고 28명이 앞의 세 가지 '죄'로 기소되었다. 재판 진행 과정에서 피고인 오카와 슈메이大川周明는 정신 장애로 면소되고, 마쓰오카 요스케와 나가오 오사미永野修身는 사망했다.

각각의 피고에게는 미국인 변호사와 일본인 변호사가 선임되고, 통역도 이중 점검이 이루어졌다. 심리는 도중에 중단되기도 했지만 2년간 계속되었다. 심리 기간 동안 법정에 출석한 증인은 419명, 증거로 채택된 증거 서류는 4,336통에 달했다.

1948년 11월 12일 판결이 선고되었다. 도조 히데키 등 7명이 교수형,

---

[37] 평화에 반한 죄(A급 전범) : 국제 조약을 위반하여 침략 전쟁을 기획, 시작, 수행한 자(『아직도 심판은 끝나지 않았다』, 박원순, 1996년, 한겨레신문사)
[38] 인도에 반한 죄(C급 전범) : 상급자의 명령에 의하여 고문과 살인을 직접 행한 자(위의 책)
[39] 통례의 전쟁 범죄(B급 전범) : 전쟁법과 전쟁관습법을 위반하고 살인, 포로 학대, 약탈을 저지른 자(위의 책)

나머지 18명 전원이 유죄였다. 이 18명 가운데 전 조선 총독 미나미 지로南次郎, 고이소 구니아키小磯國昭와 조선군 사령관 이타가키 세이시로板垣征四郎가 있었다. 그러나 기소 항목에 조선 통치 시대에 관한 부분은 없었다. 법정은 영국과 미국의 식민지와 중국에 대한 일본의 침략은 소인訴因으로 채택해 심리를 진행했지만, 일본의 조선 지배는 전혀 다루지 않았다.

국내외의 이목이 집중된 가운데 심리가 진행된 법정은 '할리우드 수준'의 조명으로 낱낱이 비춰지고 있었다. 아사히신문, 마이니치신문 등이 재판 과정을 상세하게 보도하고, 170시간에 이르는 법정 기록 필름도 있다. 또한, 요코타 기사부로橫田喜三郎와 다카야나기 겐조高柳賢三 등 저명한 국제법 학자들은 재판과 병행해 연구를 진행하고 있었다. 재판 속기록과 검찰 측이 제출한 증거 서류는 공개되고 있다. 당사자와 변호인 수기도 출판되어 있다.

도쿄 재판과 BC급 재판

도쿄 재판 법리 가운데 하나인 '통례의 전쟁 범죄'는 1943년 12월 연합국전쟁범죄위원회에 의해 채택된 전쟁 범죄이다. 여기에는 조직적 테러 행위, 약탈, 일반 민중에 대한 고문, 강간, 그리고 비인도적인 상태에서 일반 민중을 억류하거나, 포로 학대, 허용되지 않은 방법으로 포로에게 일을 시키는 것 등 32개 항목이 있다.

BC급 전범 재판은 이 '통례의 전쟁 범죄'를 범한 사람들을 연합국 각국이 군사 법정에서 재판한 것이다. 일본에게 빼앗겼던 식민지를 재점령한 미국, 영국, 네덜란드, 프랑스만이 아니라 오스트레일리아도 군사 법정을 설치했다. 각국은 각각의 법령을 제정해 '통례의 전쟁 범죄'를 재판했다.

도쿄 재판과 동시에 진행되고 있던 이 BC급 전범 재판에서는 5,700명의 전범, 2,244건의 사건에 대한 판결을 내렸다. 일본 국내에서는 요코하마에 법정이 개설되었다. 그 밖의 지역은 일본군이 점령했던 마닐라, 싱가포르, 자카르타 등 '대동아공영권大東亞共榮圈' 각지에 개설되었다. 법정은 49개소에 이른다.

그렇지만 정보가 부족해 누가 무엇을 재판받고 있는지, 일본에서도 실태를 거의 파악할 수 없는 재판도 있었다. 변호사와 통역이 파견되지 않은 상태에서 현지에서 조달한 대체 요원으로 진행된 법정도 있다. BC급 전범 문제가 일본에서 주목을 받게 된 것은 샌프란시스코 강화 조약에 의해 일본이 독립한 이후라고 해도 좋을 것이다. 재판에서는 정책을 입안하고 실행한 책임자만이 아니라, 현장에서 포로를 관리한 자도, 작업을 시킨 자도 함께 포로에 대한 학대를 추궁받았다.

계급과 국적, 민족에 관계없이 개인의 책임이 추궁되었다. 연합국은 이 재판에서 조선인, 타이완인을 '일본인'으로 재판하는 데 합의했다.

포로 학대에 격노하는 연합국

도쿄 재판 판결문은 일본군의 포로가 된 미국인, 영국인, 오스트레일리아인, 캐나다인 등 이들 포로의 27%가 사망했다고 기술하고 있다.

연합국은 개전 직후부터 일본의 포로 학대 정보를 포착하고 있었으며, 전쟁 중에도 항의와 조회를 했다. 그러나 일본 정부만이 아니라 군軍도 패전까지 포로의 처우 개선을 하지 않았다. 포로수용소 가운데 하나인 필리핀 포로수용소는 1945년 2월 필리핀을 점령한 미군에 의해 개방되었는데, 그 참상을 목격한 맥아더 원수는 격노했고, 책임을 추궁하겠다고 언명했다. 당시 포로수용소 소장은 조선 출신 홍사익洪思翊 중장이다. 그는 전쟁 말기에 필리핀 수용소 소장으로 부임했다.

일본이 패전한 후, 연합국은 모든 일에 앞서 일본군 수중에 있는 포로 구출을 서둘렀다. 일본군이 포로를 모두 죽이지는 않을까, 두려웠기 때문이다. 그만큼 포로수용소를 둘러싼 사태는 긴장이 고조되어 있었다.

일본 국내에 수용되어 있던 포로는 9월말까지 모두 구출되었다. 아시아 각지에 수용되어 있던 포로들도 잇달아 구출되었다. 포로의 구출이 일단락되자, 연합국은 학대한 자에 대한 추궁을 시작했다. 살아남은 포로들의 증오는 구체적으로 학대 당사자에게 집중되었다.

9월 11일, 도조 히데키 등에 체포 명령이 내렸다. 체포 대상 가운데는 도쿄 포로수용소 소장과 군의관, 하사관 등 'BC급'에 해당하는 용의자도 있었다. 그러니까 포로에 대한 처우는 도조 히데키와 함께 그 관련자들을 체포할 만큼 중대한 문제가 되어 있었다.

수용소 직원 명부도 제출하게 했다. 일본은 타이, 자바, 말레이 포로수용소의 포로 감시원은 조선인 군무원을 배치하고, 필리핀과 보르네오 포로수용소의 포로 감시원은 타이완인 군무원을 배치했다.

피해자들은 감시하는 군무원들의 얼굴만이 아니라 이름과 별명, 그리고 때로는 군무원들이 잊어버린 '사소한' 사건이나 감정 충돌까지도 기억하고 있었다.

포로에게 작업을 시키는 곳은 철도대와 비행장 건설대였다. 그러나 포로수용소의 임무는 일상적으로 포로를 감시하고, 노동에 보내는 것이었다. 이런 까닭에 작업을 시키지 않은 포로수용소에서 많은 전범이 나왔다. 용의자로 구속되었거나 체포되었던 사람은 25,000명이 넘는 것으로 추정되고 있다

일본이 점령했던 전 지역에 개설된 법정은 싱가포르의 화교 대학살에 대한 재판처럼, 피해자의 증오와 주목 속에 열린 재판도 있다. 포로와 현지 아시아인들의 증오의 눈길 속에서, 많은 전범은 전쟁 중 자신이 저지른 행위를 직시하며 그에 대한 책임을 추궁받았다.

그러나 방청객이 없는 가운데 열린 법정도 있다. 이학래 씨 경우도 변호사와 관계자만 참석한 법정에서 '교수형'이라는 판결이 선고되었다.

BC급 전범 관련 재판 내용

BC급 전범 재판	2,244건
기소 인원	5,700명
유죄인	4,403명(사형 판결 984명, 사형 집행 937명)
조선인 유죄인	148명(사형 23명)
타이완인 유죄인	173명(사형 21명, 옥중 사망 5명)

스가모 프리즌Sugamo Prison과 한국인 전범

아시아 각지의 형무소에 수용되어 있던 전범들은 1952년 4월, 일본의 샌프란시스코 강화 조약 체결에 따른 일본 독립을 전후해 잇달아 일본으로 송환되었다. 현재의 이케부쿠로池袋 선샤인 빌딩이 위치한 곳은 전범들이 수용되었던 스가모 프리즌을 철거한 자리이다.

샌프란시스코 강화 조약 제11조로 일본은 전범에 대한 관리를 넘겨받았다(일본국에 구금되어 있는 일본인에게 연합국 법정이 부과한 형을 실행해야 한다). 스가모 프리즌은 일본으로 이관되어 스가모 형무소가 되었고, 전국에서 위문하러 오는 사람들의 발길이 끊이지 않았다. 그러나 전범 가운데 조선인과 타이완인이 있다는 사실을 아는 사람은 거의 없었다.

1960년대까지 그들이 왜 전범이 되었는가에 대한 연구는 진행되지 않았다. 후생성 자료에 단편적으로 언급은 되어 있지만, 내가 품고 있는 의문을 해소할 만한 연구 성과나 자료는 없었다.

전범, 인도네시아 독립 영웅, 항일 투사

'왜 조선인이 전범이 되었을까', 이 의문은 인도네시아에서 독립 영웅이 된 양칠성을 추적하는 가운데 차츰차츰 밝혀지기 시작했다. 독립 영웅도 또한 이학래 씨와 마찬가지로 포로 감시원이었다. 그리고 인도네시아에서 항일 비밀 결사인 고려독립청년당을 결성한 이억관李億觀, 이상문 씨 등도 포로 감시를 위해 모집된 군무원들이었다. 이상문 씨와 당원들은 1945년 1월, 항일 움직임을 감지한 헌병대에 의해 체포되어, 자바 제16군 군법 회의에 회부되었다. 치안유지법 위반으로 유죄 판결을 받은 이들은 형무소에 수감되었다가 일본의 패전으로 석방되었다. 이상문 씨는 전범으로 처형되기 직전의 박성근朴成根 씨를 면회하고, 박 씨의 기소장도 몰래 한국으로 가지고 돌아왔다.(상세한 내용은 『적도에 묻히다』 참조, 역사비평사, 2012년)

이학래 씨는 오스트레일리아 법정의 재판에서 전쟁 범죄인이 되었다. 양칠성은 인도네시아 독립 전쟁에 참가해 인도네시아를 재침략한 네덜란드군에 의해 총살되었다. 그리고 1975년 인도네시아의 독립 영웅으로 추서되었다. 이상문 씨는 항일 비밀 결사인 고려독립청년당 당원으로 옥고를 겪었고, 2011년 11월 17일 한국의 독립유공자로 서훈되었다. 전후의 행보는 다르지만, 그들은 모두 1942년 6월 포로 감시를 위해 모집되어 부산 노구치野口 부대에서 훈련받은 군무원 3,016명의 일원이었다.

조선인 전범은 148명이다. 그들 가운데 129명이 포로 감시원이다. 3,016명에서 전범이 129명이나 나왔다. 일본군 가운데 이만큼 높은 비율의 전범을 낸 부대는 없다. 네덜란드처럼 포로수용소를 "조직적인 테러 단체"로 간주하고 근무자 전원을 체포한 후 대면 지목을 행한 경우도 있다. 이학래 씨도 이상문 씨도 싱가포르의 창이 형무소에서 대면 지목을 받았다.

포로수용소는 일본인 장교와 하사관이 소수에 지나지 않아서 조선인 군무원들이 실질적으로 수용소를 운영했다. 그런 포로수용소가 일본의 전쟁 범죄를 추궁하는 표적 가운데 하나가 되었다. 조선인 전범을 대일 협력자, 친일파와 같이 간주할 수 없는 구조가 여기에 있다.

타이 포로수용소 배속

이학래 씨는 올해 아흔두 살이 되었다. 독립 운동에 관한 소문도 들을 수 없게 된 시대에 성장한 까닭에, 마을의 나지막한 언덕에서 나팔을 부는 군복 차림의 늠름한 일본군 지원병이 근사해 보여 동경하기도 했다고 한다. 군무원 '지원'도 장래가 보이지 않는 시대에 선택할 수 있었던 하나의 길이 아니었을까. 대륙의 병참 기지로 변모해 가는 폐색된 사회에서, 이학래 씨는 망설이기는 했지만 '지원'했다.

자바 섬 중부, 스모오노에서 결성된 '고려독립청년당'의 당수 이억관과 당원 이상문, 박창원朴昶遠 씨처럼 지원자 가운데는 해외에서 독립 운동을 하려는 계획을 마음에 감추고 '지원'한 사람들도 있었다. 그러나 열일곱 살의 이학래 씨는 생각조차 해 본 적이 없었다.

두뇌가 명석하고 성실하며 정직한 이학래 씨가 상관으로부터 '신애信愛를 받는' 일은 쉽게 상상할 수 있다. 배속된 타이 포로수용소에서 타이와 미얀마를 잇는 415킬로의 철도, 이른바 타이·미얀마 철도 건설 현장으로 보내졌다. 사람이 지나다닌 적이 없는 열대 정글에 길을 내며 영국군, 오스트레일리아군, 네덜란드군 등 일본군에 사로잡힌 포로들을 데리고 이동했다. 우기에는 매일 같이 양동이로 퍼붓듯이 큰비가 계속 쏟아졌다. 비구름은 마치 손으로 잡을 수 있을 정도로 낮게 드리워져 있었다. 비가 새는 천막과 대나무 침상에 니파야자로 이은 지붕뿐인 가건물, 모든 게 물에 잠긴 가운데 포로들의 체력은 점점 소진되었다. 철도 건설이 시작된 1943년은 예년에 비해 우기가 일찍 시작되었다. 몇 백 명이나 되는 포로를 오지로 이동시켰지만, 식량과 물자의 보급은 자주 끊겼다. 열대성 적리赤痢, 열대성 궤양, 여기에 재차 타격을 가한 콜레라의 만연, 모든 게 지옥을 방불케 하는 참혹한 상황이었다. 이 와중에서도 대본영은 미얀마, 인도로 진군하기 위해 철도 완성을 서둘렀다.

현장이 가혹하면 할수록, 재치와 근면을 겸비한 청년 군무원은 상관의 입장에서는 믿고 의지할 수밖에 없는 존재였을 것이다. 게다가 자연 조건이 척박한 조선의 산골 마을에서 성장한 이학래 씨는 채 스무 살도 안 된 체력과 기력이 충실한 청년이었다. 이를 악물고서라도 부여된 임무를 수행하려고 노력했다. 말하자면 우등생이었던 셈이다. 그 증거로 2년 임기가 끝나자마자 고원雇員으로 승진했다. 그때까지는 용인傭人이라는 최하급 군무원이었다.[40]

죽음의 철로

일본 패전 후, 연합국은 일본의 전쟁 범죄 추궁에 착수했다. 타이·미얀마 철도는 포로들이 "죽음의 철로"로 부를 만큼 많은 사망자가 발생해 '학대'의 대명사처럼 되었다. 패전 후 포로의 원한이 폭발했다. '강제 노동', '기아', '구타', '고문' ― 철도가 완정되기까지 약 1년여의 기간 동안 포로는 이런 상황 속에서 노동을 강요당했다. 동원된 포로

---

40) 용인傭人은 군무원의 가장 말단 계급으로, '노무자' 대우로 연금 대상이 안 된다. 고원부터 군인 연금 대상이 되지만, 이학래 씨는 근무 연한이 부족하여 연금이 지급되지 않았다. 또 1953년 8월에 부활한 군인 연금에는 국적 조항이 있어 연한을 채웠더라도 조선인 군인·군무원에게는 지급되지 않는다.

55,000명 가운데 13,000명(네 명 가운데 한 명)이 사망했다. 포로가 일본군을 증오하고 원망하는 것은 당연하다.

피해자는 자신과 동료들이 당한 학대 사실을 세세한 부분까지 기억하고 있다. 몸과 마음에 각인된 학대의 기억과 증오는 패전과 함께 가해자에게로 향했다. 연합국은 그 책임 추궁을 조직적으로 행했다. 바로 전쟁 범죄를 추궁한 군사 재판이다. 이학래 씨만이 아니라 일본군 병사들이 생각조차 해 본 적이 없었던 '전쟁 범죄' 추궁이었다.

타이·미얀마 철도 공사에 강제 동원된 연합국 포로에 대한 일본군의 대우는 포로 대우를 정한 제네바 조약을 위반하고 있었다. 그렇지만 이학래 씨는 조약이 있다는 사실도 몰랐다. 설령 알았다고 하더라도 현장에서는 조약 따위는 일고의 여지조차 되지 않았다. 현장에서 포로를 부리며 작업을 한 자와 포로를 관리한 자는, 국적과 민족에 관계없이 '전쟁 범죄'를 추궁당했다.

포로 감시원은 추궁의 표적이 되었다. 포로는 감시원의 얼굴은 물론 이름과 별명까지 기억하고 있었다. 철도대는 작업과 함께 이동하며 인원이 교체되지만, 포로수용소는 24시간 포로를 감시하며, 철도대의 요구에 따라 포로를 노동에 내보내는 게 임무였다. 그 임무를 조선인 군무원이 담당했다. 포로수용소에서 많은 전범이 배출되었는데, 이학래 씨 같은 조선인 군무원이 그 안에 포함된 사유이다.

타이·미얀마 철도만이 아니라, 동남아시아 각지에서 포로를 작업에 부리고 있었다. 그 현장에서도 전쟁 범죄 추궁이 이루어졌다. 수마트라 섬 종단 도로, 암본 섬, 하루쿠 섬, 플로레스 섬의 비행장 건설 — 이들 현장에서도 조선인 군무원이 포로를 감시하고 있었으며, 당연히 그들 중에서도 전범이 배출되었다.

또한 일본 국내 포로수용소에는 일본 군인과 군무원이 동원되었다. 그들은 미케이三池 탄광과 일본 강관鋼管, 니가타新潟 철공소 같은 데서 일하는 포로를 감시했으며, 전후 '학대'에 대한 책임을 추궁당했다. 스가모 프리즌에서 처형된 전범 1호는 미쓰이三井의 미케이 탄광에 포로를 송출한 포로수용소 분소장이다.

최대의 험지 힌똑

현장 상황이 가혹하면 할수록, '학대' 또한 일어난다. 이학래 씨가 근무한 힌똑 일대는 "Hellfire Pass(지옥의 불고개)로 불린, 타이·미얀마 철도 구간 가운데 최고의 험지였다. 가로놓인 암산을 폭파해 도려내고 선로를 부설하는 공사였다. 포로에게 수작업으로 그 공사를 하도록 시켰다. 암산에 끌과 쇠망치로 구멍을 뚫고, 그 구멍에 다이너마이트를 장전해 폭파했다. 이 작업을 반복했다. 던롭 군의관이 이끄는 부대가 이 노동에 동원되었다. 194쪽 사진 오른쪽에 벌레를 씹은 듯한 표정의 톰 유런Tom Uren[41]은 '인간 쇠망치'(착암기)가 되어 일했다고 한다. 권투 선수 경력도 있는 체격이 좋은 톰은 매일 암산에 구멍을 뚫는 노동에 동원되었다. 이 공사의 책임자는 히로타 에이지로弘田榮治 철도대 소대장이며, 이 공사에 포로를 내보낸 수용소 책임자

---

41) 톰 유런 1921~2015. 오스트레일리아 정치인. 2차 대전 당시 일본군 포로가 되어 타이·미얀마 철도 현장에 투입되었다. 럭비 선수, 프로 복서의 경력을 지닌 그는 전후 국회의원, 노동당 부대표, 지역개발장관(1972~1975년) 등을 역임했다.

는 우스키 기시호臼杵喜司穗 중위였다. 이학래 씨는 우스키 중위 밑에서 근무했다. 히로타 소대장도 우스키 분견소 소장도 모두 교수형을 당했다. 이학래 씨도 한 번은 사형 판결을 받았다. 그만큼 힌톡 현장은 가혹했다.

'왜 전범이?', 체포되었을 때도, 판결을 받은 후에도 이학래 씨는 납득할 만한 답을 찾아내지 못한 것은 아닐까? 도대체 '전범 재판'이 무엇인지, 이해할 수 없었을 것이리라. 그러나 판결은 '교수형'이었다.

전쟁이 끝난 후 사형 — 사형 집행을 기다리는 스무 살 안팎의 육체는 너무나 건강했다. '죄'의식이 없는 만큼, 스스로에게 사형을 납득시키는 것도 어려웠을 것이다. 마찬가지로 타이·미얀마 철도 건설 현장에서 근무한 홍기성洪起聖 씨, 문태복文泰福 씨, 홍종묵洪鐘黙 씨도 사형을 판결을 받은 후 유기형으로 감형되었다. 조문상趙文相 씨, 강태협姜泰協 씨, 우광린于光麟 씨, 임영준林永俊 씨에 대한 사형 판결은 집행되었다.

처음에는 멍한 상태였지만, 차츰 진정이 되자 고향의 부모를 생각하며 밤낮없이 번민했다. 무엇보다도 도대체 무엇을 위해, 누구를 위해 죽는 걸까, 마음을 지탱할 버팀목이 없었다. 그 사이 임영준 씨의 교수형이 집행될 때 발판이 떨어지는 소리를 가까이서 들었다. 집행 전날, 그저 손만 잡고 헤어진 임 씨는 "대한 독립 만세"를 외치지도 않았다. 쓸쓸한 죽음이었다.

사형수 감방에서 죽음의 공포에 압도되어 8개월을 보낸 후 이학래 씨는 유기형으로 감형되었다. 절망의 심연에서 헤어 나온 이학래 씨의 깊은 갈등이 그 후 동진회 운동으로 전향되었다. 나는 40년 가까이 동진회와 함께 운동을 해 왔지만, 이학래 씨는 언제나 말수가 적었고, 노래를 하거나, 술을 마시고 떠드는 모습을 본 적이 없다. 딱 한 번, 한국 가곡「고향의 봄」을 흥얼거린 적이 있었다.

스가모 프리즌에서의 열공熱工

이학래 씨의 전기轉機는 하나 더 있다. 스가모 프리즌에서 한 맹렬한 공부이다.

싱가포르 창이 형무소에 수감되어 있던 전범은 샌프란시스코 강화 조약 조인 직전인 1951년 8월 일본으로 송환되었다. 먼저 송환된 네덜란드 관련 전범들이 스가모 프리즌에 수감되어 있었다. 조선인 전범 동료들은 향수회鄕愁會라는 모임을 만들

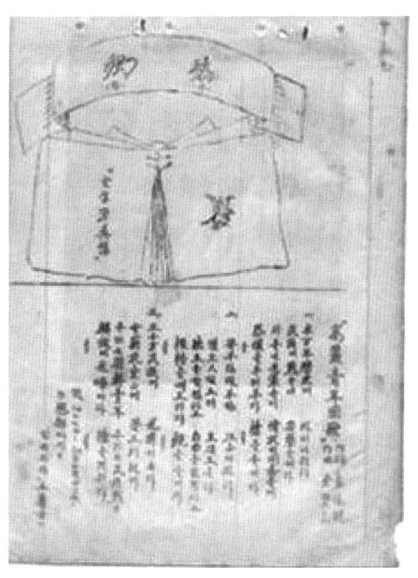

스가모 프리즌의 조선인 전범 모임 향수회 회보에 실린 고려독립청년당 당가[42]

---

42) 1절 : 반만 년 역사에 빛이 나련다 / 충위의 군병아 돌격을 해라 / 피 흘린 선배들의 분사한 동지들의 / 원한을 풀어주자 창을 겨눠라
   2절 : 몸부림 발부림 강산이 뛴다 / 옛 주인 찾고자 호랑도 운다 / 독립을 갖겠다고 자유를 찾겠다고 / 질곡을 깨트리자 칼을 들어라
   3절 : 삼천만 민족에 광명이 온다 / 무궁화 동산에 꽃도 피련다 / 우리는 고려독립 우리는 청년 당원 / 해방의 선봉이다 피를 흘려라 (「고려독립청년당 당가」, 이억관 작사, 김현재金賢宰 작곡)

어 공부 모임을 갖고 있었다. 향수회의 첫 회보에는 이억관이 작사한 고려독립청년당의 당가가 실려 있다. 비밀 결사였기 때문에 전범이 된 군무원들은 고려독립청년당에 참가할 수 없었지만, 그들의 입장에서는 항일 운동을 한 동료들의 존재가 자랑스러웠을 것이다. 그래서일까, 첫 회보의 첫 장은 고려독립청년당 당가로 장식되어 있다.

타이에 있던 이학래 씨는 소문은 들었지만, 생각해 보지 못했다고 한다. 스가모 프리즌에서 공부하는 가운데 점차 세상의 구조가 보이기 시작했다. 왜 전쟁이 일어나는지 등 자본주의의 문제를 머리를 싸매고 몰두했다. 동료가 가출소나 만기 출소로 스가모 프리즌을 나가 생활과 고투할 때, 이학래 씨는 세끼 식사와 잠자리가 보장된 스가모 프리즌에서 공부할 수 있었다.

국회 도서관 우에노上野 분실에서 도서를 주문해 받아 볼 수 있었다. 주문한 도서 가운데는 사회 과학 분야의 책도 있었다. 중국 혁명에 관한 책도 있었다. 일본으로 관리가 이관된 후의 스가모 형무소는 스가모 학원으로 불릴 만큼 강사가 풍부했다. 전직 외교관, 변호사, 교사, 여기에 어학에 뛰어난 사람도 있었다. 나중에는 직업 훈련도 했다. 이학래 씨는 스가모 형무소에서 자동차 운전면허를 취득했다.

공부가 하고 싶어 군무원이 되었다는 이학래 씨는 스가모 형무소에서 그 소망을 이룰 수 있었다. 본디 우직할 정도로 성실했기 때문에 그야말로 미친 듯이 공부에 매달렸다. 그 성과가 「나의 수기」이다.

창이 형무소에서 겪은 학대, 사형수로 산 8개월의 고뇌, 학습으로 지새운 스가모 형무소에서의 삶 — 그런 가운데 자라난 강인한 정신, 이를테면 1%라도 가능성이 있으면 그것을 살려서 운동을 계속한다, 이러한 체험이 오늘의 동진회 운동을 견인하는 이학래 씨를 만들어

냈다. 죽은 동료들이 사형수 감방에서 '동료'의 죽음을 지켜보고 절규를 들어 온 이학래 씨의 등을 떠밀고 있다.

동진회 방문

1978년 나는 인도네시아에서 귀국한 후, 이학래 씨가 근무하던 도쿄 이타바시板橋에 소재한 동진교통을 처음 방문했다. 양칠성 씨에 관한 정보를 구하려고 '한국·조선인 BC급 전범자 동진회'를 방문했다. 당시 회장 이대흥李大興 씨는 인도네시아 플로레스 섬 비행장 건설에 동원된 포로를 감시했고, 김완근金完根 씨는 하루쿠 섬에서 포로를 감시했다고 한다. 이대흥 씨는 양칠성(일본 이름, 야나가와 시치세이梁川七星)을 자카르타 치피낭 형무소에서 본 적이 있었다. 네덜란드군에 총살되기 직전이었다.

전범과 독립 영웅 양칠성 씨도, 네덜란드 관련 전범이 된 이대흥 씨도 자바 포로수용소 감시원이었다. 전범, 독립 영웅이라는 단순 분류로 생각할 수 없는 사실이 여기에 있었다. 이대흥 씨는 "인도네시아에서 독립운동을 한 일도 있는 걸요"라고 가르쳐 주었다. 이 한 마디가 고려독립청년당 당원인 이상문 씨와 그의 동지들을 만나는 계기가 되었다. 그 후 자바에서 영화 제작을 하며 히나쓰 에이타로日夏英太郎라고 자칭한 허영許泳[43]에 관해 알려 준 인물은 고려독립청년당

---

43) 허영 1908~1952. 조선 출신의 일본 영화감독, 각본가. 일본·조선·인도네시아에서 활동했다. '히나쓰

당원 박창원 씨이다.

'한국 조선 출신 전 전범자 동진회' 결성

동진회는 '전범'이라는 공통점 하나로 뭉쳐 있었기 때문에, 자바·타이·말레이 등 각각의 현장에서 무슨 일이 있었는지, 왜 전범이 되었는지, 서로의 배경을 반드시 알고 있는 건 아니었다. 그렇지만 일본 정부의 부당한 처우에 '분노'를 공유한 '동료'였다. '일본인'으로 부려 먹었지만 '외국인'이라며, 보상에서 배제하는 일본 정부의 부조리한 처우에 분노하며, 스가모 형무소를 나온 후 이국땅에서 고달픈 삶을 함께 이어가고 있었다.

문태복 씨처럼 일본에서 중학교를 나온 사람도 있었지만, 거의 모두가 일본은 초행이었다. 그 후 가석방으로 의지가지없는 일본에 팽개쳐졌지만, 일본 전범에게 지급되는 「전상병자전몰자유족등원호법戰傷病者戰沒者遺族等援護法」과 군인 은급恩級(연금의 일종) 등은 일본 국적이 아니라며 대상에서 제외되었다. 자살한 '동료'가 나오는 데 이르러 분노한 그들은 국회를 찾아갔다. "우리는 전과 천 범千犯(전범戰

'에이타로'는 그의 일본 이름이다. 조선인을 전쟁터로 내모는 선전 영화 〈그대와 나(君と僕)〉(1941년)의 감독이다. 이 영화에는 당대의 톱스타 문예봉文藝峰, 이향란李香蘭, 고스기 이사무小杉勇, 마루야마 사다오丸山定男 등이 출현했다. 일본 육군성 보도부가 후원한 이 영화는 "철두철미하게 전쟁 수행과 내선일체를 칭송한 작품"이라고 조선 문학 연구자 가지이 노보루梶井陟가 평했다. 『적도에 묻히다』(역사비평사, 2012년)

犯)이다"44) ― 두려울 게 없었다. 잃을 게 없는 그들은 수상 관저 앞에서 농성하고, 국회에서 시위했다.

이런 운동 속에서 '한국·조선 출신 전 전범자 동진회'가 결성되었다. 연장자이며 두뇌 회전이 빠른 김용金庸 씨와 홍기성洪起聖 씨 등이 운동을 이끌었다. 나이가 가장 적은 이학래 씨는 묵묵히 운동을 떠받치고 있었다. 성실하고 정직한 이학래 씨는 세세하게 메모하고, 서류철을 정리하고, 연락을 취한다. 동진회가 운동을 이어가는 데 필요한 사무 작업은 자연스럽게 이학래 씨의 몫이 되었다. 지금도 서류를 가지고 다니며, 세세하게 메모하고, 서류를 철해 정리하고, 그리고 기회가 있을 때마다 국회의원과 언론 관계자에게 호소한다. 지난 60년간 이학래 씨의 이러한 활동 스타일은 변함이 없다.

유골 송환을 위한 국회 청원

1978년, '동진회'는 유골 송환 문제에 직면해 있었다. 싱가포르에서 수집해 온 사형자 유골이 일본에 팽개쳐져 있었다. 변광수卞光洙 씨가 아버지의 유골을 인수하러 일본에 왔을 때, 유골은 후쿠오카福岡의 창고에 들어 있었다. 분노한 변광수 씨는 인수를 거부하고 귀국했다. 동진회가 항의하는 가운데 후생성은 메구로目黑의 유텐지祐天寺로 옮겼다. 하지만 유족을 찾으려고 하지 않았고, 유골 송환에 직면해서도

---

44) '천 범千犯'과 '전범戰犯'의 일본어 발음은 '센판せんぱん'으로 동일하다.

보상금이나 조위금 등 땡전 한 푼 내놓지 않았다. 주한 일본대사가 자기 주머니를 털어 부의금 2만 엔을 냈다. 이것이 전범으로 사형된 '동료'에 대한 일본 정부의 처우였다. 이학래 씨는 분노했다. 그러나 선거권을 갖지 못한 이학래 씨와 동료들은 그 분노를 정부를 움직이는 힘으로 전환할 묘수가 없었다.

나는 한 가지 방법으로 '국회 청원'을 떠올렸다. 무슨 수를 써도 꿈쩍도 하지 않는 일본 정부를 움직이기 위해 '국회 청원'을 하자, 어쨌든 당면한 교착 상태를 타개하는 하나의 방법이다. 나는 이렇게 제안했지만, 처음에 이학래 씨는 반대했다. '청원'이라는 말이 걸리고, "왜 우리 쪽에서 일본 정부에 부탁해야만 하는가"라고. 정당하고 이치에 맞는 말이다.

그러나 국면을 타개하려면 뭐라도 하자고 바뀌어 국회 청원 활동을 시작했다. 청원에는 '소개 의원'이 필요했다. 내가 아는 의원은 도이 다카코土井たか子 씨였다. 이학래 씨와 동료들의 운동에 협력해 온 의원들은 이미 의원직을 상실한 상태였다. 도이 다카코 씨의 감도感度는 예리했다. 문제의 본질을 간파하자마자 소개 의원이 되어 주었을 뿐만 아니라, 적극적으로 다른 의원들을 소개해 주었다. 도이 다카코 씨 사무실을 거점으로 삼아 소개받은 의원들의 사무실을 돌아다녔다. 그 의원들 가운데는 나중에 수상이 된 무라야마 도미이치村山富市 씨도 있었다.

유골을 송환할 것, 송환에 임해서는 보상할 것을 문언에 포함시켰다. 그러나 첫해는 채택되지 않았다. '보상'이라는 용어에, 한일조약으로 배상, 보상은 해결 완료라고 주장하는 정부가 반대했다. 두 번째 해의 '청원'에는 "송환에 임해서는 성의를 다할 것"으로 문언을 바꿀 수밖에 없었다. 그 결과 청원이 채택되었다. 당시 사회노동위원회 위원장이었던 무라야마 도미이치 씨가 내게 전화로 알려 주었다.

"잘 되었어요. 청원이 채택되었네요"라고.

나는 부탁했다.

"이학래 씨에게 직접 연락해 주세요. 그들 모두 이 소식을 얼마나 기다리고 있을까요. 이 소식을 들으면 무척 기뻐할 테니까요."

그 후 유골 송환까지의 여정은 이학래 씨의 수기에 있듯이, 채택된 청원서를 가지고 몇 번이나 후생성 장관을 만나고, 원호국 국장과 교섭했다. 그러나 상황은 변하지 않았다.

"유족이 판명되면 유골은 돌려 드리겠습니다. 담당 공무원이 성의껏 한국 유족에게 돌려 드리겠습니다."

배상과 보상은 "한일조약으로 이미 해결이 완료되었습니다"라고 일관되게 주장했다. 그런 것은 알고 있다. 그래서 청원했는데…. 거듭된 교섭에도 사태는 조금도 타개되지 않았다. 격분한 이대흥 씨가 언성을 높인 적도 있다. 언제나 절제하는 이학래 씨가 따지고 든 적도 있었다.

헛수고로 끝날 것 같은 일본 정부와의 교섭을 끈질기게 진행하는 이학래 씨. 그를 지탱하고 있는 것은 내일, 내일하며 사형 집행에 떨며 지낸 8개월, 그 사이 떠나보낸 '동료'의 얼굴, 교수대 발판이 떨어지는 소리, 사형수 감방 벽에 새겨진 글자와 손톱자국 ─ 벼랑 끝에서 돌아온 이학래 씨는 떠나보낸 사형수의 유한遺恨을 짊어지고 여기까지 왔다.

절망 속에서 생겨난 집념은 '평화'로운 일상에 빠져서, 감도가 무뎌져 가는 나를 질타한다. 때로 다른 일에 정신이 팔려서 움직임이 둔

해지면, 이학래 씨에게서 전화가 걸려 온다. 언제나 동진회 입장에서 어떤 운동을 원하는지, 어떻게 할 건지에 대한 상담이다.

이학래 씨에게서 노는 이야기를 들은 적이 없다. '동료'들의 유한을 어떻게 풀 것인가, 그 집념이 동진회 운동을 끌고 왔다. 같은 전범이라도 사형과 유기형의 차이도 있을 것이다. '슬슬 이쯤에서'라고 생각한 동료도 있었을 것이다. 그러나 그것을 용납하지 않는 이학래 씨의 의지가 동진회 운동을 60년 이상이나 지속시켜 왔다.

전 포로 던롭 군의관과의 만남

그 사이 이학래 씨에게 또 하나의 극적이면서 중요한 만남이 있었다. 바로 이학래 씨와 타이·미얀마 철도 건설 현장에서 '대립'했던 던롭 군의관과의 해후이다.

1991년, 오스트레일리아 국립대학 세미나실에는 긴장감이 감돌고 있었다. 이학래 씨는 긴장된 분위기 속에서 앞에 앉아 있는 전 포로 여섯 명에게 사죄를 하고 있었다. 그의 앞에는 전 군의관 에드워드 던롭 경卿도 있었다. 타이·미얀마 철도 건설 현장에서 작업에 나가는 인원수를 놓고 두 사람은 때로는 격렬하게 대립했다. 이학래 씨의 전쟁 범죄를 고발한 아홉 명 가운데는 던롭 군의관의 이름도 있었다. 이학래 씨 마음에 깊이 새겨진 던롭, 던롭의 기억에 남은 '도마뱀'이라는 별명으로 불렸던 히로무라 — 두 사람의 만남이 가능했던 것은 사십 몇 년이라는 세월, 오스트레일리아와 일본을 잇는 사람들의 노력이 있었다. 직접적 계기는 NHK의 「조문상의 유서」라는 프로그램 제작을 위해 던롭을 취재하던 가마쿠라 히데야鎌倉英也 감독이 아직도 조국으로 돌아가지 못한 이학래 씨의 사연을 들은 던롭에게 "내가 할 수 있는 일이 있으면 돕고 싶다"는 말을 듣고 온 것이다. 그 전언을 프로듀서 사쿠라이 히토시桜井均 씨로부터 들은 이학래 씨가 오스트레일리아에서 열리는 「타이·미얀마 철도에 관한 국제 심포지엄」에 참석하겠다고 했다. 그때까지는 권유해도 주저하고 있었다. 심포지엄은 비공개로 열기로 했다. 일본군에 대한 전 포로들의 증오는 강하다.

 조선인 군무원이더라도 전 일본군의 일원이었던 이학래 씨와 던롭 군의관, 톰 유런 등 전 포로들의 만남에서 무슨 일이 벌어질 지 예상할 수 없었다. 전 포로들에게는 오스트레일리아 국립대학의 행크 넬슨Hank Nelson 씨가, 이학래 씨에게는 조치대학上智大學의 무라이 요시노리村井吉敬 씨가 바짝 붙어 있었다. 찌를 듯한 시선을 보내는 포로도 있었지만, 던롭은 지긋이 이학래 씨의 말을 경청하고 있었다.

 연설 말미에 이학래 씨는 전후 창이 형무소에서 오스트레일리아군 병사들이 전범 용의자들을 상대로 행한 학대를 언급했다. 예상하지 못한 대담한 결단이었지만, 나는 이 사실을 언급할 것을 권했다. 일찍 귀국했던 던롭 씨 같은 전 포로들은 처음 듣는 이야기였다. 얽히고설킨 피해와 가해의 역사 체험, 마음의 앙금을 서로 털어놓음으로써 두 사람은 상대를 이해하려고 했다.

 쌍방의 역사적 배경을 숙지하는 일본 현대사 연구자 개번 맥코맥Gavan McCormack 교수가 대화의 미묘한 뉘앙스를 훌륭하게 통역함으로써 두 사람을 이어 주었다. 이 회의 상황을 아사히신문의 마스코 요시히사増子義久 기자가 멋지게 보도했다.(『朝日新聞』, 1991년 9월 17일자)

일본 정부에 사죄와 보상을 요구하며

일제 강점기하에 태어난 이학래 씨의 인생은 일본의 식민지 지배와 함께 했다. 1945년 8월, 일본 패전으로 조선은 독립했지만 이학래 씨는 전후 72년이 경과한 현재, 1956년 10월 6일 스가모 형무소를 나온 후, 죽은 자에 대한 애절한 마음과 사형수로 산 기억을 짊어지고 지금도 일본 정부에 사죄와 보상을 요구하며 운동을 계속하고 있다. 자신들을 쓰고 버린 일본 정부로부터 사죄의 말 한 마디를 듣고 싶다, 그 일념이 아흔두 살 노인의 발길을 국회로 향하게 하고 있다.

가장 젊었던 이학래 씨는 선배들이 건재한 시절에는 연장자를 내세우고 한 걸음 물러나 운동을 떠받쳐 왔다. 그 이학래 씨가 아흔두 살, 이미 거의 모든 '동료'가 세상을 뜨고 말았다. 남겨진 이학래 씨는 로비 활동에 정통한 아리미쓰 겐有光健 씨의 도움을 받아 오늘도 지팡이를 짚으며 국회의원 회관을 돌아다니고 있다.

"왜, 조선인이 전범이 되었을까. 무엇을 위해, 누구를 위해"라고, 자신에게 그리고 일본인에게 물으면서…

오늘 하루, 이학래가 되어 보자

이상의 인천대학교 초빙교수

1. 서

　전범戰犯, 무서운 말이다. 더욱이 조선인 전범이라니, 이해하기 어려운 말이다. 도저히 동의할 수 없는데 수십 년간 벗어날 수 없는 굴레였다면 참으로 두렵고 이해하기 어려운 말로 다가올 것이다. 이 책은 구순을 넘긴 이학래가 자신과 동료들에게 'BC급 전범'이라는 낙인이 찍힌 과정과 이후의 파란만장한 생애에 대해 써내려간 글이다. 자신의 의지와는 무관하게 거대한 역사의 회오리 속에 휘몰려 어찌할 수 없었던 인생에 대해서.

　한국근현대사 강의를 진행하면서 그 중 한 주는 'BC급 전범이 된 조선인'에 대한 내용을 수업한다. 이를 통해 역사와 개인의 관계를 설명하곤 하는데, 한 학기 수업 중 학생들이 가장 진지하면서도 가슴 아리게 받아들이는 시간이다.

　일본의 시종일관 무책임한 태도에 분개하는 학생도 있고, 국가가 제 역할을 하지 못했음을 비판하는 학생도 있고, 역사의 비정함을 탓하는 학생도 있다. 토론의 결론은 대개 뒤틀린 역사 속의 억울한 희생자에 대한 안타까움과 이들에 대한 명예 회복의 필요성을 강조하는 것으로 끝맺는다.

2. 전쟁 그리고 강제동원

청일전쟁, 러일전쟁, 1차대전, 만주사변, 중일전쟁, 태평양전쟁. 전쟁과 영토 확대로 연속된 일본의 근대사는 우리의 근대사와 무관하지 않다. 그중에도 중일전쟁에서 태평양전쟁으로 이어지는 전시체제기는 일제의 침략전쟁에 조선과 조선인을 동원하기 위해 황국신민 운운하면서 조선인의 정체성을 말살시켜간 시기다.

일제는 전시에 정부는 어떠한 것이든 다 동원하고 통제할 수 있다는 내용의 국가총동원법을 급조하고 그에 근거하여 조선인을 강제로 동원하였다. 여기에서 강제란 육체적인 강제만을 의미하지 않는다. 신체적인 구속이나 협박은 물론, 황민화 교육에 따른 정신적인 구속·회유, 취업사기, 법적인 강제에 의한 인력동원도 강제동원에 포함된다는 것이 학계의 견해다. 물리적 강제만이 아니라 본인의 자유로운 의사에 반대되는 행위는 강제의 범주에 포함된다는 것이다.

3·1운동 이후의 민족분열통치를 일제가 '문화통치'라고 불렀다고 해서 우리가 문화적인 통치였다고 받아들여야 하는 건 아닐 게다. 마찬가지로 지원이라 부르면서 지원하지 않을 수 없는 여건을 만들어놓고 지원을 하도록 하면, 그것은 형식상은 지원이지만 실제로는 지원이 아닌 강제동원이라고 해야 할 것이다.

국가총동원법을 시행한 1938년부터 전쟁이 끝난 1945년까지 강제동원된 조선인은 연인원 800만명에 가깝다. 그 중에는 이학래 등의 포로감시원도 포함되어 있다. 수많은 노무자가 있었는데 그중에 하필 포로감시 일을 맡은 군무원, 포로감시원이었다. 아니 그 일을 '지원'했다고 한다. 포로감시를 하고 싶어 지원했을까, 포로가 어떤 사람들인지, 어떻게 대해야 하는지 알고 지원했을까.

1942년 일제는 조만간 조선인 징병제를 실시한다고 발표하였다. 이전까지는 지원병이라는 이름으로 조선인 청년들을 부분적으로 병력에 동원했지만, 1944년부터는 전면적인 동원으로 전환한다는 것이었다. 그리고 보름 후 신문에는 '모집! 포로감시원, 거듭되는 반도청년의 영광, 군속으로 수천 명 채용'이라는 기사가 나왔다. 대상은 20~35세의 국민학교 졸업 이상의 남자로, 형식상은 모집이었으나 지역별로 인원을 배정하여 행정관리와 경찰이 할당된 인원을 동원했다. 징병제 시행을 앞두고 지원이라는 허울을 쓴 채 추진한 강제동원이었다.

언젠가는 동원될 것이라고 예상하고 있던 이들에게, 포로감시원에 지원하면 2년간 월급도 주고 가족도 보호해 준다는 말은 반가운 제안이었다. 2년만 무사히 지내면 집안 살림에 보탬도 되고, 징병이 되어 전쟁터에 총알받이로 나가는 것을 피할 수 있다는 것만 해도 솔깃한 조건이었다. 태평양전쟁기 13만 5천여 명의 연합군 포로를 감시하고 노역시키는 것이 이들의 임무였다. 일본군 조직의 최말단에서 상관의 명령에 따라 포로를 관리하는 것이었다.

3,200여 명이 포로감시원이 되었고, 지금의 부산시민공원 자리에 있던 노구치부대의 임시군속훈련소에서 교육을 받았다. 군사훈련을 받았고, 포로가 되는 것은 수치라는 말, 체구가 큰 연합군 포로에 맞서려면 폭력밖에 없다는 말을 새겨들었다. 포로는 동물처럼 다루어야 한다고, 그렇게 하지 않으면 오만불손한 포로들이 무시하게 될 거라고, 포로보다 우월하게 보일 수 있는 방법은 구타와 협박을 동원하는 것이라고 수없이 들었지만, 전쟁포로를 어떻게 대우할지에 대한 제네바협약은 들어보지 못했다.

이렇게 이학래는 포로들을 만났다. 그들을 감시하고 관리하였다. 일본인 하사관 17명과 조선인 군무원 130명이 1만 1천명의 포로를 관리할 때 말이 통하지 않는 포로들, 덩치가 큰 포로들, 명예로운 대우를 원했던 포로들, 당당하게 휘파람 부는 낯선 포로들과 마주하였다.

3. 전후의 전범재판

2차대전이 끝나자 연합국은 태평양전쟁 진행과정에서 자행된 일본의 범죄와 그 책임을 묻기 위한 재판을 진행하였다. 미국을 비롯한 7개국 주도로 동남아시아 49곳에서 BC급 전범재판이 행해졌다. 재판 결과 5,700명이 BC급 전범으로 판결되었는데, 그중에는 148명의 조선인이 포함되어 있었다.

그들 중 23명은 교수형에 처해졌고, 125명은 무기 또는 유기징역에 처해졌다. 일제의 전쟁 책임이 식민지 조선인에게 전가되었던 것이다. 특이하게도 전범 판결을 받은 조선인 148명 중 대다수인 129명이 포로수용소에서 일하던 군무원이었다.

재판은 일심즉결로 진행되었다. 대개의 경우 연합군 포로의 증언이 포로감시원의 생사를 결정하였다. 포로감시원은 일본군의 맨 앞에서 매일 포로와 마주했던 존재로서, 포로들은 그들을 눈앞에서 학대했던 감시원으로 고발하였다. 판사, 검사, 변호인은 연합군에서 지명하였고, 검사측 증인만 있었으며, 진술할 기회와 통역이 없는 법정도 있었다.

조국은 일제의 지배에서 해방되었고 연합군을 해방군으로 환영하고 있었다. 그러나 포로감시원들은 귀국하지 못한 채 여전히 일본인으로서 연합국의 재판을 받고 있었다. 이들은 조국을 '해방시킨' 연합군에게 전범으로 판결을 받았고, 수형자가 되었고, 사형을 당했다. 약육강식의 제국주의 논리를 배운 식민지민으로서, 황민화교육을 받고 일본을 위해 분투한 자신의 무지가 후회스럽다고 재판정에서 한탄한 사람도 있었다.

포로감시원의 죄목은 포로 학대였다. 노역을 강요하고 식량과 의약품을 제대로 공급하지 않아 포로를 학대했다는 것이다. 포로가 되는 것을 수치로 여기고 금기시하는 일본군과 포로 학대를 범죄시하는 연합군의 인식 차이가 판결의 결정적 요인이 되었다. 일본군의 명령과 포로감시 체계에 따라 노역을 시켰고 일본에서 식량과 의약품이 보급되지 않아 포로들에게 줄 수 없었지만, 이러한 사정은 재판정에서 고려되지 않았다. 연합군은 독일 나치에 붙잡힌 영·미군의 포로 사망률이 3.6%였던 데 비해 일본군에 잡힌 포로의 사망률이 무려 27%에 달하는 데 분노하여 누군가에게 책임을 묻고 분풀이를 하고 싶었다.

이학래 역시 1947년 3월 싱가포르에서 열린 호주 군사법정에서 포로학대로 기소되어 재판을 받았다. 검사는 수용소 포로가 죽은 책임을 이학래에게 물었다. 변호사는 그가 군속일 뿐 캠프를 지휘할 권한이 없었으며, 약품공급, 식량배급, 포로의 일상과 관련된 결정은 그의 직무 범위를 벗어난 일이라고 하였다. 재판 결과 그는 사형을 선고받았다. 이후 유기징역으로 감형되고 석방되었으나 그는 지금도 여전히 정신적으로 그 처형에서 자유롭지 못하다.

4. 누가 이들을 역사의 희생양으로 만들었는가

도대체 일본은, 연합국은, 미군정은, 한국정부는, 그리고 우리는 무슨 짓을 한 것인가. 한국정부의 책임, 일본정부의 책임, 재판을 진행했던 연합국의 책임, 그리고 아, 우리의 책임은 없을까.

1) 연합국의 전범재판과 조선인의 이중 피해

아시아·태평양전쟁은 연합군의 포로 4명 중 1명이 사망한 전쟁인 동시에 일제가 1,800만 명이 넘는 아시아 민중을 죽음으로 몰아넣은 전쟁이다. 연합국은 전범 재판에서 일본이 점령한 지역의 민간인에게 끼친 피해에 대해서는 비중 있게 언급하지 않았다. 중국과 필리핀을 제외하면 아시아의 피해국들은 그 재판에 참가하지 못했다. 연합국은 이 재판에서 조선과 타이완에 대한 일제의 식민지 지배는 언급하지 않았고 오히려 그 군인과 군무원을 일본인으로 심판하는 잘못을 범했다.

전범재판은 전쟁범죄를 저지른 가해자를 처벌하는 과정이다. 그러나 이 재판에는 국제정치의 틀에서 승자의 논리가 적용되었다. 조선인을 포로감시원으로 동원한 일본도, 조선인 포로감시원을 전범으로 처벌한 연합국도 모두 제국주의 시대 자국의 이익을 위해 식민지민을 수탈한 가해자였다. 재판에서는 전쟁에 강제동원된 식민지민으로서, 일본군의 명령에 의해 포로들을 관리했던 조선인 포로감시원의 특수한 사정은 고려되지 않았다. 오히려 제국주의 침략 과정의 피해자였던 조선인이 가해자로 몰리면서 전범으로 희생되어 이중의 피해를 입게 되었다.

 조선인 포로감시원은 수용소에 배치된 이후 일본인과 연합군 포로 사이에서 피해자이자 가해자의 위치에 놓여 있었다. 전쟁이 끝나자 이들은 가해자 일본에게 버림받고 피해자 연합군에게 비난받았다. 당시 포로감시원의 행위 그 자체는 존재했지만, 이들에게 씌워진 전쟁범죄의 책임이 과연 합당한 것인가. 이들이 아시아·태평양전쟁의 책임을 진 전범이 되고, 나아가 사형을 선고할 정도로 무거운 책임을 물은 재판은 과연 정당한 것이었나. 연합국의 재판에서는 이들이 누구고 어디서 왔는지는 관심 밖의 일이었다. 그 과정에서 일본의 전쟁범죄와 그 책임이 식민지민에게 전가되고, 개인의 인생이 무참히 짓밟힌 과정을 그들은 무어라 설명할 수 있을까.

2) 일본의 전쟁책임 전가와 보상 회피

 연합국은 샌프란시스코 강화조약에 의거해 일본정부에 일본인의 형 집행을 위임하였다. 포로감시원들은 1952년 4월 조약의 발효와 함께 일본 동경에 있는 스가모형무소로 이감되었다. 조약에는 이후의 형 집행은 일본인에 한한다고 규정되어 있었지만, 일본 법원은 이들이 선고 당시 일본인이었으므로 아무 문제가 없다고 하여 형을 지속하였다.

 그러나 일본정부는 이후 이들의 원호, 보상에 대해서는 일본국적을 상실했다는 이유를 들어 아무런 조치를 취하지 않았다. 이들을 일본인으로 취급해 형 집행을 계속했던 일본정부가 이번에는 일본인이 아니라는 이유로 외면한 것이다. 이들은 일본인의 이름으로 동원되었고, 일본인이었다는 이유로 처벌받았고, 일본인이 아니라는 이유로 전후 보상에서 제외되었다. 일본인 군인, 군무원과 '전범'에게는 연금, 위로금, 유족연금이 지급되었고, 타이완인에게도 위로금이 지급되었다. 그러나 한국 국적자들에게는 아무런 배상이나 보상이 행해지지 않았다. 일본은 지금까지 한일회담 일괄타결을 그 근거로 들고 있다. 그러나 한일회담에서는 이들의 문제가 논의 대상에 포함되지 않았고, 일본정부는 그것을 잘 알고 있다.

이학래를 비롯한 '한국인 BC급 전범'과 유족들은 1991년 11월 일본정부를 상대로 사죄와 보상을 요구하는 소송을 제기했다. 전범이라는 누명을 쓰고 사형당한 사람들과 억울한 옥살이를 한 사람들에게 응당한 사죄와 보상을 하라고 요구했다. 그러나 긴 기간을 거쳐 나온 최고재판소의 결정은 기각이었다.

이러한 조치와는 반대로 일본정부는 1997년부터 연합군 포로의 초빙사업을 벌이고 그들에게 정중한 사과를 하는 퍼포먼스를 하고 있다. 2015년 미국에 방문한 일본총리 아베신조는 미군포로를 초청해 함께 만찬을 하였다. 그러면서도 자신들이 포로감시를 시키고 책임을 떠넘겼던 조선인들은 방치하고 있다.

일본은 이들에게 무슨 짓을 저질렀는가. 일본군 조직의 맨 밑바닥에서 상관에게 명령받은 내용을 포로에게 전달하고 관리하는 것이 포로감시원의 일이었다. 그런데 일본 '천황'에게는 전쟁의 책임이 없고, 수많은 희생자를 내도록 명령한 일본군 실무자들도 면책이 되었지만, 가난을 벗고 징병을 피하기 위해 군속이 된 조선농촌의 17살 소년에게는 전쟁의 책임이 있다는 것인가. 지속적인 회유와 압박으로 동원된 이들이 왜 침략자 일본의 전쟁 책임을 떠안아야 하는가. 언제까지 이들을 외면하면서 역사의 희생양으로 만들 것인가. 한일 간에는 역사 차원에서 진정한 반성과 사과의 과정이 필요하다.

3) 한국사회의 방관 그리고 무책임

이학래는 전후 재판에서 사형을 선고받고 8개월간 사형수로 수용되어 있었다. 나중에 20년형으로 감형되었고, 11년가량 구금되어 있다가 1956년 10월 가석방되었다. 그러나 '일제에 협력한 사람'이라는 낙인 때문에 그는 한국으로 돌아오지 못하고 일본에 눌러앉게 되었다. 한국현대사에서 친일문제가 제대로 처리되지 않은 채 엉뚱한 곳으로 화살을 돌려 일제에 의한 희생자를 부일협력자로 취급하며 손가락질했기 때문이다.

친일세력 문제를 제대로 청산하지 못한 민족이 짊어져야 하는 현실은 어디까지인가. 일제 지배로 인한 고통을 온몸으로 겪을 수밖에 없었던 이들이 부일반역자라니, 화살의 방향이 잘못 되어도 너무나 잘못 되었다. 배신과 기만으로 자신의 안일만 꾀해온 진짜 친일세력에 의해 의도적으로 그렇게 사회가 오도되었다. 지켜주지 못한 이들에게 또 한 번 올가미를 씌워 귀국하기 어렵게 만들었다. 우리 사회의 미숙함이 이들을 힘들게 했다면 이제라도 성숙함을 보여주어야 할 것이다.

이들에게 국가는 없었다. 아니 있었다. 일본정부를 비판하는 편지를 쓰면 빨갱이로 취급하여 고향의 가족을 못살게 굴고, 모처럼 귀국하면 형사가 따라 다니고, 일본정부에 마땅한 배상과 보상을 요구할 때 외교적으로 보호하기는커녕 일방적으로 청구권 협정을 맺어 아무런 권리도 행사하지 못하게 한 국가가 있었다. 하지만 강제로 동원되는 것을 막아주고, 부당한 재판과 형 집행에서 보호해주고, 정당한 배상을 받을 수 있도록 도와주는 국가는 없었다. 그런데도 그러한 국가에 대해 이들은 끊임없이 '죄책감'을 느끼고 있다고 한다.

다행히 2006년 한국정부의 일제강점하강제동원피해진상규명위원회에서는 이들을 강제동원 피해자로 인정하였다. 전후 재판에서 전범으로 판결 받은 포로감시원 129명 중 86명, 사형수 14명 중 13명에 대해 한국정부에서 공식적으로 이들이 2차대전의 전범이 아닌 '강제동원된 피해자'라고 인정한 것이다. 그러나 '인정', 그 뿐이었다.

일본도 연합국도 해방 후 우리의 정치를 담당했던 미군도 한국정부도, 그리고 우리에게도 아직 다하지 못한 책임이 남아 있다.

5. 결

이들에겐 아직 전쟁이 끝나지 않았다. 이들에겐 아직 식민지 지배가 끝나지 않았다. 이들은 아직 귀국하지 못했다. 17살 소년으로 강제동원되어 92살 노인이 되도록 귀국하지 못하는 이들을 언제까지 방치하고 외면할 것인가. 그를 가두었던 형무소마저 사라진지 오래인데 그에게 여전히 '히로무라'의 삶을 살아가도록 하고 있다. 이들이 차라리 해방되지 않은 조국을 원했어야 하는 것인가. 이들을 전범의 멍에에서 해방시키자. 하여 그를 '히로무라' 아닌 '이학래'로 살도록 하자.

이학래는 비정상적인 역사의 희생양, 마침내 제자리로 돌려놓아야 할 뒤틀린 역사의 상징이다. 이영채 교수는 말했다. "나는 이학래다." 그래, 우리 모두 하루쯤은 이학래가 되어 보자. 그 기막힘, 그 억울함을 단 하루라도 겪어본다면 이들을 그렇게 내버려둘 수 있을까.

　이학래는 이 책에서 "일본의 전범으로서 책임을 떠안고 죽어 간 동료들의 원한을 다소나마 풀어 주는 것이 살아남은 저의 책무입니다."라고 한다. 고령의 몸으로 '조선인 BC급 전범'이라는 불명예를 안고 죽은 동료의 명예를 회복하는 것이 자신의 사명이고 책임이라는 것이다. 60년 세월을 참고 또 참으면서 그 일을 위해 싸워온 그에게 전하고 싶다. "이학래님, 그 일은 우리의 책무이기도 합니다. 오래도록 지치지 않고 버텨주셔서 고맙습니다. 그리고 많이 미안합니다."

역자 후기

이 책은 재일 한국인 이학래 선생의 『한국인 전前 BC급 전범의 호소 – 무엇을 위해, 누구를 위해 韓国人元BC級戦犯の訴え-何のために、誰のために』를 우리말로 옮긴 것이다.

전후 80년 이상의 세월이 흐르는 동안, 일본의 침략 전쟁에 동원되었던 조선 청년들의 이야기는 자서전 형식으로 더러 국내에서 출판되기는 했지만, 한국인 전 BC급 전범의 '전전戰前·전중戰中·전후戰後의 삶과 투쟁'을 기록한 책은 이 책이 처음이 아닐까 한다.

이 책에는 식민지 조선 청년이 군무원으로 참가한 일본의 침략 전쟁에 의해 기묘하게 굴절·곡절된 삶을 딛고 자기 존재를 획득해 가는 인식과 투쟁의 서사가 기록되어 있다. 그러니까 식민지 청년이 식민지 모국의 '군무원'을 지원해 제국 간 전쟁에 휩쓸려 전범으로 전락하는 굴절, 그리고 그 굴절의 뒤에 도사린 곡절, 바로 '보이지 않는 세계'를 보기 위한 지적 단련과 자신의 정체성을 획득해 가는 투쟁을 통해, 마침내 식민지 청년에서 보편적 인류에 도달해 가는 '지난하고 거대한 서사'가 담겨 있다.

이 책을 번역하면서 나는 "역사는 승자들의 거짓말이 아닌, 승자도 패자도 아닌, 살아남은 자의 이야기에 가깝다"는 소설[45]의 주인공이 한 말을 자주 떠올렸다. 사형 집행을 눈 앞에 둔 사형수에서 살아 돌

---

[45] 『예감은 틀리지 않는다』, 다산책방, 2012년

아와 그야말로 '사랑도 명예도 이름도 남김없이' 한평생 인간이 얼마나 존엄한 존재인가를 증명하는 삶을 살아낸 이학래 선생을, "현자는 옥과 같이 단단한 불굴의 정신 못지않게 은은하게 빛나는 내면이 있다"[46]는 말처럼 정확하게 표현하는 말이 있을까? 삶과 존재가 일치하는 참된 어른의 삶에 새삼 옷깃을 여민다.

2017년 7월, 도쿄에서 뵌 이학래 선생은 세월에 풍화된, 기억과 회한에 잠긴 한 그루 '겨울나무' 같았다. 함께 자리한 이학래 선생의 '재일在日의 삶'을 응원하는 이들은 한결같이 "이 책의 한국어판이 하루라도 빨리 출판되는 것"을 너무나 간절하게 바랐다. 나는 그들의 이 말에 배어있는 '시간의 의미'를 생각하며, 나 또한 그들과 똑같은 바람으로 초조하고 비감스러운 날들을 보냈다는 말은 차마 하지 못했다. 자국 이기주의가 유행처럼 전 세계를 휩쓰는 세상에서, 한국인 전 전범자가 일본 정부를 상대로 벌이는 투쟁에, 국경을 넘어, 민족을 넘어 함께 해 준 이들이 보여준, 아직 인간이 자멸하는 존재가 아니라 희망의 존재라는 근거 앞에서 그동안의 초조와 비감이 녹아내렸기 때문이리라. 한 인간이 진정한 자기 해방으로 가는 긴 여정을 함께 해 준 그들에게 '고맙고 감사하다'는 말은 민족을 염두에 둔 괜한 췌언 같아서 끝내 하지는 못했다.

이 책의 한국어 출판에는 몇몇 분의 노력이 깃들어 있다. 무엇보다 한국인 전 BC급 전범자에 대한 연구만이 아니라 그들의 투쟁에 동참해 한국인 전 BC급 전범자 문제를 일본 사회에 제기하는 데 앞장

---

46) 『Play Life More Beautifully : Conversations with Seymour』, Hay House INC, 2016년 2월.

서 이끌어 오신 우쓰미 아이코內海愛子 선생, 이 책의 일본어판 배포(일본 각지 도서관) 비용을 선뜻 지원해 주신 고故 이상문李相汶 선생, 일본과 한국을 오가며 한국어 출판과 관련한 여러 가지 번거로운 일과 원고 감수까지 해 주신 이영채 선생, 한국어 출판을 맡아 준 민족문제연구소 여러분께 감사드린다.

  전쟁의 광기가 감도는 무더운 한반도의 여름, "미국이 의도한 형상으로 식민화된 현재와 미래(민주주의/공산주의)에서 해방되어 주체를 이루지 못하는" 한 끝없이 반복될 전쟁의 공포에 시달려야 할 한반도의 인간적인 인간은, "누구를 위한, 무엇을 위한" 전쟁인가를 끊임없이 묻는 이학래 선생의 목소리를 통해, 역사가 과거의 이야기를 소비하는 것이 아니라 미래로 가는 지혜라는 사실을 깨닫지 않을까. 나는 이 책에 기록된 이학래 선생의 이야기를 그렇게 이해하며 번역했다.

2017. 8. 15.
김종익

저자가 신문에 투고한 글

「한국인 전 전범에게 사죄와 보상을」(『아사히신문』, 1994년 12월 28일자 투고)

論壇

李 鶴来　「韓国出身元戦犯者同進会」会長
タクシー会社役員

日本の良識と道義心に訴える

総選挙直前の慌ただしい羽目家の五月末、一つの法案が成立した。「平和条約国籍離脱者の戦没者遺族への弔慰金等支給法」という名称からは分かりにくいが、要するに、太平洋戦争中、日本軍の兵軍属として使用されながら、戦後日本政府から一切の補償を拒絶されてきた在日韓国・朝鮮人、台湾出身者に、一時金を支給する法である。

これは、かつて日本軍の軍属として「徴用」された結果、現在まで日本に「在住」することになった私たちに、かかわる問題である。旧知の元日本軍将校も「よろやく日本軍が負うべき責任を肩代わりさせる補償の対象と認められていなかったね」と電話をくれたが、これは彼の誤解であって、私たちはこの法によって何の補償を受けることもない。

対象は戦死者の遺族だったり、無念の思いとともに刑場の露と消えた。死刑を宣告されながら処刑寸前に減刑された私は、有期期刑とされたものの同胞二十五人とともに現地及びスガモプリズンで服役。ようやく出獄を許されたのは五六年目――「徴用」から十四年目の秋だった。待釈放後も苦難は続いた。ち焦がれた祖国への帰還もか

連合国軍捕虜の虐待（強制労働、食糧・医療品の不足、そ）から救護法制から排除されることを理由に全く取り合おうとしなかった。そこでやむを得ず、条理に基づく贖罪と国家補償を要求し、九二年東京地裁へ提訴した。昨年十二月には、最少の私も七十五歳となり、骨をこの地に埋めるべき運命となった。この間この国をこの国でお世話になったことは間違いない。私たちの苦難を平和の尊さを後裔たちに伝え、韓日両国の友好親善の増進に尽くしたい思いである。

私たちBC級戦犯問題は、その特殊性からほかの戦後補償と違う。「日本人」として裁かれ刑に処されたため、ともに在日要件が欠けている者が多い。「在日」に限定せず、刑死者の在韓遺族、帰国者も区別なく全戦犯の補償であることを強調したい。日本国民の良識と道義心に訴える。

＝投稿

「일본의 양식과 도의심에 호소하다」(『아사히신문』, 2000년 8월 29일자 투고)

韓国・朝鮮人元ＢＣ級戦犯者「同進会」会長

李　鶴来（イ・ハンネ）

◆ＢＣ級戦犯

韓国・朝鮮人への償い未完

「ＢＣ級戦犯」だった私がスガモプリズン（巣鴨刑務所）から釈放されて、この１０月で５０年になった。

私が問われた罪は何だったのか。なぜ私が獄中にあったのか。

私たちに対する名誉回復と補償を求め続けてきたのかについては、００年８月に本紙「論壇」で述べた。しかし、問題は解決されぬまま今に至っている。

私たちが日本軍の軍属として「徴用」され、朝鮮半島から南方各地に派遣されたのは４２年の夏だった。捕虜収容所での監視任務に就かされたが、捕虜の取り扱いを規定したジュネーブ条約も教えられず、粗悪な衣食住、医薬品の欠乏、過酷な労働環境の中で、各地の収容所で多数の犠牲者を出した。当時１７歳の私にとっては厳しい任務だった。

敗戦後、捕虜虐待などの「通例の戦争犯罪」を行ったとされ、無謀な捕虜動員計画を立案・遂行した責任者より、現場の捕虜監視員が多数、ＢＣ級戦犯として訴追された。監視員の多くは朝鮮と台湾の青年で、合計３２１人が有罪となり、うち１４９人が処刑された。

韓国・朝鮮のはざまで見捨てられた身分だった。

そして６５年に日韓請求権協定が結ばれると、日本政府は私たちの問題はすべてこの協定で権利が消滅し、終わったと言い出した。しかし、昨年韓国政府が公開した当時の会議録によって、協定交渉時に、日本政府は「これは別途研究した

い」と提案して、交渉の対象にもしていなかったことが明らかになっている。

私たちは条理に基づき、日韓の友人らが祝う集いを催し、激励してくれた。釈放後の、本当にありがたい夏となった。

この問題解決の残りの半分は日本政府が動いてくれない限り、実現しない。私たちを捕虜監視員として派遣したのは韓国政府ではなく、日本国なのだから。

立法府は因果関係を踏まえて、「深刻かつ甚大な犠牲ないし損害」（最高裁）に対する立法措置を速やかに講じて欲しい。日本国民の道義心と良識に改めて訴えたい。

投稿は、〒１０４‐８０１１朝日新聞企画報道部「私の視点」へsiten@asahi.com へ。本社電子メディアにも収録します。

後６１年たってようやく、韓国の国民がＢＣ級戦犯問題を知り、理解するところとなった。日韓の友人らが祝謝罪と補償を求めて９１年に東京地裁に提訴したが、９９年に最高裁で請求は棄却された。釈放された仲間や友人の世話で生き延びてきたが、日韓の友人らが祝う集いを催し、激励してくれた。

釈放された時は「外国人」。その後は「国籍がないから」と補償の対象から外されたのだ。先に釈放された仲間や友人の世話で生き延びてきたが、日韓の友人らが祝

「미완의 한국·조선인 BC급 전범에 대한 보상」（『아사히신문』, 2006년 11월 22일자 투고）

특정 연합국 재판 피구금자 등에 대한 특별급부금 지급에 관한 법률안

(취지)

제1조

이 법률은 특정 연합국 재판 피구금자가 처한 특별한 사정 등을 감안, 인도적 정신에 기초해 특정 연합국 재판 피구금자 및 그 유족에 대한 특별급부금 지급에 관한 필요한 사항을 정한다.

(정의)

제2조

이 법률에서 '특정 연합국 재판 피구금자'란 일본국과의 평화 조약 제11조에서 언급한 재판에 의해 구금된 자이며, 동 조약 제2조 (a) 또는 (b)에서 언급한 지역에 본적을 가지고 있는 자를 말한다.

(특별급부금 지급 및 재정裁定)

제3조

이 법률의 시행일에 특정 연합국 재판 피구금자에 해당하는 자 또는 시행일 전일까지 사망한 특정 연합국 재판 피구금자 유족에게는 특별급부금을 지급한다.

Ⅱ 특별급부금 지급을 받을 권리의 재정裁定은 이것을 받으려고 하는 자의 청구에 기초해 총무 대신이 행한다.

(유족의 범위)

제4조

특별급부금 지급을 받을 수 있는 유족의 범위는 사망한 자의 사망 당시 배우자, 자녀(사망한 자의 사망 당시 태아인 자 포함), 부모, 손자, 조부모 및 형제자매 또는 이들 이외의 삼촌三寸 내의 친족(사망한 자의 사망 당시 그 자에 의해 생계를 유지하고, 또는 그 자와 생계를 함께하고 있던 자에 한한다)으로 한다.

(유족 순위 등)

제5조

특별 교부금 지급을 받을 수 있는 유족 순위는 다음에 적시한 순서에 따른다. 이 경우 부모 및 조부모에 대해서는 사망한 자의 사망 당시 그 자에 의해서 생계를 유지하고, 또는 그 자와 생계를 함께하고 있던 자를 우선한다. 동순위의 부모에 대해서는 양부모를 선순위로 하고 친부모를 후순위로 한다. 동순위의 조부모에 대해서는 양부모의 부모를 선순위로 하고 친부모의 부모를 후순위로 하며, 부모의 양부모를 선순위로 하고 친부모를 후순위로 한다.

1. 배우자(사망한 자의 사망일 이후 시행일 전일 이전에, 전조前條에서 규정하는 유족(이하 이 항에서 '유족'이라 한다) 이외의 자의 양자가 되었거나 유족 이외의 자와 혼인한 자를 제외한다.)
2. 자녀(시행일에 유족 이외의 자의 양자가 되어 있는 자를 제외한다.)
3. 부모
4. 손자(시행일에 유족 이외의 자의 양자가 되어 있는 자를 제외한다.)
5. 조부모

6 형제자매(시행일에 유족 이외의 자의 양자가 되어 있는 자를 제외한다.)
7 제2호에서 동 호의 순위에서 제외된 자녀
8 제4호에서 동 호의 순위에서 제외된 손자
9 제6호에서 동 호의 순위에서 제외된 형제자매
10 제1호에서 동 호의 순위에서 제외된 배우자
11 앞의 각호에서 언급한 자 이외의 유족으로 사망한 자의 장례와 제사를 지내는 자
12 앞의 각호에서 언급한 자 이외의 유족

Ⅱ 전항의 규정에 의해 특별급부금 지급을 받을 수 있는 순위에 있는 유족이 시행일 이후 계속 1년 이상 생사불명인 경우, 동순위자가 없을 때는 차순위자의 신청에 따라 해당 차순위자(해당 차순위자와 동순위의 기타 유족이 있는 때는, 그 모든 동순위자)를 특별급부금 지급을 받을 수 있는 순위의 유족으로 간주할 수 있다.

Ⅲ 특별 교부금 지급을 받을 수 있는 동순위 유족이 여러 명인 경우에, 그 가운데 한 명이 한 특별급부금 지급 청구는 전원을 위해 그 전액에 관해 한 것으로 간주하고, 그 한 명에 대해서 한 특별급부금 지급을 받을 권리의 재정裁定은 전원에 대해서 한 것으로 간주한다.

(청구 기한)
제6조
특별급부금 지급 청구는 시행일로부터 기산해 5년 이내에 이루어져

야 한다.

Ⅱ 전항의 기간 내에 특별급부금 지급 청구를 하지 않은 자에게는 특별급부금을 지급하지 않는다.

(특별급부금 금액)

제7조

특별급부금 금액은 특정 연합국 재판 피구금자 1인당 300만 엔으로 한다.

제8조

다음 각 호의 어느 하나에 해당하는 자에게는 특별교부금을 지급하지 않는다.

1 사망한 자의 사망일로부터 시행일 전일까지 사이에 이연離緣[47]에 의해 사망한 자와 친족 관계가 종료된 유족
2 금고 이상의 형을 받고 시행일 현재 그 형의 집행이 종료되지 않았거나 집행을 받은 사실이 살아있는 자(형의 집행유예 언도를 받은 자로 시행일 현재 그 언도가 취소되지 않은 자를 제외한다.)

(특별급부금 지급을 받을 권리 승계)

제9조

특별급부금 지급을 받을 권리를 보유한 자가 사망한 경우, 사망한 자

---

47) 부부 또는 양자養子의 인연을 끊음.

가 그 사망 전에 특별급부금 지급 청구를 하지 않았을 때는 사망한 자의 상속인은 자신의 명의로 사망한 자의 특별교부금 지급을 청구할 수 있다.

Ⅱ 전항의 경우 동순위 상속인이 여럿인 때는 그 가운데 한 명이 한 특별급부금 지급 청구는 전원을 위해 그 전액에 관해 한 것으로 간주하고, 그 한 명에 대해서 한 특별급부금 지급을 받을 권리의 재정은 전원에 대해서 한 것으로 간주한다.

(양도 등 금지)
제10조
특별급부금을 지급받을 권리는 양도하거나, 담보로 제공하거나, 또는 압류할 수 없다.

(비과세)
제11조
조세 그 밖의 공과는 특별급부금을 표준으로 삼아 부과할 수 없다.

(도도부현都道府縣이 처리하는 사무)
제12조
이 법률에서 정하는 총무 대신의 권한에 속하는 사무의 일부는 정령政令에서 정한 바에 따라, 도도부현都道府縣 지사가 행하는 것으로 할 수 있다.

(권한 또는 사무 위임)

제13조

전조에서 규정한 것 외에, 이 법률에서 정한 총무 대신의 권한 또는 권한에 속하는 사무의 일부는 정령政令에서 정한 바에 따라, 국가행정조직법 제3조 제2항에서 규정하는 국가 행정기관의 장에 위임할 수 있다.

(정령政令 및 성령省令에 위임)

제14조

이 법률에서 특별 규정이 있는 경우를 제외한 기타 특별급부금에 관련한 청구 또는 신청의 경유 및 특별급부금 지급 방법에 관해 필요한 사항은 정령政令에서, 이 법률의 실시를 위한 절차 기타 그 집행에 관해 필요한 세칙은 총무성령總務省令에서 정한다.

부칙 생략

이학래 연보

년	나이		내 용
1910		8.29	강제병합
1925	0	2.9(음)	부 이병균李秉均 모 고삼숙高三叔의 장남으로 전라남도 보성군 출생
1937	12	10.2	조선총독부, 「황국 신민 서사誓詞」 제정
1939	14	9.30	조선총독부, 국민징용령 시행
1940	15	3.	초등학교 졸업. 4월, 여수에서 재재소 공원工員, 일본인 집 서생 등으로 근무
		2.11	조선총독부, 창씨개명 강요 실시
1941	16	2.	보성 우체국 근무
		12.8	일본, 미국과 영국에 선전 포고. 아시아 태평양 전쟁 시작 동남아시아에서 대량의 연합군 포로 수용
		12.23	「포로수용령」 공포·시행
1942	17	2.	현금 등기 우편 분실 사건을 계기로 우체국 퇴직
		5.	포로 감시원 응모
		6.15	육군 부산 노구치 부대에 입대. 조선 전역에서 모집된 3,224명과 함께 훈련
		8.17	부산항 출항
		8.30	사이공 도착
		9.	타이 포로수용소 제4분소 배속. 왕야이에 포로수용소 개설, 타이·미얀마 철도에서 사역하는 연합국 포로 감시
		12.	꼰유로 이동
		3.31	「포로 대우에 관한 규정」 공포
		5.5	포로수용소 감시원에 조선인·타이완인을 충당 결정 및 모집
		5.8	도조 내각, 조선에서 징병제 시행을 각료회의에서 결정
		8.17	조선에서 3,016명의 포로 감시원을 타이, 말레이, 자바 포로수용소에 배속

1943	18	2.	타이·미얀마 철도 최대 난코스 힌똑으로 이동
		10.25	타이·미얀마 철도 개통식
1944	19		따이무앙, 사라부리로 이동
		12.	연합국에서 포로, 민간인 대우에 대해 여러 번 항의 자바에서 조선인 군무원 고려청년독립당 결성
1945	20	4. 8.15 9.29	타이 포로수용소 방콕 본소 근무 및 고원 승진 일본 패전 '대면 지목'에 의해 전범 용의자로 지목되어 방콕 교외 반얀 형무소에 수용
		7.26	포츠담 선언. "우리(연합국)의 포로를 학대한 자를 포함해 모든 전쟁 범죄인에 대해서는 엄중한 처벌을 가할 것"(제10항)이라고 포로 학대에 대해 경고
		8.15 9.11 9.17 12.8	일왕 '종전 조칙' 방송, 패전 제1회 전범 용의자 체포령 발령. 도조 히데키, 도조 내각 각료, 포로수용소 관계자 등 체포 시모무라 사다무下村定 육군 장관, 포로 취급에 관한 연합국 측 신문에 대해 '편제編制 소질素質'(조선인·타이완인)이 나빴다고 설명하도록 관계 부대에 통달 미국 관할로 스가모 프리즌Sugamo Prison 개설, 도조 등 전범 용의자 수용. 이해 아시아 각지에서도 일본군 관계자 전범자 소추. 49개소에서 연합국 각국에 의한 BC급 전범 재판 법정 설치
1946	21	4. 9.28 10.24	싱가포르 창이 형무소로 이송 수사 후 기소장 제출 석방
		5.3	A급 전범 대상 도쿄 재판(극동 국제 군사재판) 개정
1947	22	1.7 1.21 2.18	귀환선에 승선 홍콩에서 소환장을 받고, 홍콩 스탠리 형무소에 수용 싱가포르 창이 형무소로 재송환

1947	22	3.10	기소장 제출
		3.18	오스트레일리아에 의한 공판
		3.20	2회 공판, 같은 날 사형 판결. 사형수로 P홀에 수감
		11.7	20년으로 감형
1948	23	10.	오트럼 형무소로 이관
		11.12	도쿄 재판 판결. A급 전범으로 교수형 7명, 종신형 16명, 유기형 2명
		12.23	A급 전범 사형 집행
		12.24	A급 전범 용의자 석방
1950	25	1.	네덜란드 관련 전범 일본으로 이관
		6.25	한국전쟁 발발
1951	26	8.14	일본 송환을 위해 싱가포르 출발(영국·오스트레일리아 관련 전범 231명, 조선인 27명 포함)
		8.27	요코하마 도착. 스가모 프리즌 수용
		9.8	샌프란시스코 강화 조약 조인, 조선과 한국, 국민당 정부 초청 제외
2952	27	4.28	샌프란시스코 평화 조약 발효와 동시에 일본 국적 상실. 일본 정부에 의한 형 집행은 지속
		6.14	인신보호법에 기초해 석방 청구 재판을 조선인 29명, 타이완인 1명이 도쿄 지방법원에 제소
		7.30	최고법원에서 "과형科刑 당시 일본인이다"라는 것으로 청구 각하, 구금 계속, 스가모 프리즌 내의 '평화 그룹'에 들어가 사회과학 등 학습
		4.30	「전상병자戰傷病者 전몰자 유족 등 원호법」 공포, 4월 1일로 소급 적용. 호적법 적용을 받지 않는 조선인·타이완인은 대상 외
1953	28	7.27	한국전쟁 휴전 협정 조인
1954	29	4.	중앙노동학원에서 1년간 공부
		12.29	석방된 박창호가 출소 거부. 석방 후 주택·취직·생활 자금을 요구

1955	30	4.1	회원 70명과 함께 「한국 출신 전범 동진회」 설립
		4.23	하토야마 이치로 수상에게 조기 석방, 생활 보장, 유골 송환 등을 요구하는 요청서 제출
		4.2	싱가포르 재판 사형자 유골 일본에 송환. 후생성 복원국 보관
		7.19	조선인 전 BC급 전범자 허영許榮 목매달아 자살
		11.24	원호 단체 「청교회淸交會」 설립(회장 다나카 다케오田中武雄)
1956	31	10.6	가석방. 이케부쿠로池袋 공동주택 거주
		6.14	사형자 유골을 후생성에서 다나카 니치준田中日淳 선생이 주지로 있는 쇼에이인照榮院으로 이송
		10.20	조선인 전 BC급 전범자 양월성梁月星, 철로에 투신자살
		12.	하토야마 이치로 수상에게 요청서 제출. 사형자 유족에 500만 엔, 복역자에게 하루 500엔에 해당하는 금액 지급 요청
1957	32	1.8	이시바시 단잔石橋湛山 수상 사저에서 데모, 요청서 제출
		8.14	기시 노부스케岸信介 수상에게 요청서 제출, 관저 앞에서 농성
		4.5	김창식金昌植 출소로 조선인 전범 마지막 수감자 석방
		9.2	동진회, 주일 한국 대표부에 후원 의뢰
		11.	일본 정부, 일본 거주 조선인 전범자 및 타이완인 전범자에게 일인당 5만 엔의 위로금 지급
1958	33	6.18	택시 회사 설립을 위해 일반 승용 여객 자동차 수송 사업 신청(30대)
		12.26	각료회의에서 양해한 '스가모 형무소 출소 제3국인에 대한 위로(慰藉)에 대하여'에 기초해 정부가 일인당 10만 엔의 위로금 지급, 생업 확보, 공영주택 우선 입주 승인
1960	35	5.	이케다 하야토池田勇人 수상에게 요청서 제출(이후에도 역대 내각에 요청)
		7.13	택시 사업 면허 승인(10대)
		11.	동진교통 이타바시板橋에 개업. 이비인후과 의사 이마이 토모후미今井知文 지원

1961	36	7.1 11.	강복순姜福順과 결혼 어머니 고삼숙高三叔 사망
1962	37	10.	큰아들 출생. 아버지 환갑을 위해 20년 만에 귀향. 동진회는 이해부터 다음 해에 걸쳐 니시무라 에이치西村英— 후생 장관, 호소야 기이치細谷喜— 관방 차관, 곤도近藤 총리부 참사관 등과 정력적으로 면회하고, 국가 보상을 요구
1964	39	1.	둘째아들 출생
1965	40	6.22 12.18	한일 회담 타결, 한일 기본 조약·청구권 협정 조인 조약 발효. 이후 일본 정부는 '완전 또는 최종적 해결 완료'라고 주장. 국가 보상 요구 운동은 전혀 가동되지 않고, 동진회는 사형자 유골 송환으로 운동의 중점 이동
1966	41	5.20 10.17	동진회 한국 정부에 탄원서 제출. 외무부 장관으로부터 "인도적 견지에서 적절한 조치를 강구하도록 일본 정부에 요청하라고 주일 대사에게 지시한 것을 통지합니다"라는 회답(10월 20일) 조문상趙文相 등 조선인 사형자 17명 야스쿠니 신사에 합사
1971	46	11.	한국 거주 전 전범 사형자 유족 변광수卞光洙, 한국 정부에 「대일 민간청구권 신고법」에 기초해 보상금 신청. '1945년 8월 15일 이전에 발생한 청구권이 아니다'라는 이유로 불수용(1975년 4월)
1976	51		도쿄도 호야 시保谷市 히바리가오카ひばり ヶ丘에 주택 구입 우쓰미 아이코內海愛子 동진회 방문. 조선인 BC급 전범자 문제 규명 단서
1978	53		아버지, 동거할 예정으로 일본에 오다. 약 한 달 체재 후 귀국
1979	54	6.14	중의원 사회노동위원회 '한국 출신 전범자 유골 송환에 관한 청원' 채택
1982	57	6.25 12.6	우쓰미 아이코 『조선인 BC급 전범 기록』 간행 후생성 원호국 주최 '한국 출신 전쟁 재판 사형자 환송 위령제' 거행. 유골 다섯 기 한국 귀환

1983	58		동진교통 내분으로 2년간 경영 중단
			모임의 명칭을 「한국 출신 전범자 동진회」에서 「동진회」로 변경
1984	59	4.	사형자 유골을 이케가미혼몬지池上本門寺 쇼에이인照榮院에서 유텐지祐天寺로 이관
1987	62	9.29	「타이완 주민인 전몰자 유족 등에 대한 조위금 등에 관한 법률」 등에 따라, 타이완인 전사자, 중급 장애자에 일인당 200만 엔 위로금 지급 결정
1991	66		이마무라 쓰구오今村嗣夫 변호사 등과 상담하여 소송 준비
			7월 9일~19일, NHK 취재로 타이·미얀마 철도 현장으로 '위령 여행'
			오스트레일리아 캠벨에서 열린 '타이·미얀마 철도에 관한 국제 회의'에 출석. 전 포로 던롭 군의관에게 사죄·화해
		8.19~20	
		11.12	한국·조선인 BC급 전범자 국가 보상 등 청구 사건을 도쿄 지방법원에 제소(원고, 문태복 외 7명. 변호인단, 이마무라 쓰구오 외 7명). 원고의 한 사람으로 조리에 기초한 사죄와 보상 요구
		3.	「일본의 전쟁 책임을 대신 짊어진 한국·조선인 BC급 전범을 지지하는 모임」 결성(사무국장 다구치 히로시田口裕史)
1991	66	8.21	전범이 된 충격으로 전후 40년을 정신병원에서 보낸 이영길李永吉 사망
		8.15	NHK 특집 「조문상의 유서」 방송
		8.	전 일본군 '위안부' 김학순金學順, 위안부라고 밝히고 나서다. 이후 전후 보상을 요구하는 재판 속출
1993	68	7.26	원고 본인 심문을 위해 두 번에 걸쳐 도쿄 지방법원 법정에서 증언
		10.18	
1995	70	11.24~26	한국·조선인 BC급 전범자 사진 패널전 개최(도쿄 나카노中野)
		12.10~12	동 사진 패널전, 한국 청주에서 개최
			전후 50년. 무라야마村山 내각 총리대신 담화, 식민지 지배와 침략에 대한 반성 언급

1996	71	9.9	도쿄 지방법원 판결. 원고의 청구를 기각. 피해는 인정했지만, 수인론受忍論을 제기하며 국가의 입법 정책에 속한 문제라고. 도쿄 고등법원에 항소. '상징적 보상'으로 일인당 200만 엔과 사죄문 교부로, 청구 내용 변경
1998	73	7.13	도쿄 고등법원 판결. 청구 기각. 그러나 '국정 관여자에 대해서 이 문제의 조기 해결을 도모하기 위해 적절한 입법 조치를 강구할 것을 기대한다'고 입법 조치를 촉구하는 판시. 최고재판소에 상고
1999	74	12.20	최고재판소 판결. 청구 기각. 다만, 피해를 인정하고, 입법부에 입법 조치를 촉구하는 판시
2000	75		「한국·조선인 'BC급 전범자' 보상 입법을 진행하는 모임」 발족(공동 대표에는, 미키 무쓰코三木睦子·이마무라 쓰구오今村嗣夫·우쓰미 아이코內海愛子). 이시게 에이코石毛えい子 중의원 의원의 이해를 얻어 입법 운동을 추진
		3.30	참의원 국민복지위원회에서 시미즈 스미코清水澄子 의원, 니와 유야丹羽雄哉 후생 장관에게 질문
		6.7	「평화 조약 국적 이탈자인 전몰자 유족에 대한 조위금 등의 지급에 관한 법률」 공포. 재일 상이군인·군무원에게 조위금 지급
2003	78	3.	한국「일제 강점하 강제 동원 피해 진상 규명 등에 관한 특별법」 공포(다음 해 4월 발효).「일제 강점하 강제 동원 피해 진상 규명 위원회」 발족, 피해 조사 시작
		7.16	중의원 내각위원회에서 이시게 에이코 의원이 후쿠다 야스오福田康夫 관방 장관에게 조기 해결 요망 전달
2005	80	4.1	중의원 의원회관에서 '동진회 50년의 역정을 듣는 모임'을 개최(발기인은, 사토 다쓰오佐藤剛男, 이와야 다케시岩屋毅, 하토야마 유키오鳩山由紀夫, 간 나오토菅直人, 오하타 아키히로大畠章宏, 도이 다카코土井たか子 중의원 의원)
		11.9~11	한국 정부에게 일본 정부에 압력을 가하도록 요청(서울)
		8.	한국 정부 한일 회담 관련 문서 전면 공개. 한국·조선인 BC급 전범자 문제는 협의 대상에 오르지 않았다는 사실 판명

2006	81	6.5	한국 정부가 BC급 전범자들이 입은 피해를 공식으로 인정, 조국인 한국에서 명예 회복 실현(최종적으로 신청한 여든여섯 명 전원을 피해자로 인정)
		6.20	주일 대사로부터 인정증명서 수령
		7.9	'한국·조선인 전 BC급 전범자 동진회의 한국 정부에 의한 명예 회복을 축하하는 모임' 개최(도쿄 요쓰야四谷)
		10.	'동진회를 응원하는 모임' 발족(대표 우쓰미 아이코)
2007	82	2.25	서울에서 한국유족회 결성(나중에 한국동진회. 회장 강도원姜道元). 결성 총회에 우쓰미 아이코·아리미쓰 겐 함께 참가.
		5.27	재일 한인 역사 자료관(도쿄 아자부麻布)에서 '한국·조선인 BC급 전범자 문제' 기획전 개최. 동진회 및 개인 자료를 기탁, 전시.
		12.8	한국유족회와 한일 공동 심포지엄 개최, 발언(도쿄 한국 YMCA 아시아 청소년 센터)
2008	83	5.29	민주당 「특정 연합국 재판 피구금자 등에 대한 특별급부금 지급에 관한 법률안」 제출(제출 의원은, 이즈미 겐타泉健太, 오하타 아키히로大畠章宏, 사사키 다카히로佐佐木隆博 외). 집회에서 법안 성립에 대한 기대를 말하다. 중의원 총무위원회에서 계속 심의(2009년 7월 폐안)
		6.23	한국 천안시의 '망향의 동산'에서 동진회·한국동진회, 합동 위령제 개최. 조사 낭독
		8.17	NHK, ETV 특집 「한국·조선인 전범의 비극」 방송
		12.5~8	동진회 2세 등 10명이 한국으로 가서 한국 유족과 교류
2009	84	8.30	총선거에서 민주당 압승. 정권 교체
2011	86	3.11	동일본 대지진. 국회 요청을 일시 보류하고, 10월부터 재개
2012	87	3.28	한국 국회의원 선거에서 최초로 재외 국민 투표
		4.	국회의원 회관에서 3회 연속 집회. 조기 입법 실현 호소
		12.13	총선거에서 자민당 압승. 민주당 정권 붕괴
2013	88	11.18~12.15	서울시립박물관에서 민족문제연구소 주최로 '전범이 된 조선 청년들'전展 개최. 심포지엄에 맞추어 한국 방문

2014	89	4.26~29	'전후 69년째인 한국·조선인 BC급 전범자 문제' 사진 패널전, 관련 영상 상영회 개최(도쿄 나카노)
		10.14	한국 정부가 BC급 전범자의 인권을 보호하기 위해 일본 정부와 외교 절충을 해 오지 않은 부작위는 헌법 위반이라고, 한일 쌍방의 관계자 10명으로 한국 헌법재판소에 소원(장완익 변호사)
2015	90	4.1	'동진회 결성 60주년 기념·입법을 요구하는 총궐기 집회' 개최(중의원 의원회관)
		3.27	후지타 유키히사藤田幸久 중의원 의원이 예산위원회에서 아베 신조安倍晋三 수상에 질문
		4.7, 5.12	후지타 의원, 외교방위위원회에서 기시다 후미오岸田文雄 외무 장관에게 질문. 기시다 외상 "마음 아픈 문제"라고 답변.
		9.19	안보 관련 법제, 강행 체결
2016	91		입법 조치를 강구하도록 국회의원에게 계속 요청

참고문헌

李鶴來　　『私の手記』, 1952년
李鶴來　　「サラオンキル(生きてきた道)」(『生き活き通信』, 1998년 6월호~1999년 6월호(全9回)

※

內海愛子『朝鮮人BC級戰犯の記錄』, 勁草書房, 1982年(岩波現代文庫, 2015年)
內海愛子『キムはなぜ裁かれたのか』, 朝日選書, 朝日新聞出版, 2008年
內海愛子『スガモプリズン － 戰犯者たちの平和運動』, 歷史文化ライブラリー, 吉川弘文館, 2004年
內海愛子『日本軍の捕虜政策』, 靑木書店, 2005年
內海愛子『朝鮮人〈皇軍〉兵士たちの戰爭』, 岩波ブックレット, 岩波書店, 1991年
內海愛子 －韓國·朝鮮人BC級戰犯支える會, 共著『死刑臺から見えた二つの國』, 梨の木舍, 1992年
內海愛子 － G McCormack·H Nelson 編著『泰緬鐵道と日本の戰爭責任 － 捕虜とロームシャと朝鮮人と』, 明石書店, 1994年
內海愛子·村井吉敬『赤道下の朝鮮人叛亂』, 勁草書房, 1980年

※

韓國出身戰犯者同進會「裁判記錄」─ 人身保護法による釋放請求事件, 1957年
日本の戰爭責任を肩代わりさせられた韓國·朝鮮人BC級戰犯を支える會 「韓國·朝鮮人BC級戰犯者の國家補償等請求事件」 訴狀, 原告本人尋問調書(1~5集), 證人尋問調書, 最終準備書面, 1991~1996年
韓國·朝鮮元人BC級戰犯者'同進會'「同進會50年步みを聞く 報告會 報告書」, 2005年
韓國·朝鮮元人BC級戰犯者'同進會'「韓國·朝鮮元人BC級戰犯者'同進會'の韓

國政府による名譽回復を祝う會 記錄」, 2006年
韓國・朝鮮元人BC級戰犯者'同進會'「資料 韓國・朝鮮元人BC級戰犯者問題」, 2007年
在日韓人歷史資料館編著「寫眞で見る在日コリアンの100年 ― 在日韓人歷史資料館圖錄」, 2008年

※

今村嗣夫『アイデンティティーへの侵略 ― いま, 高校生と語る戰後補償と人權』, 新教出版社, 1995年
田口裕史『戰後世代の戰爭責任』, 樹花舍, 1996年
桜井均『TVは戰爭をどう描いてきたか ― 映像と記憶のarchives』, 岩波書店, 2005年
大森淳郎・渡辺考『BC級戰犯 獄窓からの聲』, 日本放送出判協會, 2008年
大山美佐子 「'日本の戰犯'にされた朝鮮人たち」(有光健ほか 『未解決の戰後補償 ― 問われる日本の過去と未來』, 創史社, 2012年
岡田泰平「朝鮮人BC級戰犯運動の現在」『日韓 歷史問題をどう解くか ― 次の100年のために』), 岩波書店, 2013年

이 책의 이해를 돕는 키워드

가석방

전범 석방에는 형의 만기와 가석방이라는 2종류가 있었다. 1950년 3월, 연합군 최고사령관 총사령부(GHQ)는 전범에 '구류 기간 은전'(미결 구류 기간을 형기에 산입), '선행 특전'(규칙을 준수해 징벌을 받은 일이 없는 자의 형기 단축), 그리고 '선서 가출소(가석방)'을 승인한다고 발표. 미국의 일본 점령 경비 삭감 등을 목적으로 한 조치였다고 여겨진다. 선서 가출소는 형기의 3분의 1 이상 복역한 자(종신형의 경우 15년 이상 복역한 자)를 심사 대상으로 가석방을 승인하는 것이었다.

고려독립청년당

1944년 12월 29일, 자바 포로수용소에 근무하던 10명의 조선인 군무원이 비밀리에 결성한 항일 조직. 우쓰미 아이코內海愛子·무라이 요시노리村井吉敬의 『적도하의 조선인 반란』(한국에서는 『적도에 묻히다』로 2012년 역사비평사에서 출판)에 상세하게 나온다. 한편 이 조직의 일원으로 나중에 독립유공자로서 한국 정부로부터 '건국 훈장'을 받은 이상문 씨는 2015년 12월, 일본에서 보상 요구 운동을 계속하는 이학래 씨에게 금전 지원과 격려의 메시지를 보냈다.

군무원(雇員·庸人)

구 일본군에서는 군을 구성하는 요원 가운데 군인이 아닌 자를 총

칭해 군무원으로 불렀다. 군무원은 직접 전투 행동에는 참가하지 않는다. 군무원은 '문관' '고원' '용인'으로 구분된다. 문관은 관리(공무원)이며, 기사·법무관·통역관·교수 등 전문직과 잡무적인 일상 사무 작업을 담당하는 직에 보임한다. 다만, 군무원의 대다수는 그 하급에 위치하는 '고원·용인'이다. 고원에는 사무에 관계하는 자와 기술에 관계하는 자, 2종류가 있고, 용인은 급사·수위·운전사·선원·간호사·교환수 등의 직에 보임되었다. 용인은 군무원 가운데 가장 하급에 해당한다. 조선인 전범자의 대부분은 이 '용인'에 해당하는 포로 감시원이며, 일본군 조직 내의 위치는 2등병 아래였다. 본문의 '군속軍屬'은 일본 용어이며, 우리 용어는 '군무원'이다. 본문의 '군속'은 '군무원'으로 옮겼다.

군무원 독법

메이지 초기부터 일본군에 입영한 병사는 바로 서문식誓文式(선서식) 반열에 참여해야 한다. 이 서문식에서는 군인 칙유가 '봉독奉讀'되는 것과 함께, 병사가 일상적으로 지켜야 할 법칙 훈계인 '독법讀法' 7개조를 낭독해 들려주고, 그것을 준수할 것을 각자 서명 날인해 선서하게 된다. 1934년에 일반 병사의 선서식은 폐지되었지만, 같은 해 군무원에 대해 '군인 독법'이 포고되었다. 그 제3조에는 "상사의 명령은 그 일의 여하를 불문하고 바로 복종할 것"이라는 내용이 있다.

군인 칙유

1882년 1월 4일, 메이지 '천황'이 군대에 '하사'하는 형식으로 발포되었다. 정식 명칭은 「육해군 군인에게 내리는 칙유」이다. 일본군은 천황이 통솔하며, '천황'을 대원수로 하여, "一, 군인은 충절을 다하는 것을 본분으로 할지어다." 등 군인 정신을 '천황'이 직접 교유하는 형식을 취했다. 또 "하급자는 상관의 명을 받는 것을, 사실은 바로 짐의 명령을 받는 것으로 알라"고 하여, 상관의 명령에 절대적 복종을 강제하고 있다. 군인 칙유는 군대 내에서 절대시되어, 병사에게는 암송이 의무화되었다.

대일민간청구권對日民間請求權(대일민간청구권신고법·보상법)

한국 정부는 1971년에 「대일민간청구권신고법」, 1974년에 「대일민간청구권보상법」을 제정하고, 징병·징용에 의한 사망자 유족에 각 30만 원의 보상금을 지급했다. 이 보상금은 '한일 조약'에 기초해 일본으로부터 공여된 생산물 등의 사용에 의해 생긴 '원화 자금'의 일부였다. 그러나 부상자, 생존자와 재일 한국·조선인에게는 보상이 이루어지지 않고, 불충분하게 끝났다. 또 보상은 '1945년 8월 15일 이전'의 사망자 유족에 한정되어 있어, 전범으로 전후(그러니까 1945년 8월 15일 이후) 처형된 BC급 전범자는 대상에서 제외되었다.

샌프란시스코 평화 조약

1951년 9월 8일, 미국을 중심으로 한 48개국과 일본 간에 조인된 평화 조약. 조선·중국은 모두 회의에 초청받지 못하고, 소련·폴란드·인도 등은 서명 또는 참가를 거부했고, 인도네시아는 비준을 하지 않았기 때문에 이른바 '단독 강화', '단면 강화'라고 비판받았다. 조선의 독립, 타이완·쿠릴 열도 등에 대한 일본 주권 포기를 인정하고, 연합국의 배상 포기와 함께 일본의 독립 회복 후에도 전범의 잔기 형량을 일본이 집행하는(제11조 "일본국에서 구금되어 있는 일본 국민에 이들 법정이 부과한 형을 집행하는 것으로 한다.") 것이 의무화되었다.

재일 조선인은 1952년 4월 28일 조약 발효와 동시에 일본 국적을 상실했다. 말하자면, 그 역사적 조건이 무시되고, 일본 국민으로서의 권리가 일방적으로 박탈되어 '외국인'이 된 것이다. 그런데 스가모 프리즌의 조선인 전범들은 "형이 부과된 당시는 일본인이었다"고 하여 석방되지 않았고, "일본인이었던 시기의 책임"을 지워 계속 구금시켰다.

와세다早稻田 강의록

도쿄전문학교(1902년에 와세다 대학으로 개칭)가 1886년에 '통신 교육제도'를 개시했는데, '강의록'을 발행하고, 그것을 이용해 재택 학습을 하는 제도였다. 고안자인 다카타 사나에高田早苗[1]가 사망한 1938년까지 사이에 수강자는 100만 명이 넘었다고 한다. '강의록'을 이용한 재외 학생 제도는 1958년까지 계속되었다.

오트럼 형무소

창이 형무소와 함께 전범 용의자·전쟁 범죄자를 수용했던 형무소. 싱가포르 시내에 소재했다. 일본이 싱가포르를 점령했을 때는 일본군이 육군 형무소로 사용했다.

---

1) 1860~1938년. 일본의 교육자·정치가. 도쿄전문대학(와세다 대학의 전신) 창설에 참가했다. 이 학교에서 헌법 강의를 했으며 나중에 총장이 되었다. 그 후 중의원 의원에 6회 당선되어 제2차 오쿠마大隈 내각(1914. 4. 16~1916. 10. 9)의 문부 장관을 역임했다.

임팔Imphal 작전

1944년 일본이 감행한 영국령 인도 북동부 임팔 침공 작전. 임팔을 거점으로 한 영국군의 미얀마 진격 저지 등을 목적으로 했지만, 무모한 작전 계획이었기 때문에 일본군은 참패했다. 사상자 수는 72,000명가량에 이르렀다.

전범·BC급 전범 재판

전범(전쟁 범죄인)은 A급과 BC급 2종으로 대별된다. A급 전범이란, 극동국제군사재판(도쿄재판)에서 "평화에 대한 죄(침략 전쟁의 계획, 준비, 개시, 수행 및 공동 모의)" 등을 범한 것으로 유죄 판결을 받은 일본 전쟁 지도자들로, 도조 히데키 등 25명이 여기에 해당한다.

한편, BC급 전범이란, 특정 지역에서 "통례의 전쟁 범죄(포로 학대나 일반 민중의 고문, 강간 등 전시 법규 또는 관례에 위반하는 행위)를 범해 각 연합군의 군사 재판에서 유죄 판결을 받은 자를 말한다.

BC급 전범 재판은 1945년 10월부터 1951년 4월까지의 기간에 동아시아 각지에서 속행되었다. 미국, 영국, 오스트레일리아, 필리핀, 프랑스, 네덜란드, 중화민국 등 각국이, 각각 독자의 법령을 근거로 하여 재판을 진행했다. 총 건수는 2,244건, 피고는 5,700명에 이른다. 재판 결과는 사형 984명, 무기형 475명, 유기형 2,944명이었다. 이 밖에 소련과 중화인민공화국에 의한 재판도 있었다.

그러나 BC급 전범 재판에서는 통역과 변호사의 불비, 증거와 심리의 불충분 등 많은 문제를 남겼다. 전범이 된 조선인은 148명이다. 그 가운데 23명이 사형을 당했다.

조리條理 재판(한국·조선인 전 BC급 전범자와 유족에 의한 국가 보상 등 청구 재판)

다년간에 걸친 국가 보상 청구를 계속 무시당한 한국·조선인 전 BC급 전범자와 유족이 1991년 11월 12일, 일본 정부를 상대로 국가 보상과 사죄문 교부 등을 요구하며 도쿄지방법원에 제소한 재판.

원고는 문태복, 이학래, 김완근, 윤동현, 문제행 등 일본 거주 5명과 한국 거주 박윤상, 변광수(유족) 등 모두 7명이다. 제소 당일 원고단은 "전범이 된 한국·조선인 148명 전원이 원고이다"라고 성명을 발표했다.

원고 대리인은 이마무라 쓰구오今村嗣夫 외 모두 7명의 변호사로 꾸려졌다. 특별 희생과 손실을 입은 원고들에 대해 법률은 없어도 '조리'(정의·공평의 원리)에 기초해 국가 보상을 하라고 주장했다.

조리 재판에 대한 사법부 견해

1991년 11월 12일 제소의 국가 보상 청구 재판(조리 재판)은 원고 측 패소로 종결되었지만, 사법은 당사자들이 입은 피해 사실을 인정하고, 입법을 촉구하는 부언 판결을 내렸다.

- 도쿄지방법원 : 우리나라 군인 군무원 및 그 유족에 대한 원호 조치에 상당하는 조치를 강구하는 것이 바람직하다는 것은 말할 필요도 없다. 그러나 국가의 입법 정책에 속하는 문제이다.(1996년 9월 9일)
- 도쿄고등법원 : 국제적, 정치적 그 밖의 여러 사정에 따라 해야만 하는 측면이 있다고는 해도, 전범자 공소인들의 입장에서 보면, 거

의 동일한 상황에 있었던 일본인, 게다가 타이완 주민과 비교해도, 현저하게 불이익을 당하고 있는 점은 부정할 수 없다.

이런 사실을 감안할 때, 전범자 공소인들이 불평등한 취급을 받는다고 느끼는 것은 충분한 이유가 있으며, 그 심정도 이해할 수 있다.

이 문제에 대해서 아무런 입법 조치가 강구되어 있지 않은 사실이 입법부의 재량 범위를 일탈하고 있다고까지 할 수는 없어도, 적절한 입법 조치가 취해지는 것이 바람직하다는 것은 분명하다. 제2차 대전이 끝나고, 전범자 공소인들이 전범자가 되어, 전쟁 재판을 받고 이미 50여 년의 세월이 흘러 전범자 공소인들은 모두 고령이 되어 이 재판의 심리 진행 중에도 그들 가운데 2명이 사망했다. 국정 담당자에게 이 문제의 조기 해결을 도모하기 위한 적절한 입법 조치 강구를 기대한다. (1998년 7월 13일)

- 대법원 : 상고인은 모두 우리나라 통치하에 있던 조선 출신자이며, 1942년 무렵, 반강제적으로 포로 감시원에 응모하게 되고, …유기 및 극형에 처해져서 심각 또는 심대한 희생 내지 손해를 입었다. 상고인들이 입은 희생 내지는 피해의 심각함에 비추어 보면, 이것에 대한 보상을 가능케 하는 입법 조치가 강구되어 있지 않은 것에 대해 불만을 품은 상고인들의 심정은 이해할 수 있지만, 이러한 희생 내지 손해에 대해 입법을 마련하지 않은 전쟁 수행 주체였던 국가에 대해 국가 보상을 청구할 수 있다는 조리는 아직 존재하지 않는다.

입법부의 재량적 판단에 맡기는 것으로 해석하는 것이 적합하다.(1999년 12월 20일)

조선인 지원병

1938년 2월, 「육군특별지원병령」이 공포되어 조선인 청년들을 일본 군대에 병사로 동원하는 것이 결정되었다. 1943년도까지의 총 지원자 수는 약 80만 명(이 가운데 훈련소 입소자는 27,664명)이나 되지만, '지원'이란 허울뿐이고, 실제로는 어떤 형태로든 압력이 가해진 강제였다. 1944년 3월, 징병제 실시를 위해 지원병제는 폐지되었다.

징병제

조선인 징병이 각료 회의에서 결정된 때는 1942년 5월 8일(실시는 1944년)이다. 당시 신문과 잡지 등에서는 징병제 실시를 '반도 청년의 영예'로 대대적으로 선전했다. 또 이것은 조선인 포로 감시원 모집과 앞서거니 뒤서거니 한 시기였기 때문에, 징병될 바에는 감시원에 '응모'한다고 하여 응모한 사람도 적지 않았다고 한다.

출소 거부

조선인 전범에게 스가모 프리즌(스가모 형무소)에서 석방되는 일은 꼭 '해방'을 의미하지 않았다. 조선 반도에서 남방의 각 포로수용소로 보내진 조선인 포로 감시원들에게 일본은 육친·지인이 거의 없는 '이국 땅'에 지나지 않았다. 그런데도 출소 후의 생활을 유지하기 위한 지원은 매우 불충분했다.

어떤 사람이 가석방될 때 받은 것은 군복 한 벌과 일용품 한 벌, 겨우 5일분 '응급용 주요 식량 특배特配 구입권' '응급용 된장 간장 특배 구입권', 그리고 신원보증인이 있는 곳까지 가는 교통비뿐이었다. 게다가 가석방인 경우 '보호 관찰'하에 놓이고, 형기가 만료할 때까지 일본 밖으로 나갈 수 없어 한국으로 귀국도 마음대로 할 수 없었다.

먼저 출소한 사람들이 생활 곤궁에 직면해 심한 고생을 계속하는 상황을 보고, 1954년 12월에는 박창호朴昌浩 씨가 출소를 거부했다. 출소 후의 주거 알선, 피복 및 침구 지급, 일시 생활 자금의 지급을 요구했다.

스가모 형무소의 조선인 전범들은 이 출소 거부를 지원해 관계자에 대한 청원을 했다. 해가 바뀐 1월, 주거, 취직 알선과 출소 축하금으로 3만 엔이 지급되어 출소에 응했지만, 그 후 윤동현尹東鉉 씨 외 조선인 전범들이 출소 거부를 표명했다. 한국·조선인 전 전범자 2명이 자살한 것도 이 무렵의 일이다(1955년 7월에 허영許榮 씨, 1956년 10월에 양월성梁月星 씨).

타이·미얀마 철도

1942년 6월, 건설 명령이 발령되어 같은 해 7월 착공해 다음 해인 1943년 10월 완성한 타이·미얀마 간을 연결하는 전장 414.916㎞의 철도. 임팔 작전을 비롯한 일본군의 대미얀마 작전에 필요한 물자 수송을 위해 계획되었다.

노동력과 자재를 현지에서 조달하는 방법을 취한 일본군의 작전이지만, 감시원은 조선인 군무원, 노동력은 현지 말레이인 등의 '노무자'와 연합국 병사였던 포로의 사역으로 충당했다. 식량과 의약품이 부족한 것은 말할 것도 없고, 단기간 완성이 요구된 난공사여서 많은 희생자를 낳았다. 동원된 60,000명이 넘는 포로 가운데, 기아·질병·중노동 등에 의해 23,000명이 사망했다고 간주된다. 이 때문에 '죽음의 철도'라고도 불렸다.

타이 포로수용소

1942년 8월 15일 편성. 본부는 방콕에, 분소는 타이 쪽과 미얀마 쪽에 두고, 타이·미얀마 철도 건설 공사에 사역하는 포로(계획 때는 55,000명, 최대 때는 60,000명 초과)를 수용·관리했다. 포로 감시는 소수의 조선인 군무원이 담당했다. 1942년 초기에는 800명, 그 후 패전까지 포로 감시원으로 이곳에 파견된 조선인 군무원은 약 1,000명이었다.

포로 감시원

1942년 5월, 조선 총독부 정보과에서 포로수용소 감시원으로 조선인을 모집하는 것이 발표되었다. 대상 연령은 20살 ~ 35살. 월급 50엔에 2년 계약이라는 조건이었다. 그러나 결국 2년 계약은 지켜지지 않았고, 조선인 포로 감시원들은 파견된 남방 각지에서 패전을 맞이했다.

한일 조약

1965년 6월 22일, 한일 관계 정상화를 목적으로 체결된 「대한민국과 일본국 간의 기본 관계에 관한 조약(한일기본조약)」과 여기에 부수하여 「재산 및 청구권에 관한 문제 해결 및 경제 협력에 관한 대한민국과 일본국 간의 협정(한일청구권협정)」 등의 총칭.

「한일청구권협정」 제1조에서는 일본이 한국에 대해 3억 달러치의 "일본국 생산물 및 일본인의 용역"을 무상 공여하는 것 등을 정하고, 제2조에서는 한일 양국 및 그 국민 간의 청구권 문제가 "완전 또는 최종적으로 해결된 것을 확인한다"고 기재되어 있다. 당시 조약 체결에 대해 한일 두 나라 국내에서 강한 비판의 소리가 비등해, 한국은 여당인 민주공화당만으로, 일본은 자민·민사 양당의 찬성만으로 조약의 비준이 이루어졌다. 이후, 동진회에 의한 보상 등의 청구는 "한일 조약으로 해결 완료"라고 일본 정부로부터 계속 배척된다.

한편, 2005년에는 '한일 조약' 체결을 위해 이루어졌던 한일 회담 관련 외교 문서를 한국 정부가 공개했다. 동 조약·협정의 성립 과정에서 BC급 전범 문제가 "처음부터 일본에 대한 청구 대상이 아니다", "고려 대상 밖"이었다는 것이 밝혀졌다.

2015년 5월 12일 참의원 외교방위위원회에서 후지타 유키히사藤田幸久 의원의 질문에 대해, 기시다 후미오岸田文雄 외무 장관은 일한 교섭에서 BC급 전범자 문제에 관해 한국과 일본 간에 대화가 있었던 사실을 인정하고, "조선 반도 출신의 이른바 BC급 전범자 분들이 지금까지 여러 가지 고생을 한 것은 가슴 아픈 문제"라고 답변했다.

황국 신민의 서사誓詞

식민지 지배하의 조선에서는 1937년에 '황국 신민의 서사'가 정해져서, 학교와 직장 등 여러 곳에서 암송이 의무화되었다. 서사를 반복 낭송하게 하는 것에 의해, '황국 신민이라는 신념'을 심어 주기 위한 것이었다. 이학래 씨가 학교에서 암송한 '황국 신민의 서사'(가운데 하나)의 내용은 다음과 같다. "우리는, 대일본 제국의 신민입니다. 우리는, 마음을 합치어 천황 폐하에게 충의를 다합니다. 우리는, 고통을 참고 단련해 훌륭하고 강한 국민이 되겠습니다."

황민화 교육

일본 지배 지역 사람들을 "천황에 충량忠良한 황국 신민"으로 키워

가기 위한 동화 교육. 기미가요 제창·일장기 게양과 신사 참배, 궁성(황거皇居) 요배遙拜, '교육 칙어', '황국 신민의 서사' 암송 등이 강요되었다. 1938년에는 조선교육령 개정에 따라, 학교에서 조선어 수업은 선택 과목이 되고, 일본어를 상용하게 하는 정책이 강화되고 있었다.